論壇 08

跨域投資與合作

台日商策略聯盟理論與實務

**Cross Border Investment and Cooperation:
Theories and Practices of the Strategic Alliance
between Taiwanese and Japanese Businessmen**

◎伊藤信悟 ◎朱　炎 ◎佐藤幸人 ◎杜紫宸 ◎金堅敏
◎真家陽一 ◎陳浩政 ◎張紀潯　◎劉仁傑 ◎劉慶瑞

徐斯勤、陳德昇　主編

編者序

　　台日商企業策略聯盟（strategic alliance），既有其歷史與文化的淵源，亦是企業競合現實的需要。在經貿實務運作中，日商在品牌行銷、技術專業、品質管理與創新研發具有優勢，台商則在環境適應、創新精神、語言文化、成本控制與全球生產網絡連結展現特色。因此，台日商若能相互整合優勢，並結合企業文化與信任關係，將有助於策略聯盟的有效運作與新興市場之開拓。

　　中國大陸已於2010年超越日本，成為世界第二大經濟體，並正由世界工廠轉型為世界市場。作為全球最具潛力的市場之一，台日商合作無論是具備區位、文化與專業優勢，或是市場競爭條件，皆在深耕大陸市場有其不可替代性與主導性角色。尤其是海峽兩岸近期簽署「經濟合作架構協議」（Economic Cooperation Framework Agreement，簡稱ECFA），台灣作為跨國企業進軍大陸市場的新平台，將扮演更積極、務實與前瞻之角色。

　　然而，必須指出的是，昔日台日商策略聯盟運作雖造就許多成功的案例，如台商旺旺集團與康師傅大陸投資即是實例。日本瑞穗銀行的研究統計亦顯示：台日商大陸投資合作的成功率，大於日商獨資企業達一成以上。不過，急遽變遷的大陸市場環境與多元挑戰，台日商投資未必有勝出之機會。如何掌握大陸內需市場結構變遷與消費文化特質、品牌與行銷策略的彈性運用，規避日益升高之法治與社會風險，以及在地化政策的落實，應為當務之急。此外，如何從台日商的「雙贏」策略，建構台日陸商「三贏」格局，亦是大陸市場開拓與永續經營必要的思考。

　　本論文集是近兩年學者、專家研討台日商策略聯盟議題之成果彙編。其中特別感謝劉仁傑、杜紫宸、陳浩政與劉慶瑞四位學人，日籍學者伊藤信悟、佐藤幸人研究員，以及來自日本之大陸學人朱炎、金堅敏與張紀濤教授共同參與和對話。盼望這本台日商策略聯盟專書，能成為此一議題基礎研究的新起點，並期許未來能再積累更多成敗案例分析與實務研究，做出更具體之貢獻。

　　本書之出版特別感謝台灣大學社會科學院中國大陸研究中心、財團法人日本交流協會資助。

徐斯勤・陳德昇

2011年4月20日

目　錄

作者簡介（按姓氏筆畫排序）

伊藤信悟

日本東京大學法學系學士，現任瑞穗總合研究所株式會社調查本部亞洲調查部上席主任研究員。主要研究專長為：台灣經濟、中國大陸經濟、兩岸關係。

朱炎

日本一橋大學經濟學碩士，現任日本拓殖大學政經學部教授。主要研究專長為：中國對外經濟關係、外資企業在中國的經營問題、中國企業對外投資、中國宏觀經濟分析。

佐藤幸人

日本神戶大學經濟學博士，現任日本亞洲經濟研究所主任研究員。主要研究專長為：台灣產業社會、日本與亞洲國家間經濟關係、東亞產業發展。

杜紫宸

淡江大學管理科學研究所碩士，現任財團法人工業研究院院長室資深特別助理。主要研究專長為：政策研擬、策略規畫、變革管理、新事業開發、創意行銷。

金堅敏

日本橫濱國立大學國際經濟法博士，現任日本富士通總研經濟研究所主席研究員。主要研究專長為：中國經濟、產業政策和市場發展、全球及區域貿易與投資自由化、跨國公司戰略和中國企業的發展。

眞家陽一

日本青山大學經營學部學士，日本貿易振興機構海外調查部中國北亞細亞課課長。主要研究專長為：中國經濟、產業動向、中國政府經濟產業政策動向、日本企業在中國業務趨勢與動向。

陳浩政

日本京都大學經濟學碩士，現為日本京都大學經濟學博士生。主要研究專長為：組織間信賴關係、企業策略聯盟。

張紀潯

日本東京經濟大學經濟學博士，現任日本城西大學研究生院、經營學部教授。主要研究專長為：國際經濟學、亞洲經濟論、中國勞動經濟學和社會保障論。

劉仁傑

日本神戶大學經營學博士，現任東海大學工業工程與經營資訊系教授。主要研究專長為：經營策略、精實製造與精實產品開發、產業升級與轉型、亞洲日系企業發展。

劉慶瑞

日本神戶大學經濟學博士，現任輔仁大學日文系所副教授。主要研究專長為：日本經濟、國際經濟學、海外直接投資、台灣經濟。

台日商策略聯盟與大陸市場：機會與挑戰

杜紫宸
（財團法人工業研究院院長室資深特別助理）

　　我自己過去將近三十年的工作經驗裡面，跟日本有相當多業務上往來。我除了在三個台灣主要研究型的財團法人擔任過工作外，其實我在民間企業也有大概十三年左右的工作經驗。目前是在新成立的財團法人商業發展研究院服務，在這之前，我在工業技術研究院從事產業分析，還有經濟趨勢方面的主持工作。今天我想跟大家分享的是我所知道的一些範例，還有我所看到的一些現象。

　　在台灣、日本與中國大陸間，我們從經濟或者是社會上可能會產生的合作效益，提出一些看法。希望這些觀點有助於我們的討論，同時也可以在未來三個地區的經濟體，產生更緊密的合作關係。

　　大家都注意到，最近在台灣或者在亞洲，都算是一個非常重要，且為大家注目的消息，就是台灣和大陸簽署ECFA——經濟合作架構協議。這個協議其實是兩地經濟合作的開端，很多人都注意到裡面所謂的「早收」（early harvest）——早期收穫清單。所謂的「早收」，大家注意的都是關稅，就是台灣如果能出口工具機，或者是石化原料到中國大陸去，我們就可以享受比較低、甚至是免關稅的可能性。可是我個人覺得兩岸經濟發展，它的層次不只是限於貿易層次。事實上，它可能透過供應鏈的關係，產生一個更緊密的上、中、下游的關係。

　　隨著兩岸的運輸包括海運、貨運的便捷化，加上如果掃除貿易的限制

或關稅後，兩岸在價值鏈上面的一些合作會有一個比較新的局面。可是，兩岸在很多重要的產業，上游都是由日本扮演重要角色。大致說起來，目前的階段，在很多的產業裡面包括：機械、電子、石化、汽車，甚至於還有一些其他更精密性的產品，日本在基礎關鍵的原料，還有設備，都扮演最關鍵供應的角色。台灣透過日本技術原料設備的供應，在模組化的關鍵性零組件也有相當不錯的表現，不管是從生產管理，或者是小的技術的改良，台灣其實在世界上可說是堪稱一流。

那麼中國大陸最大的優勢，最早的時候是因為生產要素，也就是有廣大的土地和勞動力。可是現在隨著中國大陸的市場崛起後，中國大陸在下游，不管是生產製造，或者是銷售的通路渠道都扮演更重要的角色。中日台這三個經濟體的力量，如果能夠做更緊密的策略性合作，事實上，可以讓這三個經濟體在世界所扮演的角色都加分。

有很明顯的例子，譬如說歐洲的區域。我們看到自從歐盟成立以後，整個歐洲，不只是東歐經濟起飛，事實上西歐也受益。那麼，英德法透過某一種合作後，他們也產生適當的分工與利益，這樣的現象非常清楚，未來在亞洲會形成一個區域合作的大致架構。不論這個架構，有多少會在政府的層級，或者是官方的層級，但是實體上的產業企業合作，可能會比政府所簽訂的相關協議要進展得更快。

其實過去，台灣跟日本有非常多的合作。我們都曉得，台灣經濟發展初期，加工出口區有大量的日本廠商到台灣來，包括台灣自己本土市場所使用的產品，如我們小時候使用的家電、汽車，甚至於很多的食品、紡織，大都是來自於日本的技術。到後來我們的服務業，包括我們的金融體系，以及我們的零售、物流、批發、連鎖，這些系統事實上台灣和日本是非常接近的。甚至於我們可以大膽的說，在全世界，和日本的Business Model（商業模式）最緊密的就是台灣，幾乎可以說找不到另外一個例子。台灣從歷史、文化或者是商業的經驗和日本的關係，可說是相當密

切，一直到今天都是如此。

那台灣和大陸間就更不用說了，不管是種族、歷史、文化的淵源，那是沒有話說的。雖然經過了五十幾年的隔絕，我們有一些軍事或政治上的對抗，但在過去的幾年當中，這樣的現象逐漸解除。在過去的十幾年當中，台灣的產業跟中國大陸的產業產生良性的合作關係。

這三個地區也有一些共同合作的案例，我舉幾個例子，各位就會很清楚。比如說，以汽車作為案例，不管是Nissan（日產）或者是Mitsubishi（三菱），不管是東風汽車或是東南汽車，在中國大陸生產轎車或商用車的時候，事實上，我們的裕隆都在裡面扮演著重要的角色。另外，最早Mitsubishi也好，Nissan也好，他們在亞洲地區重要的合作夥伴就是跟台灣的汽車廠。還有透過與台灣四十年到五十年的合作，創造一大批的供應鏈，就是汽車零組件的供應商。

比如說，我到福建的東風汽車或者是到海口的海南汽車，海南汽車雖然是中日合資研發，是Mazda（馬自達）跟中方合資的公司，但是我到海南汽車拜訪，它做的是Mazda3的汽車。據他所講，一年年產量接近四十萬輛。這樣的一個數量的工廠，它的中間有十二個主要的衛星工廠跟它連接在同個廠區裡。一問之下，這十二家零組件的衛星工廠有七家是來自台灣。也就是說，其實中日台在中國大陸拓展的案例裡面，有非常多成功的案例。

我們再以服務業為例，比如說統一代理7-ELEVEN。7-ELEVEN大家都知道現在等於算是一個日資企業，7-ELEVEN它創始於美國，但它真正的發揚光大是日本人。在台灣7-ELEVEN做得相當成功，我們現在如果以7-ELEVEN的店數除以人口，全球密度最高的不是日本，而是台灣。

最主要的是，我們不管是前台或者後台的經營，有很多小地方，統一企業做得非常好。事實上，統一和日本7-ELEVEN在中國大陸也有相當程度的合作，這樣的案例層出不窮。所以我們認為，未來這樣的案例在大陸

開拓的可能性會越來越高。

　　我個人也參與過一個案例，在六年前，初井伸之擔任SONY（索尼）社長的時候，他曾經一度接受下屬的建議，要把它在日本最大的製造基地搬到中國廣州。他預計在那邊大概要設立三萬到四萬人的工廠，生產提供給中國大陸跟東南亞市場SONY主要的產品。可是他這個合作計畫，事實上是透過台灣的經濟部來跟他合作，那時還是我們尹啟銘先生擔任經濟部次長。那個時候，日本SONY認為：如果他要在中國大陸徵召這麼大的管理或者是製造團隊，他需要曾經長期跟他合作的一些台灣零組件的供應廠商，還有一些管理幹部，能夠幫助他在中國大陸建構這麼大的供應鏈。

　　我想這個背後的原因，就我剛剛講的那些例子，為什麼Nissan、Mitsubishi需要透過裕隆，為什麼SONY需要透過光寶去做這樣的事。其實它的道理非常簡單，主要不是因為關稅，或者主要不是來自於成本的考量；而是來自於工作的方式、文化和管理思維。因為台灣人和日本人已經有超過半世紀以上的商業合作關係，所以對於日本企業的營運形式，日本企業管理的制度、管理的思維，實際上是比較了解的。

　　這個部分我必須要講，我們的管理文化比起中國大陸至少要早三十年。換言之，兩個各有自己文化思想的國家，像中國跟日本，如果要在一個共同的管理系統下，能夠無縫隙的合作，恐怕需要長時間的文化融合。這時候台灣的企業、台灣的幹部扮演一個非常關鍵的角色，這也是為什麼要探討，台日中三地企業有沒有推動策略聯盟的可能性。

　　我想從幾個未來可能的方向提供給大家做一個思考。我覺得我們不只是要看到怎麼樣形成供應鏈，或者是管理系統、管理幹部之間的合作關係。我們在一些新興的，不管是在整個東亞或者是中國大陸，這些正在蓬勃發展的新市場，我們其實要採取一個更積極性的布局。這個布局不只是取代原先在日本生產的東西，不只是把台灣的工廠搬到中國大陸去，不只是這麼單純的事情。

　　事實上，整個中國產業與生活型態的改變，也代表著亞洲大概有至少20億左右的人口，正在脫離年收入3,000美元以下的生活環境，進入到1萬美元的生活水平。這樣的人口在未來的二十年將近有20億人規模。那麼，這20億人，當他們的所得，從每天10美元成長到每天30到50美元的時候，他們在生活上的需求會徹底改變，包括食衣住行育樂，所需要的商品數量與品質都會改變。這就是我們在台灣，現在經濟部一直提倡去開發所謂「優質」、「平價」的亞洲新興市場。

　　這一部分的原因，當然是因為過去在歐美市場主導的世界已經結束了。因為歐美市場在未來，我們不會期待他們在數量或金額上有大幅度的成長；相反的，全球的經濟在未來的二十年，它真正成長一定是來自於這些新興進入到小康社會的國家，這是我剛剛給各位一個簡單的指標。從3,000美元以下的所得進入到接近1萬美元的所得，這樣的人口在二十年會增加20億。

　　事實上，年所得在2萬美元以上的人口，二十年之內不但不會增加，還可能會減少。甚至因為人口結構的關係，未來會逐漸走向高齡化，那個市場事實上是一個飽和的市場。所以說新興的市場、小康的市場是兵家必爭之地。兵家必爭之地的規格，不是來自於過去在2萬、3萬美元收入的規格；而是用比較大規模的製造，用比較廉價的生產技術，提供可負擔（affordable）的產品。我個人看法是不盡如此，也就是說，我們不要只是把3萬美元的商品汽車或者是電腦，或者是其他相關的精品，把它做成5,000美元能買得起的東西，就以為我們能去攻佔這個市場，這個觀念基本上是錯誤的。

　　我舉個最簡單的例子，美國麻省理工學院（MIT）葛洛龐帝教授，在三到四年之前，曾經指出全世界貧窮國家的小孩，因為他們沒有受到足夠的數位教育，缺乏教育有可能導致整個地區經濟長期衰退下去。所以他們提出OLPC（One Laptop Per Child），每個小孩有一部桌上型電腦這個概

念。可是這個概念完全不可行，為什麼呢？各位試想，他們沒有去過貧窮的印度，不知道印度每個小孩發一台Notebook下去之後，家裡沒有電、家裡沒有網路、家裡父母親都是文盲，不知道如何教他怎麼使用，每一個人發一台電腦有什麼用。所以真正解決的方法，事實上是讓學生到教室裡面去。我們只要把每一個學校的教室裝置了電腦，採用集中式教學，就可以解決貧窮地區的數位落差。

我舉這個例子，只是在最後給大家做一個思考的方向。也就是說，我們對於這種新興的小康社會，怎麼樣提供平價而且優質商品？要從他們文化的背景、生活的型態、社會的結構去思考，而不是只是把我們過去可以做的產品成本降低（cost down）。那麼這樣的方式，就需要對這個社會結構、文化和使用習慣有了解的人，重新去定義商品的規格。

從某個角度來看，台灣可以在亞洲的其他國家，扮演適當的角色，因為台灣比較接近過去這樣的環境。我們如果能夠扮演這個角色，而且台灣擅長在很多商品上面做一些小規模的修正（modification），這樣的優勢非常適合今天來給在座日本的朋友做一個參考。

台日商策略聯盟的理論發展與實踐

劉仁傑

（東海大學工業工程與經營資訊系教授）

摘要

　　近年來，台灣企業和日本企業在中國大陸，以合資方式聯手發展事業的成功案例，特別是在汽車零組件、電機電子與食品飲料等領域的亮麗表現，持續受到矚目。在其他外資企業無法順利推動跨國性合作的狀況下，台日商策略聯盟的成功理由與發展過程，已經引起海內外的高度興趣。

　　本研究以六和機械集團過去十五年所發展的十個合資據點為個案研究對象，彙整過去十餘年的持續研究心得。本研究有三點重要發現：(1)台日策略聯盟以信任關係為基礎，相互認同與活用對方能力為優勢；(2)台灣企業優勢在理解中國當地的價值觀與體制變化，具備商品改良、修正與通路開拓，以及當地人員與當地零組件廠商的開發暨管理能力，兼具整合上的介面優勢；(3)台日策略聯盟網絡擁有以當地資訊共有為核心的「隱形協調機制」，有效調適經營環境的不確定性與劇烈變化，堪稱最大特色。納入此項優勢的台日商策略聯盟，已成為中國大陸外資企業最有效的投資策略之一。

關鍵詞：台日商策略聯盟、信任、隱形協調機制、中國

壹、前言

　　日本企業自1951年起開始對東南亞進行投資，成為包括台灣和各東南亞主要國家的第一大外商。[1] 1990年代以來，日本企業的海外投資，特別是結合其他外資或當地企業的聯盟策略，被認為有非常顯著的改變；這個改變不僅反映在中國大陸的台日商策略聯盟，甚至也落實日商對台投資的第三次全盛期。[2] 基於特殊的歷史背景，以及五十年來台日企業的互動與發展，日商與台商策略聯盟進軍大陸，已被認為是日商與台商邁向全球化的重要競爭策略之一。

　　近年來，台灣企業和日本企業在中國大陸，以合資方式聯手發展事業的成功案例，特別是在汽車零組件、電機電子與食品飲料等領域的亮麗表現，持續受到矚目。相對而言，國際上與大陸當地企業進行合資或合作關係的中國投資策略，有效性則備受質疑。[3] 在其他外資企業無法順利推動跨國性合作的狀況下，台日商策略聯盟的成功理由與發展過程，已經引起海內外的高度興趣。[4] 然而，到目前為止，相關研究大都從經濟學，特別是經營資源運用的觀點進行解析。從合資或是合作關係的類型、發展模式等管理學角度的考察，相關具體研究並不多。

---

[1] 劉仁傑，「台灣日系企業的發展與轉型之探討」，管理學報（台北），第17卷第4期（2000），頁695~711。

[2] 劉仁傑，「第6章 台灣日系企業の発展プロセスと新動向」，佐藤幸人編，台灣の企業と產業（東京：アジア經濟研究所，2008）。

[3] 范建亭，中国の產業發展と国際分業：對中投資と技術移転の檢証（東京：風行社，2004）；J. Xia, J. Tan, and D. Tan, "Mimetic entry and bandwagon effect: The rise and decline of international equity joint venture in China," *Strategic Management Journal* (Oct. 2007).

[4] 朱炎，「對中投資は台灣企業に学べ：台灣企業の對中投資の実態と成功要因」，Economic Review，富士通総研，7月号（2003）；S. Ito, *The Surge of Japanese Investments in China Utilizing Taiwanese Managerial Resources* (Tokyo: Mizuho Research Institute, 2005).

　　本研究從管理學的角度，透過對台日合資企業長達十餘年的持續考察，進行回顧與整理。本文首先整理作者過去兩個階段的研究成果，介紹台日商策略聯盟的類型、特質與管理意涵，並據此提出進一步觀察的分析架構。其次，以六和機械集團過去十五年所發展的十二個合資據點為個案研究對象，就海外據點和台灣母公司的實地訪談，彙整台日商策略聯盟的新近觀察。最後，就本研究釐清的事實，進行評估和展望。

貳、台日商策略聯盟的研究歷程與課題

一、管理學的觀點

　　一般而言，經濟學觀點比較傾向於產業社會的總體發展，重視量化指標，諸如國民所得、失業率、產業結構等。管理學觀點則比較傾向以組織個體或個體間關係為研究對象，重視因應環境變動的組織內外互動，特別是質化指標，諸如企業的組織流程、激勵要因與本質、組織間互動模式等。雖然不同學術領域的研究因角度不同，所得到的結論不盡相同，但嘗試觀察的對象並無二致。因此，多元的觀點應有助於釐清問題的本質，而理解本質不僅是學術進步的原動力，也是幫助實務世界提出解決方案的重要基礎。

　　基於此，本研究採取管理學觀點，也就是從企業組織如何因應內外在環境變動，透過組織內外的調適行動，達成企業持續發展目標，作為基本思考範疇。同時，由於作者對中國大陸台日商策略聯盟的個案觀察，已超過十年。因此，首先本文介紹作者2001年與2004年兩個時點完成的兩項研究成果。接著，檢視包括作者的系列研究、相關研究文獻，對照中國大陸台日商策略聯盟新近發展，將其中沒有得到充分解釋，或者值得進一步發展的課題，加以歸納，作為本文進一步個案解析的出發點。

二、台日商策略聯盟的類型與特質

1999至2001年間，作者從策略聯盟或合資研究中，考量企業投入的資源、能力、技術越多，所獲得的聯盟企業主導權力越高，[5] 以及依照不同銷售市場定位展現的環境調適與技術支援，對台日商策略聯盟進行類型化。具體而言，有三個重要發現。[6]

(一)策略聯盟的六個類型

聯盟企業依主導者與市場定位可劃分為六個類型，分別為當地市場台商主導型、共同主導型與日商主導型，以及全球市場台商主導型、共同主導型與日商主導型。根據個案研究，台日商策略聯盟企業有其所屬類型。同時發現，在主導資源進行環境調適方面，當地市場定位企業善用良好政商關係營造與政策因應之道，活用當地行銷網絡。而追求全球市場的企業，則僅著重台商的語言優勢，以獲取成本優勢。至於聯盟企業的技術來源，雖然台日各擅其場，日方企業在品質保證與技術升級，扮演重要角色。在銷售市場定位上，雖然部分企業在設立之初均鎖定全球市場，經過時間的推移，開拓當地市場成為最重要策略，各企業都逐漸增加當地市場比重。特別是伴隨大陸汽車市場的成長，汽車零組件據點市場定位變化最為明顯。

---

[5] F. J. Contractor and P. Lorange, "Competition vs. cooperation: A benefit/cost framework for choosing between fully-owned investment and cooperative relationship," *Management International Review*, Vol. 28, Issue 5~18 (1988) ; J. P. Killing, "Understanding alliances: The role of task and organizational complexity," *Cooperative Strategies in International Business* (Lexington Books, 1998).

[6] 劉仁傑，「大陸台商與日商策略聯盟的類型與個案研究」，第九屆產業管理研討會論文集（桃園：中原大學企管系、豐群基金會主辦，2001年2月22日），頁141~155。

(二)策略聯盟的特質與趨勢

研究檢視了1991至2001年發生的八個個案發現，聯盟企業固然各有其形成背景和營運特性，共同特質或趨勢亦十分顯著。整體而言，可以歸納成下列三點。

・**不同類型，各有生存空間**

個案研究的結果顯示，三個主要類型與二種銷售市場定位均有其存立空間，六個類型分別呈現不同的基礎條件和適用環境。整體而言，在台日商分工的內涵上，長期信任關係似乎是基礎，台商語言優勢帶動的當地關係、技術優勢，相對而言比日本更貼近大陸據點需求。日商的品牌市場和產品技術優勢，均十分明顯。

・**資本結構未支配經營主導權**

資本結構固然仍是主導經營的關鍵要因，但在追求雙方最大利益的要求下，重要性顯然已經有下降趨勢。類似光學器材和汽車零組件等比較成熟的產業，台日商顯然有比較明確的分工優勢和合作發展空間。

・**初步合作績效獲肯定**

對於台日商雙方的滿意程度和實際經營績效，雖然尚無深入分析，就往訪過程的印象或實際取得的財務資料（不公開），似有令人振奮之成果。2000年股票上市的亞洲光學，在獲利上表現亮麗，似乎也在數據上得到證實。

(三)策略聯盟的發展模式

亞洲光學集團和六和機械集團的個案顯示，兩個集團不僅分別與日本有深厚關係，同為所屬產業領導廠商，策略聯盟發展模式似乎也有一定的規則可循。我們嘗試用三個階段加以整理。

・**台商主導摸索期**

1991年設立的泰聯光學和1992年設立的六豐工業，均由台商主導，初

期均以外銷為導向，台商主導摸索可行性的意味十分濃厚。亞洲光學和六和機械對相關產業的技術累積，與日本企業的信任關係，以及日本合作夥伴尋求低風險新興生產供應基地，可以說是此一摸索期的特色。

　　•日商乘勝追擊期

　　泰聯光學和六豐工業的順利營運，奠定兩個集團與日本聯盟夥伴進一步合作的基礎。1994年起，兩大集團的對日合資持續增加。日商在資本和技術的主導角色大幅增加、台商在現場管理和當地協力廠開發上發揮功能，堪稱此一時期的兩項特色。

　　•台日商聯盟普及期

　　亞洲光學集團和六和機械集團的台日合資據點的成功，開始促成原有日本夥伴以外的台日合資據點的設立。諸如，亞洲光學與尼康的合資，六和機械與日本栃木富士產業合資，均屬之。這象徵在類似的產業發展脈動下，台日商聯盟的普及已蔚為趨勢。

三、台日商策略聯盟的介面與共進化

　　理解1990年代開始的大陸台日商合資據點發展，與分析1980年代開始的台灣高科技產業發展一樣，可能要追溯歷史，從台灣長期與日、美、中維持的深入關係著手。換句話說，台灣比日本理解美國產業，比美國理解日本產業，在世界上最理解中國產業，台灣產業應該擁有極佳的定位。因此，台商是世界上唯一可能與日本企業、美國企業、大陸企業維持極佳互動的企業體，介面角色具有獨特優勢。[7]

　　2004年10月，作者應日本亞洲經營研究學會邀請，做大會主題基調演講，特別用半年時間重新檢視台日合資據點發展，研究焦點放在台商的介

---

[7]　Ren-Jye Liu, "An Empirical Study of Strategic Alliances between Taiwanese and Japanese Enterprises in Mainland China," *Journal of Asian Business*, Vol.19, No.3(2003), pp.71~94.

面策略與台日企業的共進化之上。[8]

　　介面（interface）概念來自產品設計。介面的主要功能在連接各功能模組形成整體的功能。產品結構的介面管理，對產品的研發效率有極為顯著的影響。雖然介面初期被用在產品結構，最近在活用外部資源（outsourcing）趨勢下，組織結構的介面管理，亦成為企業經營策略與管理的重要環節。

　　作者對於亞洲光學集團、六和機械集團的紀錄性研究顯示，台商因為具有連接、整合、傳遞功能的介面，因此本身即使沒有大陸的「規模」、日本的「品質」和美國的「創新」，仍然能發揮關鍵角色。這些研究發現，台灣產業在介面策略運用上至少仍具備三大核心能力：[9]

1. 在日本、美國、大陸人脈廣布，商機掌握容易，接觸面廣。
2. 技術居中，連接與整合容易，透過互補原理和槓桿原理，提高附加價值。
3. 理解各方深度夠，傳遞的速度與品質，具有相對優勢。

　　基於介面的概念具有易懂特質，很能說明台灣汽車產業、食品產業的台日合資動向，廣受產學界熱烈回應。一家知名的上市公司，曾經禮貌性知會作者，將我的「介面策略」用語，放在公司的簡介與網頁中。然而，介面概念也被批評為過於簡化，並不能進行有效的理論性說明。針對這項批評，我個人進一步發展了「共進化理論」，[10] 與研究夥伴則發展了「綜效觀點」。[11]

---

[8] 劉仁傑，「中国における日台企業間の戦略的提携の含意をさぐって」，アジア經營研究（東京），第12號（2005），頁12~23。

[9] 劉仁傑，「介面策略──台灣產業發展的新契機」，經濟日報，2002年1月9日，A14版。

[10] Ren-Jye Liu, 前引文，頁71~94。

[11] Ming-Hong Lai and Ren-Jye Liu, "Synergy Perspective on Keiretsu-Guanxi Facilitated Joint Ventures in China," in The Proceedings of BWI International Conference (Taichung: Tunghai University, June 16~17, 2006).

　　「共進化」（co-evolution）一語源自生物學，是指兩種生物透過相互角色分擔的環境調適行動，共同生存與發展，甚至達到進化目標。管理學者進一步引伸到企業的調適行動。[12] 作者進一步將共進化定義為：兩家企業為了調適環境的不確定性，透過相互分工發展新事業，達到個別企業不可能達到的進化目標。[13] 1996年以前，在大陸因連續挫敗而返回日本的三洋食品；1999年因購併味全、擴充太快而面臨財務危機的頂益國際（康師傅），兩者的結合不僅促成三洋食品大陸投資順利，也使康師傅因為得到日本技術與資金，在中國大陸食品市場屹立不搖。同樣的共進化現象，也在汽車零組件與光學產業出現。

　　研究夥伴賴明弘與作者提出了綜效觀點（Synergy Perspective），探討迅速擴張的中國大陸台日合資企業如何被建構與維持，以及能夠生存發展與增殖繁衍的原因。[14] 綜效觀點指出兼具關係（Guanxi）與系列（Keiretsu）特質的台日合資據點成功的理論性解析，並以在台灣擁有台美合資汽車大廠福特六和的六和機械為例，證實容易成功順序為台日合資、純台資、台陸合資、台美合資。台陸合資的失敗比率居高不下、台美合資的不易誕生，直接驗證了台日合資據點的綜效，深化了台日商策略聯盟的實務性意涵。

---

[12] Lewin Are Y, "The co-evolution of new organization forms," *Organization Science*, Vol.10-5 , (1999), pp. 535~550.

[13] Ren-Jye Liu, 前引文，頁71~94。

[14] Ming-Hong Lai and Ren-Jye Liu, 前引文。

四、理論性課題與分析架構

(一)既有研究的批評

作者上述論文均先經過國內外學術會議發表，再通過期刊匿名審查委員的審查，直接間接經歷過非常多的批評與討論。雖然多數已經被接受與刊出，若干批評或有待進一步釐清的課題依然存在。扣除部分不夠深入的質疑外，[15] 大致可以歸納為下列三部分：

1. 台日商策略聯盟的過渡性質，可能是因應大陸特殊環境的一時現象。

2. 台日商策略聯盟理由的說服力仍然不足。問題包括：欠缺財務性指標的支持；台日商之間的信任、台商的當地知識優勢等，過於抽象。

3. 欠缺理論性新意，特別是在管理學領域中的顯學：國際合資事業與策略聯盟，台日商策略聯盟的理論性含義似乎不足。

(二)理論性課題

關於國際合資事業與策略聯盟，作者與研究夥伴曾經做過回顧檢討。[16] 我們認為，現存組織間合作策略文獻，對照台日商策略聯盟研究，可以歸

---

[15] 直接間接的質疑包括：「日台商聯盟是特殊時空的極少數個案，不值得研究」、「我不相信日本企業去大陸發展需要依靠台灣企業」、「詢問過重要日商駐中國負責人，他們也有同感」。雖然不能說質疑的學者具有偏見，至少他們忽略了台灣在中國與日本之間的敏感性。日商駐中國負責人面對中國籍學者查詢，不願意多談或不願意強調是可以理解的。這些質疑在下列比較完整的資訊出現後，似乎有了明顯的改善：浦野卓矢，「拡大する中国での台日ビジネスアライアンス」，台日ビジネスステーション，2003年2月6日，<www.jptwbiz-j.jp>；浦野卓矢，「中国での台日ビジネスアライアンス潮流」，台日ビジネスステーション，2004年3月8日，<www.jptwbiz-j.jp>。

[16] 吳銀澤、劉仁傑，「中国進出における日台企業の共創の発展」，日本經營學會誌，第22號（2008），頁53~65。

納出以下三點總結。

第一，對於競合關係企業間的合作原因探討，十分豐富，包括降低交易成本、資源互補、互相學習及價值創造等。但是，對於台日商聯手共同開拓第三國新市場的案例，迄今仍十分少見。

第二，探討了合作組織的發展過程，包括成立─發展─解散，而且將合作組織間的管理視為重要關鍵。但是，有關以共同事業間的網絡關係，也就是複數共同組織之間的動態發展研究，至今尚在蓽路藍縷的初始階段。

第三，國際合資對象間衝突的解決手段，首推彼此之間的信任關係。但是，對於防止共同事業失敗的可能機制、可持續的合作事業經營的關鍵，具體的研究成果仍然為數不多。

因此，作者認為，用過去十餘年較為深入的紀錄與觀察，可以同時回應上述三項既有批評，為台日商策略聯盟提出理論新意，提供新的基礎。

(三)分析架構

為了深入因應上述批評，進一步說明台日企業在中國共同進行合資事業的成功理由，本研究用企業間網絡關係作為分析主軸，從管理學組織間合作網絡觀點，[17] 進行階段性的整理分析。

作者認為，管理學組織間合作網絡觀點，有助於思考台日商策略聯盟的長期發展與理論性。在同一個產業裡的複數企業，在各自維持獨立性的狀態下，一起設立新的合資企業或其他組織平台，有助於達到創新事業目的。從長期性、持續性發展角度，一開始被創立的合資據點，為了掌握商

---

[17] R Guliti, N. Nohria, and A. Zaheer, "Strategic Networks," *Strategic Management Journal*, Vol. 21 (2000), pp. 203~215; R. Gulati, "Alliance and Networks," *Strategic Management Journal*, Vol. 19, No.4 (1998), pp. 293~317.

機，可能再設置新的合資組織，或是接收新的資本、技術與知識。這樣的狀況下，合資企業間的網絡關係便可能朝向深化或擴大的兩個方向發展。[18]

　　因此，一個方向是朝向深化合作的方向發展，也就是在最初的合資據點為基礎，各方企業繼續導入技術、知識、資本，在特定的合作範圍下繼續深化的發展型態。與此相對的，另外一個方向是朝向擴大合作的方向發展，也就是複數企業之間開始的共同事業，以特定一方企業為中心，另外設置截然不同的共同事業，使其合作規模不斷擴張的擴大型發展型態。深化型聯盟的重點在於相同合作對象雙方，持續投入資源；擴大型聯盟的重點則在於以一方為中心，尋求其他合作對象的加入，擴張其規模。

　　以下，我們擬以此分析架構，也就是從深化與擴大兩個維度，對六和機械集團的台日合資據點，進行個案研究。

參、六和機械集團的實踐

一、研究方法與對象

　　近年來，台日商平等互惠的聯盟策略，或透過日商台灣據點主導區域性營運等案例正逐漸呈現，說明台灣企業活用本身的國際分工定位，透過與日商結盟進軍國際的時代已經來到。儘管台商具有較佳的市場掌握能力、充沛的資金、精密零組件技術等條件，足以在市場、生產、資金與技術，以及零組件互補等各個層面，和日商達成互補，但是從企業間網絡關係角度的考察，仍然十分少見。

　　本研究透過訪談，針對近十五年台日商策略聯盟發展過程，用企業間

---

[18] 關於這兩個網絡發展方向的理論性探討，請參閱：吳銀澤、劉仁傑，前引文，頁53~65。

關係、關係網絡發展的角度，進行討論與歸納。基於本研究是作者長期致力於東亞日商研究的一部分，實證研究也在過去持續研究的基礎下進行。本研究的基礎資訊為1999年、2000年與2005年對六和機械集團台灣總部，以及大陸據點的實地考察和訪談紀錄。配合此論文之進行，對現狀進行必要的確認。

二、個案整理

六和機械成立於1971年，專門生產汽車零件，擁有1,080名從業人員。六和機械的市場雖為美國、日本與台灣，但是售後服務的市場則擴大到加拿大、韓國、東南亞各國。1992年開始，六和機械便積極投入對中國的投資，與日本企業的合資事業也相繼展開。

六和機械從成立開始，在技術層面就與豐田汽車維持著相當密切的關係，因此六和機械的現場也深受豐田汽車的影響。其兩者之間的關係，受到1992年六和機械與豐田集團共同成立六豐工業的影響，信任關係更為深厚。六豐工業設立在距離上海40公里的昆山工業園區，不僅是當地的第一家台商，也是台日合資企業的模範。因為六豐工業的成功，六和機械與日本企業的共同事業也相繼創立，包括一樣位於昆山的豐田工業（1994）與富士和機械（1995），以及福州六和機械（2000）、六和精密模具（2001）、天津高丘六和（2001）、六豐沖壓模具（2003）、廣州六和桐生（2004）、豐田工業（昆山）（2005）、廣州高丘六和（2005）、光洋六和汽車配件（2005）、福州井原六和（2005）等十二家（參見表一）。

本論文以六豐工業、豐田工業與富士和機械，分析其據點設立的過程與分工內涵。同時，對十二個據點間的關係，進行分析與歸納。

表一　六和機械的台日合資據點與內涵

廠商名稱	創立時間	資本結構		投資額（百萬美元）	員工人數	日本夥伴
六豐工業	1992	日資：10%	台資：90%	167.9	1380	豐田通商
豐田工業	1994	日資：75%	台資：25%	44	341	豐田自動織機、豐田通商
富士和機械	1995	日資：60%	台資：40%	52.5	800	富士栃木產業
福州六和機械	2000	日資：11%	台資：89%	29.98	491	井原精機
六和精密模具	2001	日資：10%	台資：90%	4.4	70	豐田通商
天津高丘六和	2001	日資：54%	台資：46%	28.73	180	愛信高丘
六豐沖壓模具	2003	日資：35%	台資：65%	14	130	豐田自動織機
廣州六和桐生	2004	日資：45%	台資：55%	12	170	桐生機械
豐田工業（昆山）	2005	日資：80%	台資：20%	25	398	豐田自動織機
光洋六和汽車配件	2005	日資：70%	台資：30%	12	120	豐田自動織機、豐田通商、Jtekt、光洋Metaltech
廣州高丘六和	2005	日資：54%	台資：46%	6	95	愛信高丘、豐田通商
福州井原六和機械	2005	日資：75%	台資：25%	2	33	井原精機

資料來源：作者根據2005年底總公司訪談紀錄整理。

(一)六豐工業

　　六豐工業是台灣和中國最大鋁合金輪圈的製造工廠，成立於1992年，由六和機械（90%）和豐田通商（10%）出資共同設立。六豐工業靠著自有品牌「豪馬」和Alpha 2000成功的打入歐洲、美國、日本市場。但是為了因應日漸茁壯的中國大陸市場，六豐工業的市場策略由完全輸出，逐漸轉向兼營國內銷售。隨著中國汽車發展向上攀升，2000年中國大陸的市佔率達到30%。

　　長久以來，六和機械和豐田通商之間都是以供給者和顧客的立場，維持緊密的關係。但因台灣人事費用的增加和預見中國大陸的市場潛力，六和機械於1992年決意在中國設置生產據點。其後，豐田通商也表明參與意願。豐田通商在評估過六和機械對於中國市場的適應力後，希望能夠從六和機械的中國據點獲得成本較低廉的零組件。六和機械在政治風險與豐田通商在日本市場的競爭力的考量下，遂接受其合作要求。

　　2000年以來，六豐工業從業員人數維持在1,300名左右，六和機械的派駐人員一肩擔負起此重任。台灣的工作人員，多的時候曾達到24人，目前維持在12人左右。曾經於2000年前後擔任六豐工業總經理的張萬枝協理表示：培養中國當地的管理人才，是讓六和機械集團在昆山能夠成長的關鍵。豐田通商為貿易公司，所以本身並不具備技術能力，而是負責日本市場的開拓。在技術支援方面，六和機械提供技術程度高且複雜的鑄件，其餘簡單的鑄件則於六豐工業自行開發。除了所需原料向當地台系企業取得，日常的現場管理，包括日本專精的生產方式、多能工與U型生產線等，完全是從六和機械移轉過來的技術與知識。近年來，六豐工業的目標漸漸轉向當地，特別是當地的零組件取得、當地市場的開發等，六和機械持續扮演重要的關鍵角色。

(二)豐田工業

　　1994年豐田自動織機、豐田通商及六和機械以70%、5%、25%的出資比率，共同設立豐田工業。主要的事業內容為：汽車、堆高機、紡織機的大型零件的鑄造加工，目前每年鑄造物出口日本約6,000噸左右。雖然成立之初，100%向日本輸出，2000年中國當地的市場也高達30%。隨著天津豐田等豐田汽車據點量產，中國大陸的市場已達50%。

　　豐田自動織機是豐田集團中歷史最悠久的公司。六豐工業的成功，直接催生了豐田工業。六和機械擁有對中國語言、文化上優越性，以及既有

的投資經驗，豐田自動織機擁有技術能力及消費市場資訊，而豐田工業就憑藉著這些優勢，扎實的向上成長。豐田工業擁有341名從業人員，其中包含四位日本人以及一位台灣人。日本人員擔任總經理、管理部長、製造部長以及品保部長等職務，台灣人員則為副總經理兼六和機械的中國總代表，負責和當地政府進行交涉。此外，還協助製造現場和人事管理，以及當地協力廠商的開拓。鈴木總經理表示，比起當地的日系企業，擁有一位台灣人的副總經理顯得相當重要，能夠補足日本方面所欠缺的部分。技術支援幾乎都是由豐田自動織機負責。豐田工業能夠自行開發簡單的鑄件或是零組件，但對於複雜的部分，要仰賴豐田自動織機。不論是現場的合理化和U型生產線的導入，或是現場所使用的大量台灣製工具機，六和機械都展現降低成本的卓越貢獻。此外，諸如當地零組件的取得、當地市場的開拓，或是中國政府的交涉等，也都由台灣企業扮演相當關鍵的角色。一位日籍人員舉例說，過去日商籌設一家公司的申請程序往往要二個月，2005年籌設的一個新據點，在六和機械卓越協助，結合豐田汽車高知名度，兩天完成設立批文手續，成為大陸日商圈話題。

　　基於豐田自動織機與六和機械的強烈信任關係，持續發展合資企業，2003年設立六豐沖壓模具，2005年設立昆山豐田工業與光洋六和汽車配件，堪稱合作擴大與深化的典型。

(三)富士和機械

　　富士和機械位於離六豐工業及豐田工業2公里處，資本構成是由富士栃木產業和六和機械分別出資60%、40%。主要的產品為汽車的小型金屬零件，以及FC、FCD等高級鑄件。當地市場的比例佔30%，以台灣和日本為主要出口國。

　　六和機械和富士栃木產業之間本來無任何協力關係。甚至富士栃木產業還是日產汽車的協力廠，嚴格說兩者本來是競爭關係。但是，1995年欲

進軍中國的富士枥木產業，在尋求台灣合作夥伴的時候，對於六和機械的鑄造技術以及在中國投資的豐富經驗給予相當高的評價，雙方合作便迅速展開。在確定共同建立合資事業後，有關出資比例，幾經評估由原本六和機械欲出資60%，最後確定更改為出資40%，由日本方面出資60%居主導地位。但是比起出資比例，對於共同事業發展十分重要的管理分工，六和機械卻扮演著舉足輕重的角色，特別是合資事業的籌設過程和當地市場的順利開拓。譬如，位於福州的東南汽車採用富士和機械的零件，六和機械就是最大功臣。

富士和機械擁有800名職工，其中包含日本人四名，台灣人六名。日本人員擔任的職務為總經理、技術部長、財務部長與品保部長，台灣方面擔任執行取締役副總經理、製造部長、鑄造工廠的幹部及零組件生產主管。保科光晴總經理就曾表示：雖然日本方出資多過台灣，但是台灣企業對於營運管理與市場開拓貢獻非常大，雙方透過共同事業的方式，更能掌握中國當地資訊的脈動。他認為：與台灣企業合作，是促使富士和機械迅速成長的一大關鍵。

(四)企業間的網絡發展與協調

六和機械與日本企業的合資始於1992年，上述介紹截至1995年最早的三個據點，對象包括豐田集團的豐田通商、豐田自動織機，以及與豐田集團屬於競爭對手的富士枥木產業，合計共有四夥伴、三合資據點，已經觀察到與豐田通商合作關係的深化。之後，六和機械一方面與豐田通商的合作關係繼續深化，另一方面則擴大合資對象，包括井原精機與愛信高丘。這種深化與擴大繼續發展，2005年底，合計為夥伴件次達十七件次、十二合資據點；合資夥伴合計八家，包括深化型夥伴四家，以及僅有一個合資據點的擴大型夥伴四家；其中與豐田集團的豐田通商與豐田自動織機各有五個與四個合資據點（表二）。

表二　六和機械合資夥伴件次數與據點數發展推移

年度合資據點數 合資夥伴	1992	1995	2001	2005
豐田通商	1	2	3	5
豐田自動織機		1	1	4
富士栃木產業		1	1	1
井原精機			1	2
愛信高丘			1	2
桐生機械				1
Jtekt				1
光洋Metaltech				1
合計	1(1)	4(3)	7(6)	17(12)

資料來源：作者根據表一製作，各年度合計為合資夥伴數，括弧內為合資據點數。

　　回顧過去十餘年的合資據點發展過程，2001年天津豐田與2006年廣州豐田的分別量產，無疑是促成合資據點劇增的關鍵。期間，除了與豐田通商、豐田自動織機的進一步深化外，與井原精機、愛信高丘的合作關係也開始邁向深化，擴大型的合作夥伴也持續增加。其中，有許多據點是既有據點的複製，或者是為了既有據點上游鑄造物或模具、治具的提供，堪稱深化合作典型。新的合作夥伴則是掌握商機，相繼加入，對六和機械而言，達到集團規模實質擴大效果。

　　六和機械表示：「和日本企業開創的合資事業，大都是藉著過去共同事業的成功，本著相互信任關係，針對地區暨商品類別持續的擴大」；「出資比率一直不是最重要因素，有許多實例是雙方都保留更多的出資空間給對方」。檢視新近成立的據點，大都為相同出資母體所複製，部分也加入了新的日本夥伴。部分的日本合作夥伴過去與六和機械是競爭對手，而日本夥伴間也有些是競爭對手。

　　我們的研究發現，六和機械集團要求子公司每季或每半年舉行一次的營運管理會議（operation review meeting），透過子公司的合資方及子公司的經營團隊共同檢討營運績效。在這個過程，六和機械重視透過合夥關係，維持市場秩序，甚至獲得雙贏的策略效果。因此，合資夥伴間的競爭關係，透過以六和機械為核心的聯盟網絡發展，似乎形成一種「隱形協調機制」。

三、歸納與討論

　　根據以上六和機械所屬十二個台日合資企業的分析，我們進行結果的歸納與討論。基於我們的訪談並未包括日本母公司，基本上是站在台灣企業的觀點思考，進行分析討論。此外針對合資夥伴合資事業發展過程，屬於深化或擴大的兩個維度進行分析。

　　六和機械集團先嘗試性地和日本企業合資，相互導入資本、技術，在得到一定的成果與風評之後，再以複製方式進行深化與擴大。同時，六和機械利用台灣企業的優越性，和部分競爭對手的日本企業共同開創出新的合資事業，擴大合作規模，同時朝向擴大與深化方向發展。六和機械集團十餘年的努力，已經形成一種既深又廣、饒富特色的「深化擴大型」合作網絡。

　　檢視各個個案的發展過程，一種非常動態的環境調適過程隱然成形。簡單來說，包括各類合作企業、競爭企業或互補型企業，都有可能加入該合作組織中，再以單一特定企業，甚至複數特定企業為中心，在短時間內將網絡進行深化與擴大。換句話說，最初的合資組織成形後，透過參與企業的增加，知識、技術與資本等得以持續引進，組織間的合作網絡進入到多樣的動態發展。

　　同時，檢視各個個案聯盟發展的內涵，資本結構不是最重要的因素。不僅合資初期，或是新合資組織的產生過程，被認為是影響經營權的資本

關係，顯然並不是最重要的因素。比資本關係更重要的優越性來自兩個方面，一個是日本企業的商品開發能力和品牌形象，另一個是台灣企業的生產管理、人事管理，以及與當地企業及當地政府的交涉能力。各個合資據點在過去信任關係基礎，或信任關係者的引介下設立，透過反映雙方優越性的職能分工進行有效營運，以及伴隨著成功朝向下一個據點發展的快速合作進擊，都反映了這樣的成功模式。

除此之外，為了因應中國環境的激烈轉變，對於合作網絡來說，資訊共有也是不可或缺的要素。六和機械集團的案例甚至更進一步說明，包括各類合作企業、競爭企業或互補型企業等不同的參與者，在合作網絡中非正式的進行市場資訊的交換與協調。這種隱形協調機制，十分有利於在不確定的市場環境中取得雙贏或多贏。

同時，台灣企業的優越性也在個案中得到證實，包括來自於：相近的語言和文化，對中國整體制度變化和缺乏整合等不確定性的應變能力，以及針對中國市場的商品改良與修正、銷售通路的開拓、當地人員暨當地零組件等之管理能力。

肆、結論與未來課題

本研究採取管理學觀點，彙整過去十餘年的持續研究心得與問題意識，深入考察六和機械在大陸過去十五年的十二個合資據點發展過程。本研究有三點重要發現。

第一，信任關係是台日策略聯盟的基礎，相互認同與活用對方能力則為台日合資據點的競爭優勢。[19] 過去五十年台日企業間的合作過程，所累

---

[19] Holger H. Patzelt and D. A., "Shepherd, the Decision to Persist with Underperforming Alliances: The Role of Trust and Control," *Journal of Management Studies*, Vol. 45, Issue 7 (2008), pp.1217~1243; R. H. Shah and V. Swaminathan, "Factors influencing partner selection in strategic alliances: The moderating role of alliance context," *Strategic Management Journal*, Vol. 29, Issue 5 (2008), pp. 471~494.

積的相互信任或業界風評，顯然對合作網絡的形成，發揮了無形的支配性影響力。同時，相互認同與活用對方能力，有效性超過一般視為影響經營權的資本關係。

　　第二，台灣企業優勢在理解中國當地的價值觀與體制變化，具備商品改良、修正與通路開拓，以及當地人員與當地零組件廠商的開發暨管理能力，兼具整合上的介面優勢。這個優勢不僅提供了台灣企業擴大合作網絡的機會，也讓苦於大陸據點籌設與營運的日本企業，願意摸索嘗試，並為雙方開闢全新視野。

　　第三，台日策略聯盟網絡擁有以當地資訊共有為核心的「隱形協調機制」，能夠有效調適經營環境的不確定性與劇烈變化。這種與競合對手透過合夥關係進行市場資訊交換與協調的隱形機制，不僅能夠迴避衝突，還能創造雙贏或多贏的有效機制。可能也能夠說明，台日合資據點，在其他外資大陸投資過程的購併或策略聯盟不被看好的狀況下，能夠持續發展的重要原因。

　　作者過去對東亞日商系列研究顯示，1990年代以來，日本在東亞支配性優勢的式微，台灣製造優勢的日漸顯現和中國大陸市場的崛起，是形成以大陸為中心的台日商策略聯盟趨勢的重要背景。作者新近研究更發現，最近五年來，在豐田模式的強烈影響下，台灣自行車A-team已經引領了台灣產業體系變革風潮；台灣TFT-LCD產業則全面強化與日資、當地協力廠組織間的合作體系，受到國內外產學界的注目。[20] 用宏觀的角度觀察，這些廣義的台日商策略聯盟，與本研究揭示的台日商合作網絡，在競爭力的形成上是否具有異曲同工之妙？值得我們未來持續探討。

---

[20] 劉仁傑，「開闢台灣產業變革新路：A-Team、M-Team到S-Team……」，經濟日報，2008年1月16日，A14版；劉仁傑主編，共創：建構台灣產業競爭力的新模式（台北：遠流出版社，2008）。

參考書目

一、中日文專書

范建亭，中国の産業発展と国際分業：對中投資と技術移転の検証（東京：風行社，2004）。

劉仁傑，「第6章　台灣日系企業の発展プロセスと新動向」，佐藤幸人編，台灣の企業と産業（東京：アジア經濟研究所，2008）。

劉仁傑主編，共創：建構台灣產業競爭力的新模式（台北：遠流出版社，2008）。

二、期刊及報紙

朱炎，「對中投資は台灣企業に学べ：台灣企業の對中投資の実態と成功要因」，Economic Review，富士通總研，7月号（2003年7月）。

吳銀澤、劉仁傑，「中国進出における日台企業の共創の発展」，日本經營學會誌，第22號（2008），頁53~65。

劉仁傑，「台灣日系企業的發展與轉型之探討」，管理學報（台北），第17卷第4期（2000年），頁695~711。

──，「介面策略─台灣產業發展的新契機」，經濟日報，2002年1月9日，A14版。

──，「中国における台日企業間の戰略的提携の含意をさぐって」，アジア經營研究（東京），第12號（2005），頁12~23。

──，「開闢台灣產業變革新路：A-Team、M-Team到S-Team……」，經濟日報，2008年1月16日，A14版。

三、其他

劉仁傑，「大陸台商與日商策略聯盟的類型與個案研究」，第九屆產業管理研討會論文集（桃園：中原大學企管系、豐群基金會主辦，2001年2月22日），頁141~155。

浦野卓矢，「拡大する中国での台日ビジネスアライアンス」，台日ビジネスステーショ

ン，2003年2月6日，〈www.jptwbiz-j.jp〉。

──，「中国での台日ビジネスアライアンス潮流」，台日ビジネスステーション，2004年3月8日，〈www.jptwbiz-j.jp〉。

四、英文專書及期刊

Contractor, F. J. and P. Lorange, "Competition vs. cooperation: A benefit/cost framework for choosing between fully-owned investment and cooperative relationship," *Management International Review*, Vol. 28, Issue 5～18(1988).

Guliti, R., N. Nohria and A. Zaheer, "Strategic Networks," *Strategic Management Journal*, Vol. 21 (2000), pp. 203~215.

Gulati, R., "Alliance and Networks," *Strategic Management Journal*, Vol.19, No.4 (1998), pp. 293~317.

Patzelt, Holger H. and D. A., "Shepherd, the Decision to Persist with Underperforming Alliances: The Role of Trust and Control," *Journal of Management Studies*, Vol. 45, Issue 7 (2008), pp. 1217~1243.

Ito, S., *The Surge of Japanese Investments in China Utilizing Taiwanese Managerial Resources* (Tokyo: Mizuho Research Institute, 2005).

Killing, J. P., "Understanding alliances: The role of task and organizational complexity," *Cooperative Strategies in International Business* (Lexington Books, 1998).

Lai, Ming-Hong and Ren-Jye Liu, "Synergy Perspective on Keiretsu-Guanxi Facilitated Joint Ventures in China," in The Proceedings of BWI International Conference (Taichung: Tunghai University, June 16~17, 2006).

Lewin, Are Y., "The co-evolution of new organization forms," *Organization Science* ,Vol.10, No.5 (1999), pp. 535~550.

Liu, Ren-Jye, "An Empirical Study of Strategic Alliances between Taiwanese and Japanese Enterprises in Mainland China," *Journal of Asian Business*. Vol. 19, No. 3 (2003), pp.71~94.

Shah, R. H. and V. Swaminathan, "Factors influencing partner selection in strategic alliances: the moderating role of alliance context," *Strategic Management Journal,* Vol. 29, Issue 5 (2008), pp. 471~494.

Xia, J., J. Tan, and D. Tan, "Mimetic entry and bandwagon effect: The rise and decline of international equity joint venture in China," *Strategic Management Journal* (Oct. 2007).

台日合資在中國：
理論發展的貢獻與相關課題

伊藤信悟

（瑞穗總合研究所株式會社調查本部亞洲調查部上席主任研究員）

摘要

　　本文檢視有關在中國的台日合資企業，對於策略聯盟、外商直接投資等理論，所具貢獻、所遺留研究課題，特別是實證研究上課題。

　　有很多的先行研究，因為統計資料的不完整，針對台日合資所設立的中國當地子公司績效之優劣無法多加著墨。本文先將此一問題置於首位。據此，與文獻研究相反，在中國台日合資事業的存活率比日本企業的中國當地子公司高。造成合資企業高存活率的主要原因，正如研究文獻所顯示，台灣企業提供日本企業互補性的經營資源；加之和中國在語言、文化上的相似性，大陸台商所擁有的各種網絡，對日本企業而言就成為重要的經營資源，再次說明利用網絡論的架構來掌握經營資源的重要性。相互信賴關係的存在，也是維繫高存活率的一項重要因素。

　　為更進一步提高關於在中國的台日合資之研究水準，必須要加強：(1)統計資料的整理；(2)探究在中國的台日合資事例很多之原因（例如國際比較研究等）；(3)關於在中國台日合資「共同創新」的動態性變化之研究；(4)失敗案例的研究。

關鍵詞：台日經貿關係、合資事業、對中直接投資、所有結構、信賴

壹、前言

　　日本和台灣自1950年代以來，即建構緊密的經貿關係。以生產要素的互補性作為背景，垂直分工型的貿易結構在兩者間形成，許多的日本企業選擇台灣作為勞力密集型產品的生產據點。1980年代末期，隨著台灣的產業結構變遷與升級，台日間的經貿關係也產生結構性的改變。此變化是從垂直分工轉變到水平分工的貿易結構。日本對台灣的投資也更帶有技術密集型的特質。

　　這個時期台日企業間的策略聯盟舞台，不只有在台灣，也已擴展到亞洲區域。其中在中國大幅增加的台日合資事業，於1990年代後半期以來，漸成日本、台灣雙方學者分析的對象。近年來，已經發表為數不少的相關書籍或是論文。但是在相關研究上，台日合資而設立的中國當地子公司，其經營成果良窳並沒有進行分析。因此，本文將與日本企業的中國當地子公司比較其經營成果。先行研究指出在各種合資型態當中，日本企業與非地主國企業合資事業的存活率或是獲利率都很低。然而，本文顯示在中國台日合資的存活率，至少比日本企業在中國當地子公司的平均值來得高。

　　接下來，透過整合相關研究以及筆者田野調查的成果，本文進行思考台日合資的中國當地子公司存活率高的理由。基於此項探討，本文指出，於探究在中國台日合資的成因和成果之際，從網絡的觀點來分析經營資源，策略聯盟一事是非常重要的研究視點。與此同時，本文確認互信有效降低台日合作夥伴之間的「組織成本」（organizational cost）。最後，說明關於在中國台日合資事業的先行研究中存有尚未充分釐清的問題，以便形成共同的問題意識。

貳、台日合資的中國子公司的存活率

一、相關文獻的主要觀點：在中國商業脈絡的經營資源互補性

　　關於日本企業和台灣企業在中國的合資事業，最初開始進行直接而且比較多案例研究的是佐藤幸人。[1] 佐藤從所謂的經營資源互補性的觀點，探討日本企業和台灣企業利用合資的方式進入中國的理由，以及分析在營運中國子公司台日企業間的分工關係。[2]

　　佐藤發現這種台日合資進入中國的案例增加之後，如同伊藤已證明，以中台同時加入WTO（世界貿易組織）為契機，日本企業、台灣企業興起對中投資熱潮，在此過程中，台日共同設立中國子公司的案例確實快速增加（表一）。[3] 隨之而起，關於利用台日合資成立中國子公司的案例研究，也正形成一股熱潮，例如：松島繁、劉仁傑、朱炎、童振源與蔡增

---

[1] 佐藤幸人，「多層經濟發展中的日本、台灣及中國大陸之間的投資關係：案例研究」，兩岸經濟年報編輯委員會編，民國84／85年兩岸經濟情勢分析（台北：行政院大陸委員會，1997），頁214~233。

[2] 另外，並非是台日合資的形式，而是藉由台灣子公司進行對中投資的日本企業，也從1990年後半期以後持續增加。台灣子公司本身和台灣企業合資的情況，和具有類似利用台日合資型態的中國子公司的性格是不少的。此外，以掌握藉由台灣子公司的日本企業之對中投資作為日系台灣企業發展過程的一種型態之研究也是存在。參見：劉仁傑，「台灣日系企業的發展與最新變革」，劉仁傑主編，日系企業在台灣（台北：遠流出版社，2001），頁55~86。

[3] 伊藤信悟，「急増する日本企業の『台灣活用型對中投資』」，みずほ総研論集（東京：みずほ総合研究所・2005年III號），頁107~141；伊藤信悟，「擴大する中國での日台アライアンス～『台灣活用型對中投資』の魅力と注意点～」，みずほリポート（東京：みずほ総合研究所，2006年9月29日）；伊藤信悟，「台日企業合作投資中國大陸之現況與展望」，產業技術合作契機與優勢研討會會議資料（台北：亞東關係協會科技交流委員會主辦，2009年7月13日）。

家、伊藤信悟、吳銀澤與劉仁傑、井上隆一郎、天野倫文與久門崇、佐藤
幸人等。[4]

表一　日本企業「台灣活用型對中投資」的件數（所有制結構別）

出資型態	～1999年	2000年～	合計
台日合資模式	75	195	270
包含中國本土企業出資	15	19	34
由台灣子公司對中投資模式	52	90	142
包含中國本土企業出資	9	7	16
複合模式		3	3
合計	127	288	415

註：根據2009年6月底的資料整理而成。以開始營運時間計算。但營運年不明時採用設立年。
　　含撤離、歇業、合併。

資料來源：依據東洋經濟新報社《海外進出企業總覽》各年版；中華徵信所《台灣地區集團
　　　　　企業研究》各年版；台灣經濟部投資審議委員會《上市、上櫃企業赴中國大陸投
　　　　　資事業名錄》；日本、台灣發行之報紙、雜誌、各公司網站、作者訪談等由瑞穗
　　　　　總合研究所彙整。

---

[4] 相關文獻，請參見：Ren-Jye Liu, "An Empirical Study of Strategic Alliances between
Taiwanese and Japanese Enterprises in Mainland China," *Journal of Asian Business* (Michigan),
Vol. 19, No. 3 (2003), pp. 71~94；劉仁傑，「中国における日台企業間の戦略的提携の含意
をさぐって」，アジア経営研究（東京），第11號（2005年5月），頁25~34；朱炎，台灣企
業に学ぶものが中国を制す——中国市場を狙う日本企業の新たな戦略（東京：東洋經濟新報社，
2005）；童振源、蔡增家，促進台日經濟深度分工與全面合作關係研究報告（台北：經濟部，
2005）；伊藤信悟，「日本企業の中国への『適應』支援と『共同富裕』戰略——台灣信
昌グループと日系自動車部品メーカーとの中国合弁」，丸川知雄編著，平成17年度中国に
おける外資系企業經營——成功事例に学ぶ——報告書（東京：財團法人国際貿易投資研究所，
2006），頁57~79；吳銀澤、劉仁傑，「中國大陸台日企業的共創策略」，劉仁傑主編，
共創：建構台灣產業競爭力的新模式（台北：遠流出版社，2008）；井上隆一郎編著，日台企
業アライアンス——アジア経済連携への底流を支える（東京：財團法人交流協會，2007）；井
上隆一郎・天野倫文・久門崇編著，アジア国際分業における日台企業アライアンス：ケースス
タディによる検証（東京：財團法人交流協會，2008）；Yukihito Sato, "Strategic Choices of
Convenience Store Chains in China: 7-ELEVEn and Family Mart," *China Information* (Leiden),
Vol. 23, No.1 (2009), pp. 45~69.

　　雖然研究的重點各有不同，但是這些先行研究在對中投資的脈絡上，都設定以探究台日企業間「經營資源的互補性」作為共通的問題意識。有基於此，已經討論在中國台日合資的動機、分工型態、經營成效等。另外，幾乎所有的先行研究都認為，台日企業間的互信為燃起台日合資的動機，並且扮演合資事業經營的潤滑劑之作用。

　　然而，台日合資成立中國當地子公司的經營成效之良窳與否問題，因為有許多統計資料不完整，所以至今在相關文獻並未充分處理。因此，本文首先估計台日合資成立中國子公司的存活率，來比較日本企業成立中國子公司總體的存活率。

二、所有結構和合資事業的成效

　　帶給國際合資事業的經營成效影響之主因，雖然涉及到很多方面，其中關於所有制結構（ownership structure）影響的研究，已有很多學者致力於將其作為研究題目之一。[5] 其典型的研究是：關於出資的比率。有些研究結果顯示，合作夥伴間的出資比率之不對稱度越高，經營的安定和高獲利率就越容易實現；[6] 反之，有的研究主張，在其不對稱度越高時，少數持股者投入該事業的意願越難提高，因而，經營成效也越容易降低，[7] 因此，還沒有一致的結論。

　　對此，Makino & Beamish主張合資夥伴間資本關係的有無（partner affiliation），以及合資夥伴間企業國籍（partner nationality）的異同，

5　Jorma Larimo, "International Joint Venture Strategies and Performance in Asian Countries," paper presented at 7th International Conference on Global Business and Economic Business Responses to Regional Demands and Global Opportunities（Bangkok, January 8~11, 2003）.

6　Peter J. Killing, *Strategies for Joint Venture Success*（New York: Routledge, 1983）.

7　Paul W. Beamish, "The Characteristics of Joint Ventures in Developed and Developing Countries," *Columbia Journal of World Business*（New York）, Vol. 20, No. 3 (1985), pp. 13~19.

都將對合資公司的經營成效產生影響。[8] Makino & Beamish根據上述的
兩種基準，將國際合資事業分成四種類型：(1)企業內合資（intrafirm
joint venture）：有出資關係的本國企業同行在海外的合資；(2)本國企
業間合資（cross-national domestic joint venture）：不具出資關係的本國
企業同行在海外的合資；(3)傳統性的國際合資（traditional international
joint venture）：本國企業和地主國企業的合資；(4)第三國企業間合資
（trinational international joint venture）：本國企業和地主國以外的第三國
區域企業的合資等。

　　從這方面來看，Makino & Beamish觀點認為：(1)尋找非地主國企業
作為合資夥伴時，由於對於在地市場、情報的接觸面將處於不利的局面，
獲益率也會降低；(2)合資夥伴間企業國籍不同的情況，或是和合資夥伴
沒有出資關係的情形下，因為文化的差異性，組織成本將會大幅提高，而
存活率也會降低。根據這兩點假說，以東洋經濟新報社「海外進出企業總
覽」所載，1986至1991年設立的日本企業之東亞、東南亞子公司個案作為
樣本，計算出上述四種類型合資事業的平均存活率和獲利比率，得出「第
三國企業間合資」的獲利比率和存活率的結果都是最低。

　　若是遵循Makino & Beamish的分類，台日合資設立中國子公司恰好符
合「第三國企業間合資」這一項。如果Makino & Beamish的研究結果也適
用於在中國的台日合資事業，儘管是下下之策，還是有許多日本企業和台
灣企業採取這種對中國投資模式。

---

[8] Shige Makino and Paul W. Beamish, "Performance and Survival of Joint Ventures with Non-Conventional Ownership Structures," *Journal of International Business Studies*, Vol. 29, No. 4 (1998), pp. 797〜818.

三、台日合資中國子公司的存活率

因此依據下一個方法，計算台日合資設立中國子公司的存活率。但是，獲利企業比率是無法從統計資料上的限制來計算。

樣本是以1990至2005年，台日合資設立中國子公司有186家。具體而言：(1)日本企業的母公司直接或間接進行出資10%以上的中國子公司，而且(2)最大的合資夥伴是台灣企業，而台灣企業不是日本企業的關係企業，該台灣企業直接或是間接出資10%中國子公司，則視為「台日合資設立中國子公司」。

另外，關於台日合資設立中國子公司，不存在總括性的統計資料。為此，從以下的資料收集樣本：(1)東洋經濟新報社，海外進出企業總覽（東京：東洋經濟新報社，各年版）；(2)中華徵信所，台灣地區集團企業研究（台北：中華徵信所，各年版）；(3)經濟部投資審議委員會，上市上櫃公司赴中國大陸投資事業名錄；(4)企業的網頁、企業出版品；(5)作者訪談等。

2005年底，台日合資設立中國子公司存活與否的判斷基準如下：(1)2005年底當該中國子公司被刊登在東洋經濟新報社的海外進出企業總覽，與日本企業及台灣企業方面的年度報告書，而且能夠確認滿足上述的出資基準的情況，該中國子公司就被視為生存；(2)若前者無法確認的情況下，則依據訪談確認其存活；(3)若前者有困難時，則利用日本或是台灣方面的網頁、新聞資料檢索，確認在2005年底中國子公司的名稱不變時，其中國子公司也被視為是存活的。若有解除合資的情況，則常把中國合資子公司的名稱改變，顯示為已經改變合資結構的企業。

存活率算出的結果（如表二），1990至2005年間，台日合資設立中國子公司的生存率為88.2%（2005年底）。但是，從子公司設立以來時期尚短，生存率卻明顯變高。為此，若只限於1990至1999年所設立的台日合資中國子公司的話，其生存率是78.0%。

表二　台日合資設立中國子公司的生存與倒閉率

業種	1990～1999年			2000～2005年			合計		
	生存	倒閉	小計	生存	倒閉	小計	生存	倒閉	合計
製造業	39	11	50	121	11	132	160	22	182
電器、電子	5	2	7	20	3	23	25	5	30
化學	4	3	7	27	0	27	31	3	34
自動車、同部品	3	1	4	24	1	25	27	2	29
機械	5	3	8	12	2	14	17	5	22
食品飲料	6	0	6	12	0	12	18	0	18
金屬	2	0	2	11	1	12	13	1	14
纖維	4	1	5	2	0	2	6	1	7
橡膠、皮革製品	3	1	4	2	0	2	5	1	6
其他	7	0	7	11	4	15	18	4	22
服務業	0	0	0	4	0	4	4	0	4
合計	39	11	50	125	11	136	164	22	186
存活率、失敗率	78.0	22.0	100.0	91.9	8.1	100.0	88.2	11.8	100.0

資料來源：本研究整理。

　　為了評價這個存活率的高低，也計算出日本企業的中國子公司總體的存活率。在本研究作為資料來源所採用的東洋經濟新報社海外進出企業總覽2006年版中，有「累計基準」和「刊登基準」等兩種海外子公司數目的統計。若從「累計基準」刪除撤資、非合併、停業、無法確認生存的子公司，就變成「刊登基準」。因而，將日本企業的「刊登基準」之中國子公司數目，用「累計基準」的中國子公司數目除得之數，就可以概略算出日本企業佔中國子公司總體的存活率，其存活率是79.8%（2005年11月末），結果還是台日合資中國子公司的存活率88.2%勝出。另外，到1999年已經設立的日本企業中國子公司全體的生存率是68.4%，所得結果還是台日合資中國子公司的比值（78.0%）勝出。

　　當然，產業構成的不同，也會影響存活率。因此，這個結果只能說始終是一種初步性的結果。雖然如此，Makino & Beamish假說和分析結果，不適用於台日合資設立中國子公司的可能性極高。

參、在中國商業脈絡經營資源的互補性：台灣企業方面為中心

　　這個分析結果，並非根本否定Makino & Beamish的分析架構，而是對於台日合資的中國子公司提出兩點看法：(1)對於在中國的市場、情報、生產要素的操作；(2)在歸納出資者間意見調整的組織成本方面，應該視為運作緩和於「第三國企業間合資」容易產生問題的機制。

　　關於前者(1)的問題，台灣企業端要如何提供經營資源到日本企業端，有必要明確為何台日合資的中國子公司有貢獻於存活率的提升。因篇幅不夠無法充分介紹個別案例，但本文的目的在於敘述在中國的台日合資特徵、傾向等，本文可能普遍化，或者至少可看出在中國的台日合資中，數個台灣企業共同提供日本企業端的經營資源。

　　具體而言，這種經營資源是：(1)在中國內部，台灣企業所建構的網絡，以及對其容易操作；(2)和中國的語言、文化等的相似性。

一、「大陸台商」的網絡

(一)大陸台商的影響力高及其網絡

　　對於中國市場的操作，通常有很多是對於中國當地的消費者和企業的操作。然而，日本企業和台灣企業組成策略聯盟的最大理由，在於和進入中國市場的台灣企業的交流較為容易（表三）。這個優點是存在於：台灣企業在中國佔有很大的經濟影響力。台灣企業的對中投資額，根據中國

商務部的官方統計，在2007年已累計457億美元，僅次於香港（3,075億美元）、英屬維京群島（737億美元）、日本（616億美元）、美國（566億美元），而成為第五位（實際使用金額）。但是，藉由第三國、區域的台灣企業對中投資，在統計上無法充分掌握。投資中國雜誌將中國境內的台商協會或是各地的台灣事務辦公室作為訪談調查的對象，2003年6月末，台灣企業的對中投資額已達774億美元。[9] 如此，台灣企業在對中投資額上可推知已超越日、美兩國。

表三　在中國和台灣企業的合作優勢

合作利益	回答者	回答率
有利於與大陸台商進行溝通	40	62.5
管理培訓中國當地人員	39	60.9
便於與中國當地政府溝通	27	42.2
其他	2	3.1

註：回答者是檢討在中國和台灣企業的策略合作之在台灣日系企業（有效回答數64、複數回答）。調查時間點是2005年9月。

資料來源：台灣經濟部投資業務處、野村綜合研究所台北分店，「在台灣日系企業の事業活動に關するアンケート調查」統計結果（台北：台灣經濟部投資業務處、野村綜合研究所台北分店，2005），頁21。

其結果，「大陸台商」變成實際擔負中國的工業生產，出口額一成左右。香港、澳門、台灣企業總共分攤2008年中國工業生產額的10.1%。[10] 比起香港、澳門，從台灣製造業極為雄厚的基礎來判斷，可推知大陸台商分攤其10.1%的絕大部分。即使從出口面來看，大陸台商的出口額保守

---

[9] 投資中國雜誌，2004年1月5日。

[10] 中國國家統計局編，中國統計年鑑（北京：中國統計出版社，2009），頁487。

估計，佔2005年中國的出口總額達11.6%。[11] 如此顯示台灣企業對中國經濟有很高的影響力，透過台灣方面的合資夥伴，就很容易進入大陸台商市場，對日本企業而言視為很大的優勢。若能善用台方合資夥伴的網絡，不只大陸日商，大陸台商也成為銷售對象，就容易策畫擴大銷售規模，因規模經濟的發揮而具效率化，且可以分散風險。另外，一家日本企業透過和亞洲光學合資編入以亞光華南子公司為中心的產業聚落，享受減低供應鏈監理成本的效果。[12]

　　對於「大陸台商」的網絡利用，就日方合資夥伴而言是重要的目標，台日合資設立中國子公司的所在地亦可明白。在五大投資地點當中，包含上海市、廣東省、江蘇省等，雖是台日合資、台灣企業全體、日本企業全體的共通點，但是台日合資的中國子公司第四位、第五位的投資地點是福建省、浙江省，類似台灣企業的投資地點（表四）。

表四　台日合資的中國子公司所在地

（單位：%）

台日合資		台灣企業全體		日本企業全體	
江蘇省	33.0	廣東省	32.3	上海市	34.9
廣東省	19.6	江蘇省	15.6	江蘇省	15.4
上海市	18.1	福建省	14.2	廣東省	15.2
福建省	7.0	上海市	13.9	北京市	6.5
浙江省	6.3	浙江省	5.2	遼寧省	6.1

註：台日合資的中國子公司是到2009年6月末的累計值。台灣企業全體由台灣經濟部投資審議委員會認可件數基本樣數（截至2009年5月末的累計）。日本企業全體由東洋經濟新報社「海外進出企業總覽」2009年版的刊登基本樣數。

資料來源：台灣經濟部投資審議委員會，對華僑及外國人投資、國外投資、對大陸投資統計月報（台北：經濟部，2009年5月）。東洋經濟新報社，前引書。

---

[11] 伊藤信悟，「擴大する中國での日台アライアンス」，頁16~17。

[12] 松島繁，「日本の中小企業の中國展開と二つのリンケージ」小池洋一、川上桃子編，產業中小企業－東電子產業視（千葉：日本貿易振興會アジア經濟研究所，2003年），頁71~92。

(二)台灣企業有以中國當地企業、消費者為對象的販售網絡

伴隨中國市場的擴大，選擇擁有中國當地企業、消費者為對象的銷售網絡的台灣企業，作為合資夥伴的日本企業有日益增加趨勢。其主要目的在於降低建構銷售網絡、蓄積當地行銷知識時所需要的金錢、時間成本。其典型案例為食品、飲料領域的台日合資。頂新國際集團、統一企業國際集團、旺旺集團、大成長城集團、克莉絲汀集團等和數個日本企業在中國進行運作合資計畫。這些台灣企業集團，從食品、飲料製造業到零售、外食產業都在中國進行多角化的經營，並組成台日合資。[13] 尋找台灣貿易公司作為合資夥伴的日本企業，都期待善用台方夥伴在中國建立的銷售通路。[14] 另外，工業設備用的壓縮機〔復盛（股）和北越工業（株）的中國合資〕、事務用機器〔資本加入台灣佳能企業中國子公司的內田洋行（株）〕等領域，也有基於日方夥伴的同樣目的而組成的台日合資案例。

(三)中國的「台商協會」

另一個應特別指出的網絡，是以大陸台商協會為核心的網絡。

一般而言，中國政府會對外資企業設立的業界團體嚴加限制。但基於政治上的考量，以1990年3月所設立的北京台商協會為首例，承認了許多台商協會。及至2009年8月26日，在二十五個省、直轄市或自治區，合計共有一百零八個台商協會。[15] 根據規範台商協會的法律——「台灣同胞投資企業協會管理暫行辦法」，台商協會為出於自發意願所設立的社會團

---

[13] 伊藤信悟，「擴大する中國での日台アライアンス」，頁9~10、20~27；伊藤信悟，「台日企業合作投資中國大陸之現況與展望」。

[14] 2003年10月，化学關連在台灣日系子會社A社日本人代表者へのインタビュー。

[15] 「台商協會聯繫一覽表」，財團法人海峽交流基金會兩岸經貿網，2009年11月4日，〈http://www.seftb.org/mhypage.exe?HYPAGE=/01/01_1_2_cp2.asp〉。

體。然而，該辦法第十二條指出，負責所在地政府台灣事務部門者，可基於「台商協會」的請求而擔任適當的職務。事實上，有很多案例是一至三名的所在地政府台灣事務辦公室的相關人士擔任「台商協會」的秘書長或副會長。[16] 因此，企業與當地政府的合作更容易，台商協會可以作為當地蒐集資訊、解決紛爭的窗口。根據台灣區電機電子工業同業公會在2009年所實施的問卷調查，當在中國遇到麻煩時，17.8％的台資企業會尋求台商協會的協助。紛爭處理的結果，回答「滿意」、「非常滿意」的比率合計62.0％，與其他手段（司法解決、當地政府、仲裁、個人人脈）相比，滿意度甚高。[17]

　　部分日本企業則經由台灣方面的合資夥伴，獲得台商協會提供當地的資訊，而應用在決定薪資水準等管理方面的決策。[18] 台商協會是海峽兩岸複雜的政治環境下所產生的組織，而部分在中國的日本企業則經由台灣方面的合資夥伴受惠。[19]

(四)啟示

　　由這些發現所引導出的理論與實證研究上的啟發有二：

　　第一，在地主國，外資企業的比例高時，Makino & Beamish所設想的單純化的假設並不成立。本文顯示，具有外資依賴型色彩的開發中國家，

---

[16] 劉隆禮，「中越兩地台灣商會組織與功能發展比較研究──以上海台商協會與越南台灣商總為例」，佛光人文社會學院管理學研究所碩士論文（2004年）。

[17] 台灣區電機電子工業同業協會，兩岸合贏創商機──2009中國大陸地區投資環境與風險調查（台北：商周編輯顧問，2009），頁63。

[18] 伊藤信悟，「日本企業の中国への『適応』支援と『共同富裕』戦略」。

[19] 進而論之，有的案例則是日本母公司100％出資的台灣子公司，以全額出資的方式設立中國孫公司，然而卻自行以台灣子公司的名義加入台商協會，而將從台商協會蒐集的資訊，應用在經營決策上〔2003年10月，對在台灣的日系子公司（B公司）的日本人代表所進行的訪談〕。

外資企業的市場本身規模很大的緣故，當地市場的開發，並不意味是以地主國的當地企業、消費者為銷售對象。再者，即使不依靠當地企業，善用外資企業的網絡，而順利展開事業可能性增加。其典型案例就是與台灣合資在中國經營企業。

　　第二，台灣企業所具有的中國國內的各種網絡，對日本企業是有用的，這樣的事實再一次指出以網絡理論的架構理解經營資源的重要性。[20]

　　並不是將企業視為獨立的個體，其會活用企業內外資源以強化競爭力，[21] 將企業視為鑲嵌於網絡中，而企業在網絡的編入方式將決定該企業的經營資源。[22] 這種看法，將更有助於說明策略聯盟的形成、治理結構的選擇、策略聯盟的發展動態、策略聯盟的績效，以及其對企業的意義等。[23] 以編入網絡中的存在來理解台灣企業、日本企業，由此深入研究中國的合資企業，這種方法論有其現實意義。

二、台灣企業：「語言、文化、技術、訣竅（know how）」的翻譯者

　　台日合資設立的中國子公司，台灣企業因為與中國有語言和文化上的類似性，而對日本企業提供了「語言、文化、技術、訣竅（know how）」的功能。

　　對中國大陸進行投資的日本企業，就中國子公司的問題而言，強烈意識到的問題是：(1)人事與勞務管理（員工的採用、長期雇用、培訓）；

---

[20] 吳銀澤、劉仁傑，前引書。

[21] M. E. Porter, *Competitive Strategy*（New York: Free Press, 1980）；Jay B. Barney, "Firm Resources and Sustained Competitive Advantage," *Journal of Management* (Lubbock), Vol. 17, No. 1 (1991), pp. 99~120.

[22] 同上註。

[23] Ranjay Gulati, "Alliances and Networks," *Strategic Management Journal*, Vol. 19, No. 4, (1998), pp. 293~317.

(2)與政府機構的關係（行政的運用、應對之道、批准手續等）；(3)法律與政府相關問題（稅務、財務、外匯管理等）。[24] 為和緩並解決這些問題，因應當地的員工與政府官員要有很強的溝通能力。可是，中日之間的語言、文化、行動方式不同，要解決這些問題很困難。例如，根據日本貿易振興會所做的調查，對於今後想開拓中國市場的日本企業之中，34.6%的企業回答「公司內在語言方面足以勝任的人才不足」。[25] 而根據經濟產業省等所做的調查，對於進軍中國的日本製造業中，在中國經商的問題，41.8%也回答「溝通困難」。[26]

　　台日合資設立的中國子公司之中，在平日即需與中國員工、當地政府官員進行溝通的領域，通常是由台灣企業派來的員工擔任。具體而言，開始設立中國子公司，中國子公司設立後的勞務、人事管理、生產管理、關稅等與政府機關交涉的領域，是在台日合資的中國子公司裡台幹所擔任的。

　　有人指出，雇用中國人做翻譯，不就解決溝通問題了嗎？可是，通曉日本企業的「文化、術、竅」的翻譯者並不好找。即使找到了，透過翻譯，下達詳細指示的時間成本亦不能忽視。對此，如果有熟悉日本企業的「文化、術、竅」的台灣人幹部，日本人幹部以日語或透過翻譯的方式將其概要說明，台灣人幹部立刻理解日方的意圖之後，基於長期累積下來的專業知識附加所需要的資訊，也可以教育中國員工，據說非常有效率。[27]

---

[24] 日中投資促進機構，第8次日系企業アンケート調査集計結果（概要）（東京：日中投資促進機構，2005），頁11。

[25] 日本貿易振興會經濟情報部，日本企業の海外事業展開に關するアンケート調査（東京：日本貿易振興會，2002），頁75。

[26] 經濟產業省、厚生勞働省、文部科學省，平成15年度ものづくり白書（製造基盤白書）（ものづくり基盤技術振興基本法第8条に基づく年次報告）概要（東京：經濟產業省，2004），頁17。

[27] 伊藤信悟，「日本企業の中國への『適應』支援と『共同富裕』戰略」。

肆、相互信賴關係

這種有效率的台日企業間的溝通，支撐這種「互動」的，乃是相互間的信賴關係。將焦點放在策略聯盟的交易成本之先行研究指出，相互信賴關係這種企業特殊的經營資源，將可降低交易成本。[28] 台日合資設立的中國子公司的相關研究亦都指出，合作的動機、績效良好的原因，在於存在相互信賴關係。

相互信賴關係之所以容易建構，其背景是因為存在一種社會資本（social capital），這種說法常常被提起。例如，台灣過去曾是日本殖民地緣故，台灣的日語人才很多，戰後透過各式各樣的交流，造成台灣人對日本、日本產品有很高的評價，以此為背景，台灣人學日語的風潮很盛。另一方面，問卷調查的結果亦顯示，日本人對台灣的親近感與信賴感很高。[29]

然而，這種社會資本的影響雖然不能忽視，但是關鍵在於：進行合作的台日企業間的信賴關係是如何形成的。選擇與台灣企業一起在中國設立子公司的日本企業，有很多是找有長期交易關係的台灣企業。具體而言，包括(1)技術供應對象；(2)代工、外包商；(3)台灣子公司的合資夥伴；(4)自己公司產品在台灣的經銷商、對中國的貿易公司；(5)舊識的台灣人經營者的企業等。

---

[28] 例如：Jay B. Barney and Mark H. Hansen, "Trustworthiness as a Source of Competitive Advantage," *Strategic Management Journal* (West Sussex), Vol. 15, No. 1 (1994), pp. 175~190；Ranjay Gulati, "Does Familiarity Breed Trust? The Implications of Repeated Ties for Contractual Choice in Alliances," *The Academy of Management Journal* (Mississippi), Vol. 39, No. 1 (1995), pp. 85~112；T. K. Das and Bing-Sheng Teng, "Between Trust and Control: Developing Confidence in Partner Cooperation in Alliances," *The Academy of Management Review* (Mississippi), Vol. 23, No. 23 (1998), pp. 491~512。

[29] 伊藤信悟，「台日企業合作投資中國大陸之現況與展望」。

　　直接測量信賴的程度是很困難的，因而Gulati採用的方法論是：同一夥伴之間一再組成策略聯盟，則視為兩者之間存在相互信賴關係。[30] 換言之，以一道進軍中國的形式，再度進行策略聯盟本身，不管強弱即可設想為相互信賴關係的成立。

　　此外，實際上，當地子公司的營運面，也可以看到存在強烈相互信賴關係的情形。例如，大井製作所與信昌機械廠在蘇州的合作，由於大井製作所方面的原因，在當地子公司準備設立的2000年至2003年10月，無法派遣日方人員常駐，而這段期間的運作則交由信昌機械廠全權處理。其次，即使在信昌機械廠與三家日本企業所設立的上海子公司，儘管日本企業的出資比率合計共佔48.5%，但日本企業還是沒有派遣常駐員工。[31] 信賴關係由「對能力的信賴」（trust in capabilities）到「對善意的信賴」（trust in goodwill），經由策略聯盟的成功體驗而發展，[32] 這些案例可說是顯示「對善意的信賴」之存在。

伍、關於在中國的台日合資企業之研究課題

　　與日本企業的中國子公司整體比較，顯示台日合資設立的中國子公司的生存率很高。由此，本文認為：即使是第三國企業間的合資，合資夥伴在地主國是很重要的，將能夠達成很高的績效。同時，本文指出高績效的背後有「大陸台商」的網絡，而在思考經營資源互補性的策略聯盟問題時，暗示了運用網絡論的重要性。關於相互信賴關係的存在，也以既存研

---

[30] Ranjay Gulati, "Does Familiarity Breed Trust? The Implications of Repeated Ties for Contractual Choice in Alliances."

[31] 伊藤信悟，「日本企業の中国への『適應』支援と『共同富裕』戰略」。

[32] 若林直樹，日本企業のネットワークと信頼——企業間關係の新しい經濟社會学的分析（東京：有斐閣，2006）。

究為基礎加以思考。

可是，包括本文在內，先行研究中存有尚未充分釐清的問題。接著，本文想提出包括統計資料問題等在內的課題。

一、 統計資料的不完備

關於台日在中國的合資企業的統計資料並不完備。因台灣企業偏好的經由避稅天堂（tax heaven）的投資，資料蒐集困難。由於統計資料不完備，將會產生下列問題：(1)容易收到偏差樣本；(2)經營績效的指標未完備，難以做跨行業、企業的橫向分析、時間序列分析；(3)關於出資結構變化的時間序列變化的統計不完備，所以難以從出資者之間權力平衡的變化，分析經營資源的互補性、信賴關係或合作策略的變化。此外，台灣企業與非日本第三國企業合資設立的中國子公司，日本企業與非台灣第三國企業合資設立的中國子公司，台日合資設立的非中國第三國子公司，這些類型子公司相關資料更不完備。這對於深入研究中國的台日合資企業，將是一大限制。

二、進一步探究中國眾多台日合資企業的原因

台日合資企業在中國盛行，已如前述。本文指出，其背後存在台日之間經營資源的互補性、容易組成相互信賴關係的社會資本，以及長期企業間交流。可是，台日在中國設立的合資企業很多，也可以解釋為「日本企業在中國經商所需的經營資源不足，尤其是人才方面」。例如，上述問卷調查的結果，如同實證研究指出在有效利用地主國人才方面，日本企業做得較差，[33] 活用中國人才方面，日本企業比歐美企業等來得慢，因此有很

---

[33] 劉仁傑，「台灣・中国における日系企業の日本的経営」，國民經濟雜誌（神戶），第174卷第1號（1996年7月），頁37~52；劉仁傑，「台灣日系企業における生き残りのための事業

多日本企業可能期待台灣企業扮演「語言、文化、技術、訣竅」之角色。

　　這種解釋，有多少程度站得住腳呢？為了回答這個問題，則有必要深入研究歐美日企業在中國子公司的「人才當地化」的不同、台灣企業與他國企業以合資方式設立中國子公司的多寡，以及經營資源的互補關係。

　　如果將視野放大的話，則必須思考：(1)不同國家進入中國市場方式（entry mode）的差異，是由什麼樣的原因產生的？(2)常看到很多在中國的台日合資企業，這樣的事實能夠用什麼原因說明呢？關於上述的問題，雖然可以看到一定的實證研究，[34] 可是統計上的制約與有意義的變數之因果關係有多種解釋等，很難視為是成功的。[35]

　　此外，有先行研究是從日本、台灣、中國，依據機械產業設計論結構的比較優位模式之位置，說明台日在中國的合資企業。[36] 換言之，該文提出一個饒富趣味的主張，即台灣在整合型、組件型雙方具有優勢，所以可以作為在整合型結構具有優勢的日本，以及在組件型結構具有優勢的中國

變革について」；佐藤幸人，「日商的組織特性與在台子公司的管理方式」，劉仁傑主編，日系企業在台灣（台北：遠流出版社，2001），頁25~54。

[34] 例如：David K.Tse, Yigang Pan and Kevin Y. Au, "How MNCs Choose Entry Modes and Form Alliances: The China Experience," *Journal of International Business Studies* (Columbia), vol. 28, No. 4 (1997), pp.779~805；Yigang Pan, "The Formation of Japanese and U.S. Equity Joint Ventures in China," *Strategic Management Journal* (West Sussex), Vol. 18, No. 3 (1997), pp.247~254；Yigang Pan, "Influence on Foreign Equity Ownership Level in Joint Ventures in China," *Journal of International Business Studies* (Columbia), Vol. 27, No. 1 (1996), pp.1~26。

[35] 有人指出，作為更基本的問題，假若即使保有相似的經營資源，由過去的經驗以及從這些經驗所獲得的知識，將可能對加入的方式造成重大的差異。佐藤幸人，前引書。

[36] 藤本隆宏、天野倫文、新宅純二郎，「アーキテクチャ分析に基づく比較優位と国際分業：ものづくりの観点からの多国籍企業論の再検討」，組織科学（東京），第40卷第4號（2007年），頁51~64；天野倫文，「アジア分業ネットワークにおける日台企業アライアンスの意義」；井上隆一郎、天野倫文、久門崇編著，アジア国際分業における日台企業アライアンス：ケーススタディによる検証（東京：財團法人交流協會，2008），頁127~158。

之間的橋梁。可是，這種主張若要具備強大的說明力，則必須釐清台灣企業如何進行兩種結構之間的調整。

　　再者，劉仁傑則提出一個有趣的看法，他指出台灣過去不斷和日、美等國進行交流，在這些國家與中國之間，台灣也以其語言和文化的相似性作為槓桿而擴大、深化這些國家與中國的交流，所以台灣產業具有作為和他國策略聯盟「介面」的優位性。可是，對於台日在中國策略聯盟的案例很顯著這樣的事實，關於其「介面」功能的可能性與限制，要有更明確的說明。這樣的說明將有助於台灣企業研究的進一步深化。[37]

三、共同創新（co-innovation）：中國的台日合資企業動態分析的必要性

　　許多相關文獻著眼在台日企業之間經營資源的互補性。另一方面，對於以這種互補性為基礎，探討中國子公司進行何種革新則不太受注意。因為提到中國的台日合資企業的績效，所以有必要就合資企業設立後的出資者間策略聯盟的發展過程進行分析。

　　吳銀澤與劉仁傑運用立基於網絡論的經營資源觀，研究台日在中國的合資企業的「共同創新」，值得一提。[38] Bossink以共同創新網絡的發展過程為基礎，將中國的台日合資企業之間的共同創新網絡發展過程分成擴大型、深化型、擴大深化型。[39] 這是根據合資企業數、出資企業數的增加，以及新生產要素的投入所做的分類。而且該文指出，資本關係的柔軟性、

---

[37] Ren-Jye Liu, "An Empirical Study of Strategic Alliances between Taiwanese and Japanese Enterprises in Mainland China"；劉仁傑，「中国における日台企業間の戦略的提携の含意をさぐって」，頁5~6。

[38] 吳銀澤、劉仁傑，前引書。

[39] B. A. G. Bossink, "The development of co-innovation strategies: Stages and interaction patterns in interfirm innovation," *R&D Management* (Oxford), Vol. 32, No. 4 (2002), pp. 311~320.

「隱形協調機制」這種特徵，能夠看出案例中的台日合資企業在中國為什麼成功，而這些特徵有利於因應環境的變化。佐藤幸人亦指出，上海的「全家」（FamilyMart）可顯示，從日本與台灣導入的熟食當地化這種穩健的革新。[40]

　　如同吳銀澤、劉仁傑所指出，在中國的台日合資企業的「共同創新」案例研究，才剛剛開始起步。透過案例研究的累積與其他國家之間的比較，深入研究台日的「共同創新」特徵在中國經商的脈絡，以及其成因，有其必要。

四、失敗案例研究的必要性

　　如前所述，為了進行績效分析，有必要對中國的台日合資企業做動態分析。因此，不只是成功案例，亦必須更深入地研究失敗案例。藉由失敗案例，可以研究經營資源的互補性、相互信賴關係是因為什麼樣的理由而毀壞的。

　　關於失敗案例的研究，往往不易得到企業的配合，很多必須依據以匿名為前提的訪談。筆者的初步觀察，曾出現以下的個案：(1)台日雙方設立複數的中國子公司，當地子公司之間產生了競爭與合作，造成信賴關係受損；(2)在忙碌時期，圍繞在應優先處理台日雙方哪一邊的客戶，產生對立，造成信賴關係受損；(3)以學習對方的優越技術、訣竅為合資的主要動機時，先完成學習的一方，強烈注意的是意見調整的成本，而不是合資的好處；[41] (4)由於經營者、派遣員工的輪替，台日之間決策模式不同，

---

[40] 佐藤幸人，前引書。

[41] Bruce Kogut, "Joint Ventures: Theoretical and Empirical Perspectives," *Strategic Management Journal* (West Sussex), Vol. 9, No. 4 (1988), pp. 319~332；Harry G.Barkema, John H. J. Bell and Johannes M. Pennings, "Foreign Entry, Cultural Barriers, and Learning," *Strategic Management Journal* (West Sussex), Vol. 17, No. 2 (1996), pp. 151~166.

造成相互信賴關係毀損。失敗案例在展望中國的台日策略聯盟的前景上，可能隱藏著重要的線索，所以有必要深入研究。

參考書目

一、中日文部分

「台商協會聯繫一覽表」，財團法人海峽交流基金會兩岸經貿網，2009年11月4日，＜http://www. seftb.org/mhypage.exe?HYPAGE=/01/01_1_2_cp2.asp＞。

中國國家統計局編，中國統計年鑑（北京：中國統計出版社，2009），頁487。

井上隆一郎・天野倫文・久門崇編著，アジア国際分業における日台企業アライアンス：ケーススタディによる検証（東京：財團法人交流協會，2008）。

井上隆一郎編著，台日企業アライアンス——アジア經濟連携への底流を支える（東京：財團法人交流協會，2007）。

天野倫文，「アジア分業ネットワークにおける日台企業アライアンスの意義」，井上隆一郎、天野倫文、久門崇編著，アジア国際分業における日台企業アライアンス：ケーススタディによる検証（東京：財團法人交流協會，2008），頁127~158。

日中投資促進機構，第8次日系企業アンケート調查集計結果（概要）（東京：日中投資促進機構，2005），頁11。

日本貿易振興會經濟情報部，日本企業の海外事業展開に關するアンケート調查（東京：日本貿易振興會，2002），頁75。

台灣區電機電子工業同業協會，兩岸合贏創商機——2009中國大陸地區投資環境與風險調查（台北：商周編輯顧問，2009），頁63。

伊藤信悟，「日本企業の中国への『適應』支援と『共同富裕』戰略——台灣信昌グループと日系自動車部品メーカーとの中国合弁」，丸川知雄編著，平成17年度中国における外資系企業經營——成功事例に学ぶ——報告書（東京：財團法人国際貿易投資研究所，2006），頁57~79。

——，「擴大する中国での日台アライアンス～『台灣活用型對中投資』の魅力と注意点～」，みずほリポート（東京：みずほ総合研究所，2006年9月29日）。

──，「台日企業合作投資中國大陸之現況與展望」，產業技術合作契機與優勢研討會會議
　　資料（台北：亞東關係協會科技交流委員會主辦，2009年7月13日）。

──，「急增する日本企業の『台灣活用型對中投資』」，みずほ総研論集（東京：みずほ総
　　合研究所，2005年Ⅲ號），頁107~141。

朱炎，台灣企業に学ぶものが中国を制す──中国市場を狙う日本企業の新たな戦略（東京：東洋經
　　濟新報社，2005）。

佐藤幸人，「日商的組織特性與在台子公司的管理方式」，劉仁傑主編，日系企業在台灣（台
　　北：遠流出版社，2001），頁25~54。

──，「多層經濟發展中的日本、台灣及中國大陸之間的投資關係：案例研究」，兩岸經濟
　　年報編輯委員會編，民國84／85年兩岸經濟情勢分析（台北：行政院大陸委員會，1997），
　　頁214~233。

吳銀澤、劉仁傑，「中國大陸台日企業的共創策略」，劉仁傑主編，共創：建構台灣產業競爭力
　　的新模式（台北：遠流出版社，2008）。

松島繁，「日本の中小企業の中国展開と二つのリンケージ」小池洋一、川上桃子編，產業中
　　小企業－東電子產業視（千葉：日本貿易振興會アジア經濟研究所，2003年），頁71~92。

若林直樹，日本企業のネットワークと信賴──企業間關係の新しい經濟社會学的分析（東京：有斐
　　閣，2006）。

經濟產業省・厚生勞働省・文部科學省，平成15年度ものづくり白書（製造基盤白書）（ものづく
　　り基盤技術振興基本法第8条に基づく年次報告）概要（東京：經濟產業省，2004），頁17。

童振源、蔡增家，促進台日經濟深度分工與全面合作關係研究報告（台北：經濟部，2005）。

劉仁傑，「中国における日台企業間の戦略的提携の含意をさぐって」，アジア經營研究（東
　　京），第11號（2005年5月），頁25~34。

──，「台灣・中国における日系企業の日本的經營」，國民經濟雜誌（神戶），第174卷第1號
　　（1996年7月），頁37~52。

──，「台灣日系企業における生き殘りのための事業變革について」，工業經營研究（広
　　島），第10卷（1996年），頁54~57。

——，「台灣日系企業的發展與最新變革」，劉仁傑主編，**日系企業在台灣**（台北：遠流出版社，2001年），頁55~86。

劉隆禮，「中越兩地台灣商會組織與功能發展比較研究——以上海台商協會與越南台灣商總為例」，佛光人文社會學院管理學研究所碩士論文（2004年）。

藤本隆宏、天野倫文、新宅純二郎，「アーキテクチャ分析に基づく比較優位と国際分業：ものづくりの観点からの多国籍企業論の再検討」，**組織科学**（東京），第40巻第4號（2007年），頁51~64。

二、英文部分

Barkema, Harry G. John H. J. Bell and Johannes M. Pennings, "Foreign Entry, Cultural Barriers, and Learning," *Strategic Management Journal* (West Sussex), Vol. 17, No. 2 (1996), pp. 151~166.

Barney, Jay B. and Mark H. Hansen, "Trustworthiness as a Source of Competitive Advantage," *Strategic Management Journal* (West Sussex), Vol. 15, No. 1 (1994), pp. 175~190.

Barney, Jay B., "Firm Resources and Sustained Competitive Advantage," *Journal of Management* (Lubbock), Vol. 17, No. 1 (1991), pp. 99~120.

Beamish, Paul W., "The Characteristics of Joint Ventures in Developed and Developing Countries," *Columbia Journal of World Business*(New York), Vol. 20, No. 3 (1985), pp. 13~19.

Bossink, B. A. G., "The Development of Co-innovation Strategies: Stages and Interaction Patterns in Interfirm Innovation," *R&D Management* (Oxford), Vol. 32, No. 4 (2002), pp. 311~320.

Das, T. K. and Bing-Sheng Teng, "Between Trust and Control: Developing Confidence in Partner Cooperation in Alliances," *The Academy of Management Review* (Mississippi), Vol. 23, No. 23 (1998), pp. 491~512.

Gulati, Ranjay, "Alliances and Networks," *Strategic Management Journal*, Vol. 19, No. 4, (1998), pp. 293~317.

——, "Does Familiarity Breed Trust? The Implications of Repeated Ties for Contractual Choice in Alliances," *The Academy of Management Journal* (Mississippi), Vol. 39, No. 1 (1995), pp.

85~112.

Killing, Peter J., *Strategies for Joint Venture Success*(New York: Routledge, 1983).

Kogut, Bruce, "Joint Ventures: Theoretical and Empirical Perspectives," *Strategic Management Journal* (West Sussex), Vol. 9, No. 4 (1988), pp. 319~332.

Larimo, Jorma, "International Joint Venture Strategies and Performance in Asian Countries," paper presented at 7th International Conference on Global Business and Economic Business Responses to Regional Demands and Global Opportunities (Bangkok, January 8~11, 2003) .

Liu, Ren-Jye, "An Empirical Study of Strategic Alliances between Taiwanese and Japanese Enterprises in Mainland China," *Journal of Asian Business* (Michigan), Vol. 19, No. 3 (2003), pp. 71~94.

Makino, Shige and Paul W. Beamish, "Performance and Survival of Joint Ventures with Non-Conventional Ownership Structures," *Journal of International Business Studies* ,Vol. 29, No. 4 (1998), pp. 797~818.

Pan, Yigang, "Influence on Foreign Equity Ownership Level in Joint Ventures in China," *Journal of International Business Studies* (Columbia), Vol. 27, No. 1 (1996), pp. 1~26。

——, "The Formation of Japanese and U.S. Equity Joint Ventures in China," *Strategic Management Journal* (West Sussex), Vol. 18, No. 3 (1997), pp. 247~254.

Porter, M. E., *Competitive Strategy*(New York: Free Press, 1980).

Sato, Yukihito, "Strategic Choices of Convenience Store Chains in China: 7-ELEVEN and Family Mart," *China Information* (Leiden), Vol. 23, No. 1, (2009), pp. 45~69.

Tse, David K., Yigang Pan and Kevin Y. Au, "How MNCs Choose Entry Modes and Form Alliances: The China Experience," *Journal of International Business Studies* (Columbia), Vol. 28, No. 4 (1997), pp. 779~805.

台日合資企業的跨文化信賴建構：
組織間的文化價值與衝突影響

陳浩政

（日本京都大學經濟學博士生）

摘要

　　衝突與信賴關係的管理，在經營管理領域為相當重要的一環。面對合資企業雙重階層的管理，許多經營管理者均表示：衝突會影響組織間信賴的建構。特別是國際合資企業的本質是建構在跨文化的基礎上，因而使得經營管理的問題更為棘手。

　　既有的研究指出，文化的差異在組織間關係的建構上具有減抑的效果。然而文化層面對於經營管理會產生何種影響？仍然是模糊的概念而有待檢驗。本文將以Hofstede所提出之文化概念為主軸，在理論性的架構概念上，分析台日合資企業的信賴建構。研究結果發現，在台日合資企業的組織間信賴建構的過程中，個人主義與任務衝突具有交互作用的效果，而不確定性趨避的傾向，則會直接影響任務衝突的形成。

關鍵詞：組織間信賴、國際合資企業、文化價值、個人主義、關係衝突

壹、前言

數十年來，信賴的相關議題不斷增加，信賴的建構尤其受到學者的矚目。許多的理論檢討與實證研究，都曾經探討過信賴建構的先決要素，以及所造成的結果影響。事實上，過去有不少的學者在探究信賴的建構時，會以「權力距離」呈現較大差異的文化作為對比。例如，美國屬於權力距離較小的文化，而日本社會則存在較大的權力距離，[1] 當這兩個國家的企業組成聯盟共同合作時，就產生了管理上的文化差異問題。事實上，國際合資企業的文化差異相關議題，不論理論或實證方面均仍未窮其奧。

近年來，台日企業合作共同拓展中國市場的案例逐漸受到重視。[2] 此種從台灣發展到中國的「外延」式合作，源流於台日間超過半世紀以上的經貿交流與合作經驗，醞釀出台灣企業與日本企業之間的相互信賴關係。[3] 儘管台日間的歷史淵源深遠，文化間的差異仍不會消失。企業在跨國合作時，如何跨越文化壁壘共同建構起信賴關係，值得更多深入的探討與研究。

國際合資企業由於所有權分散，因而本質上存在著組織間的衝突問題。減緩組織間的衝突有助於強化組織間的關係，但卻是一項不容易的挑戰。[4] 事實上，國際合資企業的組織型態，除了組織間衝突的問題之外，

---

[1] G. H. Hofstede & G. J. Hofstede, *Cultures and Organizations* (New York: McGraw-Hill, 2005).

[2] 伊藤信悟，「急増する日本企業の台灣活用型對中投資：中国を舞台とした日台企業間の經營資源の優位性補完の構造」，**みずほ総研論集**（東京：みずほ総合研究所，2005），頁107~141。

[3] 劉仁傑、吳銀澤，「中国進出における日台企業の共創の發展」，**日本經營学会誌**，第22号（2008），頁53~65。

[4] D. M. Rousseau, S. B. Sitkin, R. S. Burt and C. Camerer, "Not so different after all: A cross-discipline view of trust," *Academy of Management Review*, Vol.23, No.3 (1998), pp. 393~404.

本質上還帶有文化差異的問題。[5] 在組織間衝突與信賴建構的關係中，文化價值扮演著什麼樣的角色，將是本文的考察重點。

　　本文主要分為兩個步驟加以驗證。首先，檢視在信賴的建構上文化價值與衝突，如何發生交互作用效果；其次，進一步檢驗文化價值對衝突可能造成的直接影響。此外，文化距離一般是指國家層次的綜合概念，本文將從組織層次的概念切入探討。[6]

貳、國際合資企業的研究議題

一、組織間信賴

　　信賴是建構在關係之上。信賴意含著對於合作夥伴持有較高的信心，包含契約與協定的履行，以及交換關係上的誠信行為。相較於所有制結構（ownership structure）的控制概念，以信賴關係為中心的觀點特別著墨於社會層面，強調相互間的關係。[7] 在高度信賴的環境裡，真正的經濟關係是潛藏在社會結構之中，無法從所有制的結構觀察而得。[8] 社會的信仰、

---

[5]　Y. Luo, "Building trust in cross-cultural collaborations: toward a contingency perspective," *Journal of Management*, Vol.28, No.5 (2002), pp. 669~694.

[6]　本文採用之組織層次問卷項目參考：R. J. House, P. J. Hanges and M. Javidan, *Culture, Leadership, and Organizations: The GLOBE Study of 62 Societies* (Thousand Oaks, Calif.: Sage, 2004).

[7]　J. C. Jarillo, "On strategic networks," *Strategic Management Journal,* Vol.9, No.3 (1988), pp.1~41; J. Johanson, & L. G. Mattson, "Interorganizational relations in industrial systems: A network approach compared with the transaction cost approach," *International Studies of Management and Organization*, Vol.17,No.1 (1987), pp. 34~48; A. Madhok, "Revisiting multinational firms' tolerance for joint ventures: A trust-based approach," *Journal of International Business Studies*, Vol. 26, No.1 (1995), pp.117~137; J. W. C. Tomlinson, *The Joint Venture Process in International Business* (Cambridge, MA: MIT Press, 1970).

[8]　M. Casson, "Internalization theory and beyond in Buckley," in J. Peter Ed., *New Directions in International Business: Research Priorities for the 1990's* (Edward Elgar, 1992).

價值與習慣對組織及非正式的行為規則會產生影響。[9] 國際合資企業是由多個文化所組成，因而呈現出各種不同的樣貌。

許多學者嘗試對信賴加以定義，例如有學者提出信賴是認為另一方不會採取機會主義行為的把握度，也有人主張信賴是出自對於他方在行為與義務上的相互期待。有些則強調：信賴主要的意涵在於另一方違反正式或默示合約的問題層次上，而非單純地相信另一方的誠信。[10] 儘管定義描述各有不同，他們主要的共通點均圍繞在關係的脆弱性與非合理性行為的概念。[11]

二、任務衝突與關係衝突

合資企業的組織型態存在著本質上的特徵與問題，亦即所有權的分散所形成的雙重階層（dual hierarchy）衝突。[12] 一般認為，衝突對協調合作與目標的達成會有所阻礙。[13] 衝突包含了直接與間接的影響，也就是指任務衝突（task conflict）與關係衝突（relationship conflict）的影響。[14] 當對

---

[9] J. W. Meyer and B. Rowan, "Institutionalized organizations: Formal-structure as myth and ceremony," *American Journal of Sociology*, Vol. 83, No.2 (1977), pp. 340~363.

[10] P. Bromiley and L. L. Cummings, "Organizations with trust: Theory and measurement," Paper presented at the Academy of Management Conference (Atlanta, 1993); A. Madhok, "Revisiting multinational firms' tolerance for joint ventures: A trust-based approach."

[11] M. Deutsch, "Trust and suspicion," *Journal of Conflict Resolution*, Vol. 2 (1958), pp. 265~279.

[12] A. Madhok, "Revisiting multinational firms' tolerance for joint ventures: A trust-based approach."

[13] C. K. W. De Dreu and L. R. Weingart, "Task versus relationship conflict, team performance, and team member satisfaction: A meta-analysis," *Journal of Applied Psychology*, Vol. 88, No. 4 (2003), pp.741~749.

[14] C. W. Langfred, "The downside of self-management: A longitudinal study of the effects of conflict on trust, autonomy, and task interdependence in self-managing teams," *Academy of Management Journal*, Vol.50, No.4 (2007), pp. 885~900.

於另一方的能力（ability）有所懷疑或不信任時，容易導致任務衝突的發生。另外，信賴還包含了認同（identity）的要素，在缺乏相互理解與共通的評價準則時，往往會形成關係上的衝突並損及信賴關係。[15] 儘管各種不同的觀點與看法有助於選擇過程的進行，但整體而言，任務衝突與關係衝突對於績效仍然會帶來負面影響。[16]

任務衝突對信賴的衝擊相當大。信賴可以反映出對於他人是否能夠依靠的確認程度，因而能力被視為建構信賴的要素。[17] 經歷過任務衝突的人，一旦認為他人的能力不如自己，便會對於持有不同意見的人抱持懷疑態度，信賴匱乏於焉形成。[18]

關係衝突同樣地對信賴有負面影響。[19] 有學者特別主張認同（identity）是屬於信賴的要素之一。[20] 消極的情感是引發信賴崩解的決定要素，而關係衝突明顯地涵蓋這種消極情感在內。人們在面對突如其來的問題時，對原本缺乏好感的人特別會形成負面評價，並認為他們能力不足

---

[15] R. Kramer and M. Brewer, "Social group identity and the emergence of cooperation in resource conservation dilemmas," In H. Wilke, D. Messick and C. Rutte eds, *Experimental Social Dilemmas. Frankfurt am Main* (Germany: Verlag Peter Lang, 1986).

[16] D. R. Ilgen, J. R. Hollenbeck, M. Johnson and D. Jundt, "Teams in organizations: from input-process-output models to IMOI models," *Annual Review of Psychology*, Vol.56 (2005), pp. 517~543.

[17] G. M. Spreitzer and A. K. Mishra, "Giving up control without losing control: Trust and its substitutes' effects on managers' involving employees in decision making," *Group & Organization Management*, Vol.24, No.2 (1999), pp. 155~187.

[18] R. Kramer and M. Brewer, "Social group identity and the emergence of cooperation in resource conservation dilemmas."

[19] 有些學者認為關係衝突的產生即代表不信任關係的存在，本文則將關係衝突視為合作的常態，關係衝突有可能減損原本的信賴關係，也有可能形成合作瓦解的不信任關係。

[20] R. Kramer and M. Brewer, "Social group identity and the emergence of cooperation in resource conservation dilemmas."

或是缺乏合作的態度。[21] 這種情況會降低將自身置於脆弱關係中的意願，而形成一種低度的信賴或是不信的關係。

三、文化價值

文化是多次元的架構概念，因而學者強調唯有立於理論基礎上的假設推論，才值得進行研究調查。[22] 企業組織往往會反映出一個社會的文化價值，但在進行商業活動的同時也經常必須順應不同的文化。在全球化的潮流下，國家之間的文化界線雖然已不如以往壁壘分明，但是國際性的策略聯盟與合作若要獲得成功，仍不能忽視企業組織間的文化差異。[23]

根據既有文獻，文化要素在建構組織間關係時，可能會帶來負面的影響。[24] 但也有學者指出，信賴會影響組織的績效，但是文化的距離並不一定會造成影響。[25] 文化價值的相關研究，有許多是探討特有情境（context-specific）下的現象，因此定論的發展仍未臻成熟，有待更多的理論討論與實證研究。

承上所述，本文嘗試從權力距離（Power Distance）、個人主義

[21] G. R. Jones and J. M. George, "The experience and evolution of trust: Implications for cooperation and teamwork," *Academy of Management Review*, Vol. 23, No. 3 (1998), pp. 531~546; C. W. Langfred, "The downside of self-management: A longitudinal study of the effects of conflict on trust, autonomy, and task interdependence in self-managing teams."

[22] G. Hofstede, "The cultural relativity of organizational practices and theories," *Journal of International Business Studies*, Vol.14, No. 2 (1983), pp. 75~90; G. Hofstede, *Culture's Consequences: International Differences in Work-related Value* (Beverly Hills, Calif.: Sage Publications, 1984); B. Kogut, and G. Habir Singh, "The effect of naitonal culture on the choice of entry mode," *Journal of International Business Studies*, Vol.19, No. 3 (1988), pp. 411~432.

[23] F. Fukuyama, *Trust: The Social Virtues and the Creation of Prosperity* (New York: Free Press, 1995).

[24] D. A. Griffith, M. Y. Hu and J. K Ryans, Jr., "Process standardization across intra- and inter-cultural relationships," *Journal of International Business Studies*, Vol.31, No.2 (2000), pp.303~324; Kogut, B. and G. Habir Singh, "The effect of naitonal culture on the choice of entry mode."

（Individualism）、不確定性趨避（Uncertainty Avoidance）等三項文化價值[26] 的角度，探討其在信賴建構上發揮的調節變項（moderator）[27] 交互作用，並進一步確認其對衝突的直接影響，以完整了解文化價值在此一架構概念下所扮演的角色。

參、分析架構

本文以組織間信賴及國際合資企業相關的研究理論為基礎，提出的研究架構概念如圖一所示。

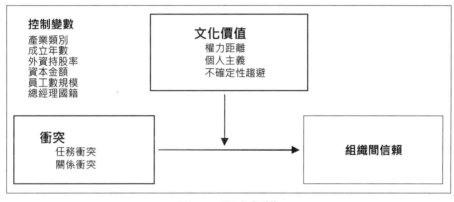

控制變數
產業類別
成立年數
外資持股率
資本金額
員工數規模
總經理國籍

文化價值
權力距離
個人主義
不確定性趨避

衝突
任務衝突
關係衝突

組織間信賴

圖一　研究架構

---

[25] 例如，Luo (2002) 的研究顯示，在信賴與組織績效的關係中，文化的距離與信賴並無顯著的交互作用，因而不具有調節變數的效果，但文化的距離本身卻會對組織間的信賴建構產生直接的影響。相對於此，Zhang (2003) 的研究卻有不同的結果，該學者表示，文化的距離對信賴的建構在統計上並無顯著的貢獻。

[26] G. Hofstede, *Culture's Consequences: International Differences in Work-related Value*; H. C. Triandis, "Collectivism vs. individualism: A reconceptualization of a basic concept in cross-cultural social psychology," In C. Bagley and G. K. Verma eds., *Cross-cultural Perspectives of Childhood and Adolescence* (London: Macmillan, 1987).

[27] 調節變項意指：在兩個變項的相互關係中會產生影響的第三個變項。D. J. Bem, "Constructing cross-situational consistencies in behavior: Some thought on Alker's critique of Mischel," *Journal of Personality and Social Psychology*, Vol. 40 (1972), pp.17~26.

一、權力距離

權力距離是一種由社會成員所接受的價值，在各國不同的制度與組織之下，對於權力分配不均的狀況，權力較弱的成員，他們的預期與接受程度也就有所不同。[28] 這種「與權威之間的關係」，可說是社會的基準對家庭、社會階級、相關團體等所產生的影響。[29]

權力距離事實上反映了社會成員對於才能的期待程度。在權力距離較大的文化，人們更希望藉由知識才能或與生俱來的條件，以獲得不同的待遇。社會所認同的才能會特別受到重視，同時也構成信賴的條件。相對地，權力距離較小的文化普遍存在著平等主義，才能或專門知識所帶來的不平等相對較不明顯，因此才能不會受到過度誇大的重視。

假設1a：權力距離越大，任務衝突對於組織間信賴所帶來的負面影響越強

權力距離也意含採取機會主義行為的可能性。在權力距離較大的文化裡，權力共享與共同決策較不受到歡迎，機會主義的行為也較容易發生。社會準則支撐著權力距離，出自個人利益考量的行為會受到認可，因而機會主義的行為並不會與高度的成本代價聯想在一起。[30] 另一方面，在權力距離較小的文化下，人們會傾向彼此諮商討論，並盡量避免權力的使用，[31] 任何違反基本準則而損及相互關係的行為，都會被視為權力的濫用。

---

[28] J. Johanson and L. G. Mattson, "Interorganizational relations in industrial systems: A network approach compared with the transaction cost approach."

[29] T. Clark, "International marketing and national character: A review and proposal for an integrative theory," *Journal of Marketing*, Vol. 54, No. 4 (1990), pp. 66~79.

[30] P. M. Doney, J. P. Cannon & M. R. Mullen, "Understanding the influence of national culture on the development of trust," *Academy of Management Review*, Vol. 23, No. 3 (1998), pp. 601~620.

[31] S. H. Kale & R. P. McIntyre, "Distribution channel relationships in diverse cultures," *International Marketing Review*, Vol.8, No.3 (1991), pp. 31~45.

假設1b：權力距離越大，關係衝突對於組織間信賴所帶來的負面影響
　　　　越強

二、個人主義

　　個人主義代表個人顧及自身利益的程度，也反映了個人相互間的關係。個人主義的評定標準會因每個人的價值標準不同而有差異，例如個人行為中時常並存著利他行為與利己行為，使得個人主義的認定困難度增加。本文將個人主義的定義限定於利己行為的層面，並且只探討管理學之既有研究概念，而不涉及其他社會科學領域。此外，有學者認為個人主義（individualism）與集體主義（collectivism）是一種連續帶上的相對概念，[32] 事實上非個人主義的概念與集體主義的概念，並不一定完全契合。有鑑於此，本文只論及個人主義而不納入集體主義的概念。

　　個人主義傾向較強的文化裡，在達成個人成就的目的上，個人主體較能夠發揮重要的功能。個人所受到的評價來自於其本身的成就，並且與所能得到的報酬息息相關。[33] 有才能者會受到人們的讚賞，成功的人會受到英雄式的崇拜，因而個人的能力成為信賴建構上的合理基準。這種對於他人能力的信賴問題也就涵蓋在任務衝突之內。

　　假設2a：個人主義越強，任務衝突對於組織間信賴所帶來的負面影響
　　　　　　越強

　　在個人主義色彩較濃厚的環境中，利己行為通常會受到默許，人們也

---

[32] G. Hofstede, *Culture's consequences: international differences in work-related value*.

[33] P. M. Doney, J. P. Cannon and M. R. Mullen, "Understanding the influence of national culture on the development of trust"；S. Ueno and U. Sekaran, "The influence of culture on budget control practices in the USA and Japan: an empirical study," *Journal of International Business Studies*, Vol. 23 (1992), pp. 659~674.

會更加期待藉此方式獲得更多的自我利益。[34] 這種對於個人的成就和績效的重視現象，意味著在認知上利己的行為並不會伴隨較高的成本代價，人我之間的認同問題往往也就不在考量的範圍之內。

　　假設2b：個人主義越強，關係衝突對於組織間信賴所帶來的負面影響越強

三、不確定性趨避

　　不確定性趨避指的是，對於未來的不確定性如何對應的傾向，[35] 意即在面對尚未成形或無法預測的狀況時，能有多少的容忍度，以及採取行動規避此種不確定性的程度。具體而言，諸如選擇較嚴謹的行為準則、確立形式上的規範、避免偏軌的思維與行為等。[36] 若將不確定性趨避的定義限定在規避風險的層次來看，此種「與風險之間的關係」可說是認知、評價與經驗的反射。[37]

　　以不確定性趨避傾向較強的文化來說，為了控制未來可能發生的事件，經常會採取較明確的措施以達到控制的效果。[38] 在此種環境下，個人

---

[34] S. H. Kale and J. W. Barnes, "Understanding the domain of cross-national buyer-seller interactions," *Journal of International Business Studies*, Vol. 23 (1992), pp. 101~132; S. H. Kale and R. P. McIntyre, "Distribution channel relationships in diverse cultures."；J. Singh, "Managerial culture and work-related values in India," *Organization Studies*, Vol.11 (1990), pp. 75~101.

[35] A. Inkeles and D. J. Levinson, "National character: The study of modal personality and sociocultural systems," In G. Lindzey and E. Aronson eds., *The Handbook of Social Psychology* (Cambridge, MA: Addison-Wesley Publishing Co., 1969).

[36] J. Johanson and L. G. Mattson, "Interorganizational relations in industrial systems: A network approach compared with the transaction cost approach."

[37] T. Clark, "International marketing and national character: A review and proposal for an integrative theory."

[38] D. A. Griffith, M. Y. Hu and J. K Ryans, Jr., "Process standardization across intra- and inter-cultural relationships."

的才能與知識能夠降低未來的風險，並削減對未來的不確定感，[39] 因而才能可視為建構信賴的要素，專家或具有相關知識的人也就備受尊崇。相對地，在不確定性趨避較弱的文化中，對於未來的不安定感較小，也較能夠自如應對未來的風險。[40] 對風險的忍受度較高，通常也較不會採取措施以規避未來的不確定性，有時甚至會順應地去接納。[41]

假設3a：不確定性趨避傾向越強，任務衝突對組織間信賴所帶來的負面影響越強

不確定性趨避傾向較強的文化下，人們對於未來變化的抗拒較強烈，[42] 機會主義的行為也較少發生。由於機會主義的利己行為容易損及雙方的關係，因此一般會認為機會主義伴隨較大的成本代價，意味著人們對於人我之間的認同感有較強的意識。

假設3b：不確定性趨避傾向越強，關係衝突對組織間信賴所帶來的負面影響越弱

---

[39] S. H. Kale and R. P. McIntyre, "Distribution channel relationships in diverse cultures."

[40] P. M. Doney, J. P. Cannon and M. R. Mullen, "Understanding the influence of national culture on the development of trust"; C. Nakata and K. Sivakumar, "National culture and new product development: An integrative review," *Journal of Marketing*, Vol. 60, No. 1 (1996), pp. 61~72; S. Ueno & U. Sekaran, "The influence of culture on budget control practices in the USA and Japan: An empirical study."

[41] G. Hofstede, *Culture's Consequences: International Differences in Work-related Value*; A. Inkeles and D. J. Levinson, "National character: The study of modal personality and sociocultural systems."

[42] S. H. Kale and J. W. Barnes, "Understanding the domain of cross-national buyer-seller interactions."

肆、研究方法

一、資料收集方法

　　本文有關信賴、衝突與文化價值的資料來源，出自對於台灣與日本雙方企業共同出資的台灣當地法人所做的問卷調查。調查時間為2010年8至10月，調查對象為擔任與台日雙方投資公司聯絡的窗口。控制變項的資料，除了總經理國籍以問卷詢得之外，其他均出自「海外進出企業總覽」（週刊東洋經濟，2009年版）。[43] 問卷的項目以既有文獻為參考，並依本文架構做調整。

　　本研究的調查範圍，限於日方出資比例10%至90%的台日合資企業。由於台灣的經濟以出口貿易為主，調查的企業中製造業約佔七成。此外，由多數企業所組成的策略聯盟，其信賴建構的規則較為複雜，本文的考察範圍只限於雙邊的合作關係。

　　問卷調查的進行方式，首先選定要調查的企業，並分別以電話聯絡，再與擔任相關職務者取得聯繫，並詢問其協助問卷調查的可能性，對於有意願協助者以電子郵件之方式寄送問卷檔案。為避免偏見或疑慮等問題產生，問卷採取匿名方式進行。為提高問卷的回收率，除了再度寄送電子郵件提醒外，對於未回覆者再以電話聯絡請求其協助填答。

　　經過兩回追蹤，獲得四十二份的問卷，其中有效問卷為四十一份，有效回答率為34.17%。從表一可以看出幾項台日合資企業樣本的特性：製造業佔七成，非製造業涵蓋多種業界；大多數的企業成立都至少在十年以上，並集中在十至三十年之區間；半數以上的企業資本額在新台幣5億元以下，超過5億元之企業約佔四成；股權分配方面，台日持股相等

---

[43] 「海外進出企業總覽」，週刊東洋經濟（2009年版），日文資料。

（50%）的合資企業只佔約兩成，而台灣持股過半以上的企業數量與日本持股過半以上之企業數量，在比例上並無明顯差異；大部分企業的員工數規模都在1,000人以下。此外，由日本人擔任總經理的企業數稍多於由台灣人擔任總經理的企業數。

表一　樣本企業屬性與型態

產業類別 (ISIC 分類)
製造業 (29)
非製造業 (12)
　　電、煤氣、蒸氣和空調之供應 (1)
　　批發和零售業；汽車和摩托車之修理 (6)
　　飲食住宿服務活動 (1)
　　資訊通訊業 (1)
　　金融和保險活動 (1)
　　管理，專業支援和技術服務活動 (2)

成立年數
10 年以下 (7)　　11~20 年 (12)　　21~30 年 (11)
31~40 年 (5)　　41 年以上 (6)

資本額 （單位：百萬新台幣）
100~500 (25)　　501~1000 (8)　　1001 以上 (8)

外資持股率
29.99% 以下 (5)　　30.00~39.99% (4)　　40.00~49.99% (8)
50.00% (8)　　50.01~60.00% (7)　　60.01~70.00% (5)
70.01% 以上 (4)

員工數規模
50 以下 (9)　　51~100 (10)　　101~500 (13)
501~1000 (6)　　1001 以上 (3)

總經理國籍
台灣 (18)　　日本 (22)　　其他 (1)

二、調查項目

本研究之調查問卷使用李克特量表（Likert Scale）衡量，所有項目從「完全不同意」到「完全同意」共分成七等尺度計分。

（一）組織間信賴

關於組織間信賴（Cronbach's α = 0.87）的衡量項目包含：「我方企業與日方投資公司的合作之中，雙方已經能迅速且充分地相互了解」、「在與日方投資公司的接觸經驗中，我方從來不曾感覺有被誤導的情況」、「在與日方投資公司的關係中，雙方都不會對彼此過度地要求而損害到對方的利益」、「在與日方投資公司的關係中，權力較強之一方通常不會不計一切地追求自身的利益」、「在與日方投資公司的關係中，非正式的約定和正式的契約都有相同的重要性」、「我方與日方投資公司的合作之中，彼此都了解對方的弱點，但不會因此而佔對方的便宜」。

（二）衝突

在本研究的架構中，衝突分為任務衝突與關係衝突加以探討。任務衝突（Cronbach's α = 0.84）的衡量項目包含：「我方企業與日方投資公司的合作上，感覺上有許多不同的觀點與意見存在」、「我方與日方投資公司的合作上，在實務作法上有許多的不同觀點存在」。關係衝突（Cronbach's α = 0.88）的衡量項目為：「我方與日方投資公司的合作上，會有不少個人性格上的衝突」、「我方與日方投資公司的合作上，會有不少成員間的摩擦」。

（三）文化價值

本研究假設文化價值具有調節變項的作用，並參考Hofstede所提出的組織層次衡量項目。權力距離：「在本公司裡，下屬應該要無條件服從上

司」；個人主義：「在本公司裡，薪資福利制度的設計，應該要以個人福利最大化為終極目標」；不確定性趨避：「在本公司裡，在可能會犧牲掉創新或革新的機會時，仍然應該要固守住秩序和貫徹性」。

（四）控制變項

控制變項中，部分的調查項目設定方式如次。產業類別方面，製造業（1），非製造業（2）。員工數規模方面，50人以下的企業（1），51~100人（2），101~500人（3），501~1000人（4），1001人以上（5）。總經理國籍方面，台灣（1），日本（2），其他（3）。關於合資企業成立的年數、資本額以及外資持股率的數據，則擷取自「海外進出企業總覽」（週刊東洋經濟，2009年版）。其中，外資持股率為國際合資企業的重要屬性之一。一般認為外資持股率越高的情況下，其對合資企業的影響力越強，不但較容易導入其本身的經營管理模式，而且也可能對合資企業的文化價值帶來較大的影響。

關於回答與未回答的問卷兩群體之間，在屬性與型態（控制變項）上，是否存在差異的疑慮。本研究採用兩樣本均值非成對t值檢驗（unpaired t-test），結果顯示兩群之間在統計上並無顯著差異。

伍、分析結果

本研究各變項的描述性統計（平均值、標準偏差）與皮爾森相關係數（Pearson Correlation Coefficient），如表二所示。描述性統計數據方面，在李克特七等尺度量表衡量的樣本中，台日合資企業的組織間信賴平均值為5.25（最大6.83，最小1.00）。員工數規模平均值介於101～500人之間，資本額平均值為94億8,200萬新台幣。企業成立年數平均為二十四年（最長為五十五年，最短為八年），[44] 平均成立年數偏高的原因，主要可

能原因在於近年來中國市場崛起，吸引許多國際投資的資金，因而現今在台灣的台日合資企業大都為較早期設立的公司。另外，相關係數表的分析上，除了任務衝突與關係衝突兩變項，分別以不同之模型進行分析之外，其餘所有相關係數均未超過0.75，因而可推斷多元共線性問題並不明顯。

表二　相關係數與描述性統計

	Mean	S.D.	1	2	3	4	5	6	7	8	9	10	11
1 組織間信賴	5.25	1.08											
2 任務衝突	4.41	1.35	-.48 ***										
3 關係衝突	3.31	1.55	-.51 ***	.79 ***									
4 權力距離	4.24	1.67	.12	-.02	.11								
5 個人主義	3.93	1.33	.34 **	-.26 *	-.21	.18							
6 不確定性趨避	4.61	1.46	-.23	.39 **	.27 **	-.28 *	-.40 ***						
7 產業類別	1.29	.46	.23	.10	.06	-.03	-.13	.21					
8 成立年數	23.83	12.46	.04	-.17	-.04	.44 ***	.00	-.26 *	-.25				
9 外資持股率	50.61	17.07	-.18	.17	.21	-.12	.01	-.05	-.17	-.10			
10 資本額 (百萬台幣)	948.20	1544.75	.32 **	.07	.15	.04	.04	.04	.24	-.09	-.25		
11 員工數規模	2.61	1.20	.17	.15	.12	.37 **	-.14	-.05	-.01	.42 ***	-.19	.45 ***	
12 總經理國籍	1.59	.55	-.04	.14	.01	-.08	.27 *	.07	.20	-.33 **	.37 **	.09	-.25

N = 41 ； *** p < .01 ； ** p < .05 ； * p < .1

多元迴歸分析（OLS模式）的結果發現，獨立變項與從屬變項之間的關係，會受到部分調節變項的交互作用影響。如表三所示，模型1、2、3為任務衝突之迴歸分析，而模型4、5、6為關係衝突的迴歸分析。為避免獨立變項與調節變項之間產生的多元共線性問題，先將變數進行中心化（centering）之後，再導入模型3與模型6分析。[45] 進一步以VIF值檢視多元共線性是否存在，結果得知各變數之VIF值不大（VIF ≤ 3.07），可判斷結果屬於可接受範圍之內。

---

[44] 東洋經濟新報社（2009年版），週刊東洋經濟（臨時增刊），海外進出企業總覽，東洋經濟新報社（東京）。

[45] L. S. Aiken and S. G. West, *Multiple Regression: Testing and Interpreting Interaction* (CA: Sage, 1991).

表三　信賴關係建構之階層迴歸分析結果

預測因子	模型1	模型2	模型3	模型4	模型5	模型6
衝突						
任務衝突 (I1)	-.56 ***	-.49 ***	-.42 ***			
關係衝突 (I2)				-.61 ***	-.58 ***	-.42 ***
文化價值						
權力距離 (M1)		.01	-.12		.11	.12
個人主義 (M2)		.32 *	.23		.32 **	.21
不確定性趨避 (M3)		.02	.02		.03	-.08
Ii x M1			.07			.17
Ii x M2			.29 *			---
Ii x M3			-.11			-.26
控制變數						
產業類別	.24	.30 *	.29 *	.25 *	.31 **	.26 **
成立年數	-.06	-.08	-.13	.06	-.02	-.09
外資持股率	.05	.08	.11	.15	.20	.24 *
資本額	.23	.20	.09	.38 **	.35 **	.37 ***
員工數規模	.18	.22	.37 *	.04	.07	.05
總經理國籍	-.02	-.14	-.12	-.15	-.27 *	-.30 ***
調整後 R^2	.30	.33	.40	.36	.43	.54
F-value	3.43 ***	2.97 **	3.04 ***	4.26 ***	4.03 ***	4.94 ***
△調整後 R^2		.03	.07		.10	.11
△F-value		1.53 *	2.14 ***		2.32 *	4.63 **

N = 41 ； *** p < .01 ； ** p < .05 ； * p < .1

　　從表三的迴歸分析結果得知，在任務衝突（模型3）或關係衝突（模型6）影響信賴建構的過程中，權力距離並不會帶來顯著的影響。因此，假設1a與假設1b均未受到支持。由此可以確認，權力距離與衝突不具有交互作用。換句話說，當組織間的信賴受損或是產生不信任時，台日合資企業內部的權力距離傾向，並不會強化或弱化衝突對於組織間信賴所造成的影響。同時，數據亦顯示權力距離在統計上不會直接影響組織間的信賴關係（請參考圖二）。

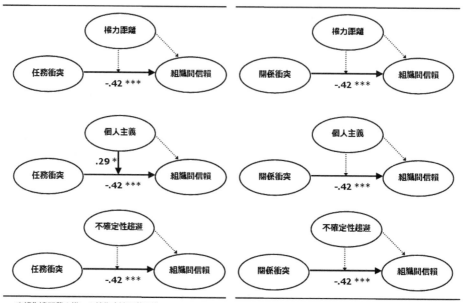

實線為達顯著水準，虛線為未達顯著水準。

***p < .01；**p < .05；*p < .1

圖二   組織間信賴關係之迴歸分析結果

　　個人主義與任務衝突間存在顯著的交互作用關係（模型3，p <
0.1），但與關係衝突則未呈現顯著的關係（模型6）。依此，假設2a獲得
支持，而假設2b則未獲支持。因而可以推定個人主義僅與任務衝突之間存
在交互作用。另一方面，個人主義與關係衝突之間的交互作用（模型6：
Ii x M2），因為存在多元共線性而在迴歸分析過程中除去。也就是說，當
組織間的信賴受損或是產生不信時，台日合資企業內部的個人主義傾向，
會更加強化任務衝突對於組織間信賴所造成的損害。數據同時也顯示在統
計上個人主義不會直接影響組織間的信賴關係（請參考圖二）。

　　在衝突影響信賴建構的過程中，不確定性之趨避並不具有顯著的影
響。因此，假設3a與假設3b均未受到支持。由此可以確認，不確定性趨避

之傾向與衝突不具有交互作用。換言之，當組織間的信賴受損或是產生不信時，台日合資企業內部的不確定性趨避傾向，並不會強化或弱化衝突對於組織間信賴所造成的影響。而且，數據亦顯示在統計上不確定性之趨避傾向，不會直接影響組織間的信賴關係（請參考圖二）。

　　關於控制變項，如表三的模型3與模型6所示，除了台日合資企業的成立年數以外，產業類別、外資持股率、資本額、員工數規模、總經理國籍等變項均對於信賴的建構在統計上有顯著的影響。

　　此外，如前所述，外資持股率為國際合資企業的重要屬性之一，為了解文化價值是否會隨此一控制變項的數值而有不同，以中央值分割法t檢驗（t-test）進行分析，統計值（$p < 0.1$）顯示，權力距離、個人主義、不確定性趨避等文化價值的傾向，並未因外資持股率的高低不同而出現顯著的差異。

　　為了更全面了解文化價值所扮演的角色，本研究在原有的假設驗證之外，進一步地檢驗此三種文化價值，直接對任務衝突與關係衝突可能造成的影響。如表四所示，階層迴歸分析的第一步驟，是以任務衝突以及關係衝突作為從屬變數，第二步驟則再將組織間信賴導入獨立變項，以驗證組織間信賴建構前後的變化。

　　表四的迴歸分析結果顯示，不論在組織間信賴建立之前（模型1、3）或之後（模型2、4），權力距離與任務衝突，以及關係衝突在統計上均未達顯著的關係。亦即權力距離的大小，並非形成衝突的直接原因（請參考圖三）。

表四　衝突影響要素之階層迴歸分析結果

預測變數	任務衝突		關係衝突	
	模型 1	模型 2	模型 3	模型 4
常數	.01 (.21)	.00 (.18)	.00 (.24)	.00 (.19)
權力距離	.10 (.15)	.08 (.13)	.25 (.17)	.22 (.14)
個人主義	-.14 (.19)	.06 (.18)	-.13 (.22)	.15 (.19)
不確定性趨避	.30 (.16)*	.23 (.15)	.32 (.19)	.22 (.16)
組織間信賴		-.66 (.20)***		-.91 (.22)***
控制變數				
產業類別	-.02 (.50)	.44 (.46)	.03 (.58)	.67 (.50)
成立年數	-.02 (.02)	-.02 (.02)	-.01 (.03)	-.01 (.02)
外資持股率	.01 (.01)	.01 (.01)	.03 (.02)*	.03 (.01)**
資本額	.00 (.00)	.00 (.00)	.00 (.00)	.00 (.00)**
員工數規模	.29 (.24)	.34 (.21)	-.04 (.28)	.03 (.23)
總經理國籍	.24 (.48)	-.01 (.43)	-.40 (.56)	-.74 (.46)
調整後 R^2	.06	.28	.03	.37
F-value	1.30	2.58 **	1.12	3.32 ***
△調整後 R^2		.22		.34
△F-value		10.55 ***		17.71 ***

N = 41 ; *** $p < .01$; ** $p < .05$; * $p < .1$

　　個人主義的文化價值對於衝突的影響方面，與權力距離相同，不論在組織間信賴建立之前或之後，個人主義與任務衝突以及關係衝突，在統計上均未達顯著之關係。換句話說，個人主義的傾向並非形成衝突的直接原因（請參考圖三）。

　　不確定性趨避傾向，只有在組織間信賴建立之前與任務衝突具有顯著關係（模型1）。也就是說，一旦組織間建立起信賴關係，不確定性趨避的傾向就不再是成為任務衝突的直接原因。此外，與前兩項文化價值相同，不論在組織間信賴建立之前或之後，不確定性趨避的傾向與關係衝突，在統計上均未達顯著之關係（請參考圖三）。

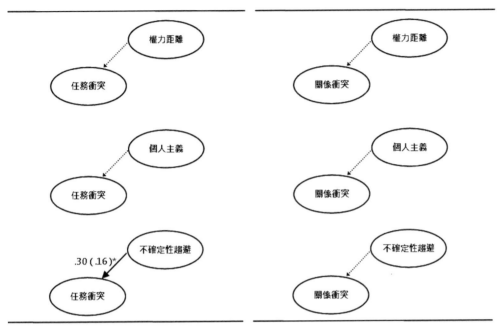

實線為達顯著水準，虛線為未達顯著水準。
*** p < .01 ; ** p < .05 ; * p < .1

圖三　衝突之迴歸分析結果

　　根據表四階層式迴歸分析的結果，在加入組織間信賴此一獨立變項後，發現組織間信賴對於減緩任務衝突或是關係衝突，都有非常顯著的影響。模型2與模型4中，R^2分別提升0.22與0.34，意味著模型的改良。此外，外資持股率與關係衝突之間呈現正向關係，而且不論在組織間信賴建立之前或之後，外資持股比例越高越容易出現關係衝突。資本額也是影響關係衝突的變項之一，在組織間建構信賴之後，資本額越大越容易出現關係衝突。唯此兩項控制變項（外資持股率與資本額）的係數值並不大。

陸、結論

　　有學者指出，自1980年代末開始，台日企業的合作已不侷限於台灣，雙方共同進行的投資事業已擴及其他國家。[46] 這種台日企業合作的型態近年來尤其以中國市場的拓展特別明顯。事實上，台日企業策略聯盟的「外延」，是根源於雙方歷經長期合作下所培養出的信賴關係。根據研究，許多在中國的國際合資企業都面臨績效不彰的問題，然而台日合資企業卻異軍突起創造不少佳績，因而引起學術界與產業界的注意。台日企業在長期的合作下漸進地搭起深化的共創性網絡，這種信賴關係下的產物，可說是台日合資企業拓展國際市場時所依賴的重要資源。[47] 在共同合作降低新市場的風險時，跨文化的管理於是成為一項重要的課題。

　　隨著企業活動的全球化，組織間的跨文化互動將比以往更為頻繁。有學者指出，來自文化距離較小的組織間合作，自然會產生一種文化上的親近關係，[48] 然而這種關係的形成在學術研究上仍未明朗。本研究導入文化價值的概念，分析台日合資企業的組織間信賴建構。結果發現，在台日合資企業的信賴關係中，權力距離以及不確定性趨避兩項文化價值，均非影響信賴關係的因素，然而個人主義卻會增強任務衝突對於信賴的負面影響。另一項發現為，權力距離以及個人主義，均非直接導致任務衝突或關係衝突的原因，但是在信賴關係尚未建立之前，不確定性趨避的傾向會成為任務衝突的導因。

---

[46] 伊藤信悟，「急増する日本企業の台灣活用型對中投資：中国を舞台とした日台企業間の經營資源の優位性補完の構造」。

[47] 劉仁傑、吳銀澤，「中国進出における日台企業の共創の發展」。

[48] D. A. Griffith, M. Y. Hu and J. K. Ryans, Jr., "Process standardization across intra- and inter-cultural relationships."

　　其次，股權分散所形成的雙重階層衝突是合資企業的特性之一。本文針對組織間衝突的問題，區隔為任務衝突與關係衝突加以檢驗，結果發現兩種衝突均對於信賴的建構會造成負面影響。[49] 再者，非製造業的台日合資企業在組織間的信賴程度上，平均高過於製造業的合作。此外，資本額或日方投資的比例越高，帶來的關係衝突也就越大，因此可以推斷的是，以在台灣的台日合資企業而言，每家企業的組織間認同問題，以及所承受的關係衝突問題，會有不同程度的影響。事實上有學者從另一個角度提出，外國的投資公司在持股率比較高的情況下，較願意對當地的合資企業提出承諾，而形成信賴提升的動力，此論述與本研究之信賴建構迴歸分析結果相同。因此，對國際合資企業而言，外資持股比率是一種利弊互見的問題，關係衝突與組織間信賴常相伴而至。

　　最後，國際合資企業的總經理職務，究竟由當地人擔任或由外國的投資公司派遣，對於組織間信賴會有較大的助益？本研究統計結果顯示，由台灣本地人士擔任總經理時，所伴隨的組織間信賴程度較高。另外從組織間衝突的角度來看，可以得知由何國人士擔任總經理一職，並不會和組織的任務衝突或關係衝突產生直接關聯。

　　本研究架構存在一些限制。首先，問卷的回答可能會因個人的經驗或認知而有所偏頗，此外由於能夠獲得的日籍人士問卷有限，因此分析上只使用台灣人士所回答之問卷資料進行分析檢驗。其次，國際合資公司有時會有超過兩個以上的公司共同投資，此種組織型態的信賴建構規則較為複雜，本研究只限於探討雙邊之關係。再者，本研究對於文化價值之定義，採取較狹義之解釋，因而與其他研究所探討之範圍或有差異。此外，本文所研究之對象為在台灣之台日合資企業，難以代表所有型態之台日合資企

---

[49] 有些學者有不同的研究結果，例如Langfred（2007）在組織的自我管理研究上得到的結果是，顯著的負向影響只存在於關係衝突與信賴之間，任務衝突則無此影響。

業，例如近年來台日企業共同赴中國投資之型態，需要進一步的資料收集與研究分析才能觀察全貌。要將組織間信賴建構之理論一般化，有必要進行更深入的理論探討，同時立於比較的觀點，分析各國不同之合資企業類型。

　　正如學者Aulakh（1996）所言，在拓展國際市場的策略上，認識文化的差異是夥伴關係管理上不可或缺的一門課題。

參考書目

一、英文部分

Aiken, L. S. and S. G. West, *Multiple Regression: Testing and Interpreting Interaction* (CA: Sage, 1991).

Aulakh, P. S., M. Kotabe, and A. Sahay, "Trust and performance in cross-border marketing partnerships: A behavioral approach," *Journal of International Business Studies,* Vol. 27, No. 5 (1996), pp. 1005~1032.

Bem, D. J., "Constructing cross-situational consistencies in behavior: Some thought on Alker's critique of Mischel," *Journal of Personality and Social Psychology,* Vol. 40 (1972), pp.17~26.

Bromiley, P. and L. L. Cummings, "Organizations with trust: Theory and measurement," Paper presented at the Academy of Management Conference (Atlanta, 1993).

Casson, M., "Internalization theory and beyond.In Buckley," in J. Peter Ed., *New Directions in International Business: Research Priorities for the 1990's* (Edward Elgar, 1992).

Clark, T., "International marketing and national character: A review and proposal for an integrative theory," *Journal of Marketing*, Vol. 54, No. 4 (1990), pp. 66~79.

De Dreu, C. K. W. and L. R.Weingart, "Task versus relationship conflict, team performance, and team member satisfaction: A meta-analysis," *Journal of Applied Psychology*, Vol. 88, No. 4 (2003), pp. 741~749.

Deutsch, M., "Trust and suspicion," *Journal of Conflict Resolution*, Vol. 2 (1958), pp. 265~279.

Doney, P. M., J. P. Cannon, and M. R. Mullen, "Understanding the influence of national culture on the development of trust," *Academy of Management Review*, Vol. 23, No. 3 (1998), pp. 601~620.

Fukuyama, F., *Trust: The Social Virtues and the Creation of Prosperity* (New York: Free Press, 1995).

Griffith, D. A., M. Y. Hu, and J. K. Ryans, Jr., "Process standardization across intra- and inter-cultural relationships," *Journal of International Business Studies*, Vol. 31, No. 2 (2000), pp. 303~324.

Hofstede, G., "The cultural relativity of organizational practices and theories," *Journal of International Business Studies*, Vol. 14, No. 2 (1983), pp. 75~90.

Hofstede, G., *Culture's Consequences: International Differences in Work-related Value* (Beverly Hills, Calif.: Sage Publications, 1984).

Hofstede, G., "The interaction between national and Organizational value systems，" *Journal of Management Studies*, Vol. 22, No. 4 (1985), pp. 347~357.

Hofstede, G. H. & Hofstede, G. J., *Cultures and Organizations* (New York: McGraw-Hill, 2005).

House, R. J., P. J. Hanges and M. Javidan, *Culture, Leadership, and Organizations: The GLOBE Study of 62 Societies* (Thousand Oaks, Calif.: Sage, 2004).

Ilgen, D. R., J. R. Hollenbeck, M. Johnson and D. Jundt, "Teams in organizations: From input-process-output models to IMOI models," *Annual Review of Psychology*, Vol. 56 (2005), pp. 517~543.

Inkeles, A. and D. J. Levinson, " National character: The study of modal personality and sociocultural systems," in G. Lindzey and E. Aronson eds., *The Handbook of Social Psychology* (Cambridge, MA: Addison-Wesley Publishing Co., 1969).

Jarillo, J. C., "On strategic networks," *Strategic Management Journal*, Vol. 9, No. 3 (1988), pp.1~41.

Johanson, J. and L. G. Mattson, "Interorganizational relations in industrial systems: A network approach compared with the transaction cost approach," *International Studies of Management and Organization*, Vol.17, No. 1 (1987), pp. 34~48.

Jones, G. R. and J. M. George, "The experience and evolution of trust: Implications for cooperation and teamwork," *Academy of Management Review*, Vol. 23, No. 3 (1998), pp. 531~546.

Kale, S. H. and J. W. Barnes, "Understanding the domain of cross-national buyer-seller interactions," *Journal of International Business Studies*, Vol.23 (1992), pp.101~132.

Kale, S. H. and R. P. McIntyre, "Distribution channel relationships in diverse cultures," *International Marketing Review*, Vol. 8, No. 3 (1991), pp. 31~45.

Kogut, B. and G. Habir Singh, "The effect of naitonal culture on the choice of entry mode," *Journal of International Business Studies*, Vol. 19, No. 3 (1988), pp. 411~432.

Kramer, R. and M. Brewer, "Social group identity and the emergence of cooperation in resource conservation dilemmas," in H. Wilke, D. Messick and C. Rutte eds, *Experimental Social Dilemmas. Frankfurt am Main* (Germany: Verlag Peter Lang, 1986).

Langfred, C. W., "The downside of self-management: A longitudinal study of the effects of conflict on trust, autonomy, and task interdependence in self-managing teams." *Academy of Management Journal*, Vol. 50, No. 4 (2007), pp. 885~900.

Luo, Y., "Building trust in cross-cultural collaborations: Toward a contingency perspective," *Journal of Management*, Vol. 28, No. 5 (2002), pp. 669~694.

Madhok, A., "Revisiting multinational firms' tolerance for joint ventures: A trust-based approach." *Journal of International Business Studies*, Vol. 26, No. 1 (1995), pp. 117~137.

Meyer, J. W. and B. Rowan, "Institutionalized organizations: Formal-structure as myth and ceremony," *American Journal of Sociology*, Vol. 83, No. 2 (1977), pp. 340~363.

Nakata, C. and K. Sivakumar, "National culture and new product development: An integrative review," *Journal of Marketing*, Vol. 60, No. 1 (1996), pp. 61~72.

Rousseau, D. M., S. B. Sitkin, R. S. Burt, and C. Camerer, "Not so different after all: A cross-discipline view of trust," *Academy of Management Review,* Vol. 23, No. 3 (1998), pp. 393~404.

Singh, J., "Managerial culture and work-related values in India," *Organization Studies*, Vol. 11 (1990), pp. 75~101.

Spreitzer, G. M. and A. K. Mishra, "Giving up control without losing control: Trust and its substitutes' effects on managers' involving employees in decision making," *Group & Organization Management*, Vol. 24, No. 2 (1999), pp. 155~187.

Tomlinson, J. W. C., *The Joint Venture Process in International Business* (Cambridge, MA: MIT Press, 1970).

Triandis, H. C., "Collectivism vs. individualism: A reconceptualization of a basic concept in cross-cultural social psychology," in C. Bagley and G. K. Verma eds., *Cross-cultural Perspectives of*

Childhood and Adolescence (London: Macmillan, 1987).

Trubisky, P., S. Ting-Toomey and S. L. Lin, "The influence of individualism-collectivism and self-monitoring on conflict styles," *International Journal of Intercultural Relations*, Vol. 15, No. 1 (1991), pp. 65~84.

Ueno, S. and U. Sekaran, "The influence of culture on budget control practices in the USA and Japan: An empirical study," *Journal of International Business Studies*, Vol. 23 (1992), pp. 659~674.

二、日文部分

伊藤信悟，「急増する日本企業の台湾活用型対中投資：中国を舞台とした日台企業間の経営資源の優位性補完の構造」，みずほ総研論集（東京：みずほ総合研究所，2005），頁107~141。

東洋経済新報社編，週刊東洋経済（臨時増刊），海外進出企業総覧（東京：東洋経済新報社，2009）。

劉仁傑、呉銀澤，「中国進出における日台企業の共創の発展」，日本経営学会誌，第22號（2008年），頁53~65。

日商開拓大陸中端市場模式：
兼論對台日商策略聯盟的啓示

金堅敏

（日本富士通總研經濟研究所主席研究員）

摘要

　　金融危機後，日本企業失去歐美日等已開發國家高附加值消費市場的支撐後，掉頭重點開發前景看好的新興市場。隨著中國大陸經濟的快速復甦，日本又一次出現「中國熱」現象。在這次「中國熱」中，日本企業開始注重開拓大陸的中端市場。日本企業認為繼續實施高附加值市場戰略的同時，開拓快速發展的中端市場，才能取得中國大陸市場的強勢地位。並通過降低生產及服務成本、充實品牌的系列（以及避免品牌替換）和內容，建立適合的渠道，來達到開拓大陸中端市場的目的。

　　本文還實證研究了六家外資企業（含日本企業四家：資生堂、大金空調、味之素、三得利啤酒；一家美資企業：GE醫療；一家港資企業：味千）開拓大陸內需市場，特別是中端市場的案例。

　　透過以上的案例分析，今後日本和台灣企業的關係，將從垂直分工轉向「競合」關係；在中高端市場上，增加競爭的同時，從前的垂直分工會引伸到中端市場和出現反向垂直分工關係；並會出現部分合作、部分競爭的「競合」聯盟關係。

關鍵詞：中端市場、管道策略、垂直分工、競合、逆向創新

壹、前言

　　日本企業面臨的經營環境是國內的少子化、老齡化所帶來的國內市場飽和問題。而在海外市場方面，如今賴以支撐的歐美高附加值消費市場，受起源於美國的金融危機的影響難以回復原狀。而人均GDP超過3,000美元的中國大陸已逐步形成對住房及耐用消費品等的購買力。

　　此外，隨著消費結構的變化和產業結構的提高，新興市場層出不窮。儘管受世界金融危機的影響，沿海對出口依存度相對較高的地區經濟增長率放緩，受金融危機影響較少的內陸地區，在財政刺激政策等作用下，經濟成長仍維持在兩位數。

　　伴隨世界及中國經營環境的變化，不論是已進入的日資企業，還是準備進入的日資企業，都把重點放在中國大陸的內需市場上。其目標產品市場越來越廣。從以往的研究日資企業在大陸的經營戰略特徵可歸納如下：

一、努力打造「日本製」品牌

　　透過政府與民間的共同努力，把在中國消費者中的「日本製=高質量」這一單一形象，進一步擴大到「日本製=外表美觀」、「日本製=節能、環保」等，以確立「日本製」這一品牌形象。

二、目標鎖定在高收入者、高附加值領域

　　在大陸高端市場（High-end market or Reliable-enough market）上，日資企業經營得比較成功，也不乏成功案例。但是缺乏中端、大眾市場（Middle-end market or good-enough market）營銷能力，也不重視中端、大眾市場。

三、營銷模式的創新

加強產品的內涵與生活方式（Life Style）綜合營銷，推進商品的時裝化、生活化。

四、未完成向「產品＋服務」的商務模式的轉型

拘泥於商品生產商，沒達到包含產品的服務商的要求。

但是，在失去歐美日等發達國家高附加值消費市場支撐的前提下，仍拘泥於中國大陸規模較小的高端市場，企業的發展將嚴重受阻。2009年以來，中國的中端、大眾消費市場在政府政策的刺激下快速膨脹，購買力得到充分提升。對此，許多日資企業如夢初醒，並開始大步轉向開拓中國大陸中間市場的戰略。

本文擬從俯瞰中國大陸市場，特別是中端市場的發展入手，透視日資企業在開拓大陸市場策略的變化，並著重分析日資企業在開拓大陸中端市場的案例，歸納出其策略要點和特徵。同時，簡要探討在新形勢和變化的環境下的台日企業合作的可能性。

貳、開拓中國大陸中端市場的必要性

一、再次加大對中國大陸投資

對於跨國企業來說，2008年中國大陸人均GDP超過3,000美元，是消費者購買力快速發展的一個轉折點。但是，中國大陸創造增量市場，更吸引跨國公司的注目。如圖一所示，中國大陸經濟規模已於2005年超過英國，並於2008年超過德國，位居世界第三。2010年將超過日本，成為僅次於美國的第二大經濟體。雖然，中國大陸經濟規模只有美國的30%（2008年），但對世界經濟的貢獻率從2006年的約22%，擴大到2008年的31%

（按PPP計算，以下同）。[1] 按國際貨幣基金（IMF）的預測計算2010年將達到40%。而美國同期的貢獻率是12%（2006年）、6%（2008年）、0%（2010年）。

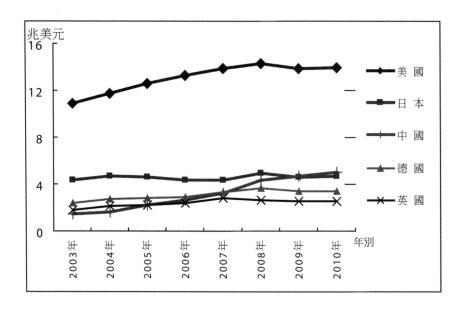

圖一　有關國家FDP總量的變化

　　世界金融危機帶來的發達國家市場萎縮，以及中國大陸經濟的平穩快速發展，對日本企業的對外投資產生極大的影響。眾所周知，日本企業對華投資佔對外直接投資的比例，在2004年達到19%的高點。之後連年減少，2008年只達到5%。中日關係的惡化，越南、印度等吸引投資國家的出現，特別是歐美等發達國家經濟良好發展及在華投資布局的完成，都成為阻礙日資企業加大對大陸投資的因素。但是如圖二所示，從2008年底開始，日資企業對大陸投資再次擴大。從媒體報導和企業的關心度來看，日本又一次出現中國大陸加入世界貿易組織後的「中國熱」現象。與上次伴

---

[1]　按「ジェトロ貿易投資白書（2009）」提供的數據，由作者計算。以下同。

隨「中國熱」加大對大陸投資不同的是：日本企業開始注重開拓大陸的中端市場。綜合媒體報導和各公司提供的新聞內容，如下的一些企業比較典型。

(一)汽車企業

1. 日產汽車：在大陸的銷售數已超過日本。其原因是投入的小型車得到中端消費者的青睞。計畫在2010年投入新興國家專用車型。
2. 豐田汽車：在大陸小型車快速發展的市場中失利。[2] 如圖三所示，擬開發新興國家專用車型，2011年投入。並將於2010年在大陸江蘇省常熟市成立研究開發機構，開發大陸專用車。
3. 本田汽車：擬在2010年投入中國專用車型。

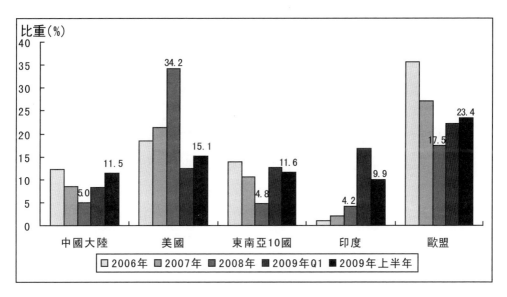

圖二　日本對外直接投資各國比重變化

資料來源：ジェトロWeb。

---

[2] 如2009年1至9月，其他轎車廠商的銷售都以二位數增加，而一汽豐田只增長2.5%。參見：日本經濟新聞，2009年10月21日，1版。

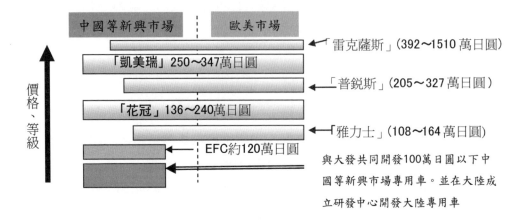

圖三　豐田公司正發展低價格車型

資料來源：日本經濟新聞，2009年10月16日，1版。

(二)家電企業

1. 夏普：從2009年開始投入中價格帶液晶電視和手機產品，加強開發中端市場。
2. 大金空調：在普及型家庭空調市場，開拓大陸中端市場。
3. 松下電器：在大量投入產品的基礎上，在杭州成立下一代家電研究開發中心，開發面向包括中國大陸等國家的中端市場。
4. 索尼：擬在數位家電市場投入大眾價格產品，開拓中端市場。

(三)食品、化妝品、其他

1. 麒麟啤酒：投入低價格啤酒（一瓶3元），開拓年輕人市場。
2. 資生堂：已投入中低價格帶商品，開拓中端市場。
3. AEON永旺：投入低價格的PB商品，開拓大眾市場。
4. 富士通微電子：收購大陸IC設計公司，在華設計比例：40%→50%（2010年）→70%（2011年）。

5. 其他：如環境市場、機械產品市場、化學產品市場、零組件市場、
　 服務市場等。

二、重視開發中端市場的理由

　　首先，日資企業開始重視中端市場的原因，在於中國大陸高端市場相
對較小，而中端市場快速擴大。中國大陸消費者對日本產品的印象是「高
質量」、「質高價也高」，讓大量消費者望而卻步。隨著中國大陸的經濟
快速發展，消費者的購買力提高，但是如圖四所示，2008年家庭年可支
配收入在3.5萬美元以上高所得層，佔總人口的1.4%，與發達國家美國的
71.9%、日本的72.0%比相差甚遠。所以如不改變在發達國家市場中形成
的經營思維，就難以在開發中國家取得成功。

　　但是，家庭年可支配收入在5,000美元至3.5萬美元之間中收入層，在
中國大陸的快速壯大，又為跨國公司提供大量市場機會。如圖四所示，中
國大陸不同收入的人口構成從2003年：高收入者664萬人、中間收入者1億
1372萬人、低收入者11億7209萬人，發展到2008年：高收入者1859萬人、
中間收入者4億4356萬人、低收入者8億6587萬人的水平。中間收入者大
增，中端市場得到了大發展。如按ATKEARNEY推算到2015年，相對高收
入範圍的人數為2400萬，而中高收入的人數為8200萬，中間收入的人數將
達到5億9500萬。[3] 屆時中國的中端消費者將達到全球的一半。

---

[3] 2009年10月21日，＜http://www.mo.t.u-tokyo.ac.jp/kyouiku/2007/atkearney0417.pdf＞。

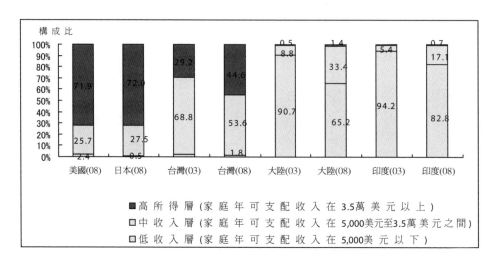

圖四　不同可支配收入家庭構成比的變化

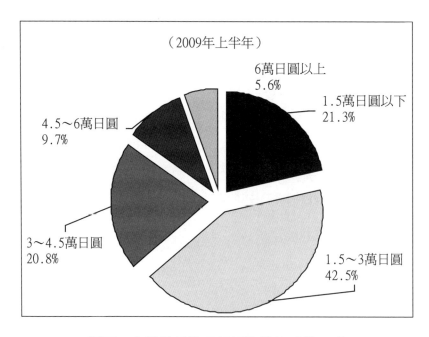

圖五　市場希望的不同價格帶的手機比重

資料來源：「2009年上半年中國手機市場手機價格研究報告」〈http://datacenter.yesky. com/257/8958757.shtml〉。

　　其次，在現實的市場中也能找到高端市場相對較小，而中端市場快速擴大的案例。如圖五所示，市場希望的手機售價在4.5萬日圓以上的高端市場比重只有15%左右，而價格在1.5萬日圓到4.5萬日圓的中端市場比重達65%左右。這個65%的中價格帶市場將決定手機廠家的成敗。諾基亞、三星電子、摩托羅拉、索尼愛立信等在大陸市場佔有率領先的品牌，都確立在中價格帶市場的地位。

　　實際上，把目標鎖定在4.5萬日圓以上高端市場的夏普，在高端市場可以說取得了一定的成功。據全球調查公司GFK的調查，夏普在6萬日圓至7.5萬日圓的市場上超過諾基亞、三星電子，佔市場首位。[4] 但據筆者在大陸的現場調查，夏普在大陸市場銷售台數為每月一至二萬台。因而有分析師懷疑，夏普的2009年銷售目標二百萬台難以實現。[5] 雖然夏普沒有公布在中國大陸的銷售數據，即使如願能在大陸銷售二百萬台，其市場佔有率也只能達到1.5%左右。

　　實際上夏普也認識到，開拓中端市場的重要性，並於2009年4月投入中價格帶的手機品種，希望在大陸銷售能達到五百萬台，市場佔有率達3%。從媒體報導來看，夏普在中端市場中的銷售不是太理想。[6]

　　此外，有報導稱定位在中國大陸銷售高端奶的朝日啤酒，擬提高在大陸的生產量之四倍──1.2萬噸（2013年）。但是，這一產量也只是全國奶產量3554萬噸的一個零頭。如不在中端市場有所作為，朝日啤酒的牛奶事業也很難有好收益，並確立市場的佔有地位。

　　再者，大陸的消費獎勵政策和市場的激勵反應，使日本企業對中國大

---

[4]　「遲到者夏普的一年」，2009年7月21日，
　　　＜http://tech.163.com/09/0611/13/5BHHIE3B000915BE.html＞。

[5]　「單片機試驗箱夏普手機銷量目標200萬遭質疑」，2009年11月6日，
　　　＜http://blog.19lou.com/13943065/viewspace-3171977＞。

[6]　同前註。

陸的中端市場的崛起有更深刻的認識。也就是說大陸的中端市場，具有很高的價格彈性，只要政策或戰略合適，其購買力就可以釋放出來。今年以來，大陸的汽車消費政策和家電消費政策，即是典型的案例。

參、資生堂：採取「不同通路，不同品牌的戰略」成功

隨著高速經濟增長而提高的購買力，及化妝文化的滲透，大陸的化妝品市場也在快速成長。據資生堂的調查，2007年大陸的化妝品市場規模已達到日本市場的水準，為1.5萬億日圓（約為140億美元）。2010年的市場規模預計達2萬億日圓左右。此外，大陸的化妝人口在2005年為2200萬人，而2008年達到6000萬人的規模，已超過2005年日本的16歲以上女性總人口5683萬人。2010年為1億人，2020年將達到3.7億人口規模。因此，可以說大陸化妝品市場的擴大是中長期的趨勢。

資生堂一直將大陸作為重點市場予以重視。2008年度資生堂在大陸的銷售額約為700億日圓，佔總公司全球銷售額6903億日圓的10%左右。近五年年均增長在20%以上，預計2010年將達到1000億日圓。

圖六表示資生堂的大陸商務策略。其基本內容是2003年開始實施的「不同通路，不同品牌的戰略」。把目標鎖定在高收入群體的高端化妝品的正式生產銷售，是在1991年在北京設立合資企業「資生堂麗源化妝品有限公司」開始的。產品策略的中心是在充分研究大陸女性皮膚後開發、銷售的大陸專用品牌「歐珀萊」（AUPRES）。其高端化妝品市場營銷的基本是：(1)高形象（HIGH IMAGE）；(2)高質量（HIGH QUALITY）；(3)高水準服務（HIGH SERVICE）。基於此營銷策略，銷售通路僅限於外資百貨店及本地優良百貨店。此外，銷售方法也採用了歐美品牌所沒有的，由作為資生堂員工的美容諮詢師（BC）做面對面的銷售。這些市場策略發揮效果，抓住對化妝及美容特別關心的女性顧客群的心，成功開拓市

場。到目前為止，高檔化妝品銷售店已達750店。這種高級百貨店管道開發的新店鋪多，今後的戰略重點則將轉向已有店鋪的高附加價值化策略。

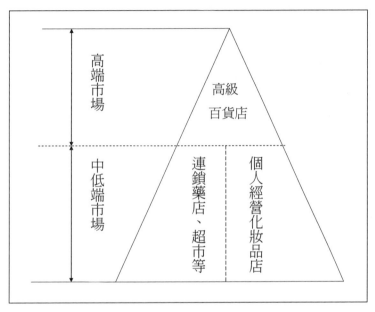

圖六　資生堂在開拓大陸市場中通路策略

資料來源：作者。

　　另一方面，伴隨大陸加入世界貿易組織後的市場開放，寶鹼（P&G）、歐萊雅等全球化妝品廠商大量進入大陸市場，在大陸高端市場呈現激烈的市場競爭。於此同時，大陸的經濟發展帶來中產收入階層人口的急速擴大，從而中價格帶、大眾化市場的規模快速發展。為適應大陸市場的發展變化，寶鹼及歐萊雅的市場策略在強化高端市場競爭的同時，通過收購當地化妝品牌等手段，推進中端市場或大眾市場的開拓。

　　實際上，資生堂也在1990年代後期，致力於中端市場與大眾市場的開拓工作。1998年通過合資企業「上海桌多姿化妝品有限公司」（為維持高端品牌的現象，合資企業名中不含資生堂字眼），推出不冠資生堂名的自

選型品牌 "Za" ，並於1999年開始在地化生產。其後，資生堂又投入多種中端市場專用的品牌產品，以及建立包含「專賣店通路」、「藥品連鎖通路」等的開放式通路。至今，中端市場與大眾市場已成為資生堂大陸業務的頂梁柱事業。

　　在執行「不同通路，不同品牌的戰略」過程中，資生堂還根據不同的目標群體改變其品牌、價格、通路、服務方式等。例如，對於面向中端市場的專門店，並不採用成本很高的屬本公司員工的化妝諮詢師進行面對面銷售，而是對專門店店主（銷售主體）進行定期指導、教育的方式進行銷售工作。也就是說，資生堂通過削減對中端消費者來說屬於「奢侈」的服務成本，而做出中端消費者能夠接受的價格設定。

　　通過以上的戰略推進，資生堂利用在高端市場的品牌形象、消費者分析及管道開拓建立的經驗，實施「不同通路，不同品牌的戰略」，不僅在高端市場，而且在中端、大眾市場也取得成功。

肆、大金空調：活用本地優秀企業致力低成本商品開發

　　1994年大金首次將業務空調系統引進大陸市場。當時大金的品牌策略是確立高品質、高價格的「空調賓士」品牌。在營銷方面，採取強調組合節能分散型空調的技術優勢，和設計支持的解決方案型商務模式，以及每年舉行數百次的「技術研討會」（被人稱之為「技術營銷策略」）、建立空調專用銷售網絡（由既是低成本通路又能掌握主導權的專門店組成）等策略。上述策略非常有效，大金的空調業務非常成功，市場份額一直維持在第一位。金融危機後，大金的大陸業務未受影響，2009年的營業利潤率維持在17%的高水準。

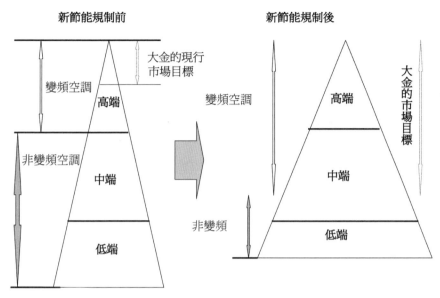

圖七　大金的市場策略

資料來源：作者。

　　但是，大陸市場上外資企業之間的競爭日益激烈，及本地企業的追趕亦緊迫，從而導致大陸市場上大金的市場份額呈現下降。另一方面，快速成長的大陸家用空調市場2008年已達到三千萬台，此規模為日本市場七百萬台的四倍水準。雖說大陸家用空調市場已達很大規模，但屬於單價比較低的市場。因此，如圖七所示，大金由於不具備進入大眾市場的價格競爭力，因此一直停留在容量較小的高端市場（高級機市場），並沒有進入普及型家用空調市場。實際上，普及型家用空調市場90%由本地企業佔據，大金在家用空調市場的份額僅為1%左右。

　　大金的長期目標是當全球第一。但是，由於金融危機的影響，已開發國家市場很難繼續擴大，因此開拓快速成長的大陸市場，成為大金的重要經營課題。大金的企業領導也認為：從全球經濟環境來判斷，致力於高端市場的商品戰略無法期待今後會有大的發展，應該致力於新興市場，特別

是大陸市場的普及機（家用空調）的市場開拓。

　　基於上述經濟環境與經營環境的變化，大金為確立作為綜合空調品牌的龍頭地位，提出以下的擴大大陸事業的方針：(1)致力於從前的高端市場的同時，進入普及機市場；(2)抓住大陸節能規制政策（由於政策禁止生產、銷售低級別的非變頻機種，本地產家不得不提高商品價格）的推出，加速推出環境友好商品戰略；(3)建立面向攻克各市場、各地區的銷售網等。在執行上述方針的策略上，考慮到透過業務空調機市場已確立品牌影響力，銷售網建設已取得進展，高服務品質已定型等，而大金的弱點在於：成本競爭力弱（由於在大陸市場，大金把目標鎖定在高端市場，主要零組件也從日本採購，因此在大陸市場，大金沒有建立起自己的本地供應商網絡）。基於現狀，大金為在短期間提高成本競爭力，大金沒有採用資生堂的單獨戰略，而選擇了合作夥伴戰略。選定的合作夥伴是世界家用空調最大生產企業（其生產量約為大金生產量的五倍），處於大陸市場份額第一的「格力電器」。大金的合作夥伴戰略，不僅在於利用「格力電器」的低成本開發、低成本生產的優勢，並期望利用「格力電器」的市場份額，把大陸市場引導到對大金的競爭力發揮有利的變頻空調市場。大金的全球戰略還在於通過合作夥伴戰略，掌握大陸的低成本開發能力和成本生產能力，作為向全世界推廣普及變頻空調產品。也就是說，大金通過合作夥伴戰略來實踐GE伊梅爾特執行長所倡導的「逆向創新」戰略。

　　大金與「格力電器」的合作包含多個方面。在開發、生產既低價又受歡迎的產品合作中涉及：(1)變頻家用空調產品的共同開發；(2)原材料、零組件的共同採購；(3)主要組件（壓速機、電裝設備等）的共同生產、模具的共同製作等。另外，大金提供變頻技術，「格力電器」提供採購、生產的價格資訊和傳授大陸市場的銷售訣竅等，被認為是培養競爭對手的合作關係，由此可見合作非常有深度。

　　大金的銷售管道有兩個：(1)自有專賣店網絡；(2)大規模量販店。但

沒有建立像「格力電器」的區域總代理銷售方式，卻最重視既低成本又能掌握主導權的自有專賣店網絡。大金的專賣店將由1,600店擴大到3,000家，其網絡將從大城市延伸到大陸各地。由於大金已有建立銷售管道的經驗，所以與「格力電器」共同開發的機種僅限於基本模型，最終產品的規格仍由兩家公司的商品策略決定。也就是說，在市場上兩家公司是競爭關係，成功與否取決於各自的銷售能力。

伍、GE醫療：逆向創新的成功實踐者

GE早在1981年就已在大陸設立辦事處開展業務。1991年在北京成立了醫療設備有關的合資企業，生產、銷售其醫療產品。GE醫療的主要技術領域是：(1)診斷關聯：如影像診斷和外科關聯設備（MRI、CT、X光診斷機、血管診斷儀等）、檢視儀器、超音波診斷儀，有關檢查、診斷用的藥品等；(2)IT有關設備：如PACS（數據庫系統）、放射線以外的資訊管理系統（電子病例等醫院內IT系統）；(3)生命科學：如藥品（DNA分析等）、分析設備。GE醫療在大陸的業務主要是診斷關聯的儀器設備。GE醫療在大陸的商務不僅是設備提供商，而是以"A Total Solution Provider"提供綜合性的服務。

合資企業成立開始以後，於1996年開始出口，而後成立研究開發中心，並於1999年開始生產由該研發中心開發、設計的X光診斷產品。之後又於2001年和2003年分別開始生產、銷售由本地開發、設計的CT和超音波診斷儀等。2008年GE醫療已在大陸生產、銷售本地開發的CT五千台、超音波診斷儀二萬台。如圖八所示：GE醫療的大陸業務在出口方面和在內需方面，分別以年均26%和21%的速度增長。

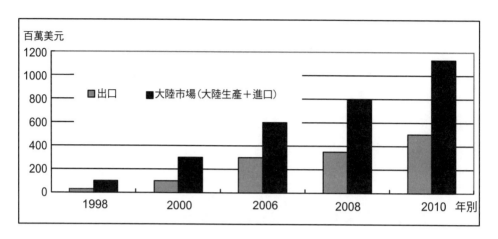

圖八　GE醫療（中國）的業績變化

資料來源：作者採訪記錄。

　　隨著大陸醫療改革推向基層，GE醫療在大陸的業務也開始向中端市場，甚至低端市場推進。大陸有50%多的人口居住在相對落後的農村，而城市與農村的巨大收入差距，使得農村地區的醫療支出佔總支出的20%左右。中國政府早於2003年提出，在2005至2010年期間投入4400億美元，建設農村地區的醫療制度，消除城鄉差距。GE醫療跟隨政府政策開始關注中低端市場。2009年中國政府提出新的醫療改革計畫，擬於2009至2011年的三年間投入1230億美元，確立國民全員保險的醫療制度。投資總額1230億美元中50%用於基本醫療保險制度的建立，25%用於包括購置設備的基本醫療設施的建設，25%用於公共醫療服務體制的建立。由此判斷三年內將形成100億美元的醫療設備市場。GE醫療將此作為商務機遇，加大了開拓大陸中低端醫療設備市場的活動。

　　如圖九所示，以前GE醫療的大陸業務主要集中於高端領域的三百六十家醫院。而從近幾年開始，對中端和基層醫療機構進行需求分析，提出解決方案開拓全方位市場。

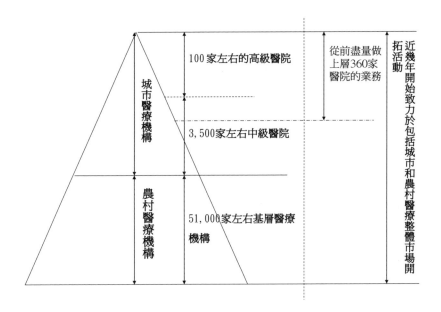

圖九　大陸的醫療體制和GE醫療的商務活動

　　在開拓大陸整體醫療設備市場中，GE醫療將大陸的醫療機構分為：學術型、綜合型、發展型、政府主導型等。不同類型的醫療機構其醫療活動的目的分為：研究型、治療型、效率追求型、政府對應型等。由此可以得出，醫療設備購買資金來源分為：自主籌措、政府支出或多方出資等。GE醫療將基於這些分析結果，組織、開發、滿足不同需求的產品和服務。在市場開發的各個環節中，GE醫療非常重視銷售通路建設、售後服務和滿足大陸市場的商品、服務、開發業務。從人員配置上，從事生產的員工為700名左右，而市場銷售人員達到2,000人，研究開發人員達到400名。在開發高端市場階段，GE一直強調跨國公司這一品牌。今後，GE醫療更強調鑄造本地企業的形象，同本地企業一樣在當地開發、當地生產、提供當地服務等。

　　在產品開發方面，盡量降低成本以滿足中端與大眾市場的需求。作為

一個重要的案例，GE醫療的北京開發中心開發出成本僅為3.5萬美元的數位X光診斷儀，為面向高端市場產品成本11.2萬美元的三分之一左右。在保證用戶質量要求的同時，盡量利用當地的員工、當地的材料及適用的新技術，以降低從開發到生產的成本。減少「不必要」或「多餘」的功能，也是實現低成本的關鍵因素。如在上述數位X光診斷儀的開發中，沒有導入高端機種的床台自動升降功能。另外在開發過程中，GE醫療中國研發中心還和GE醫療印度研發中心（負責軟體開發）及供應商等密切合作，發揮低成本開發的效果。GE醫療在中低端市場的開發生產活動，還擴大到超音波診斷儀、CT、MRI等醫療設備領域並取得成功。

　　GE醫療在大陸市場的成功，印證了GE伊梅爾特執行長提倡的逆向創新設想。從前的研發活動基本上是在已開發國家面向高端市場進行，而後面向發展中國家的中低端市場進行在地化修正。但是，隨著新興市場的崛起，有必要進行中低端技術的開發活動。也就是說，到目前為止，跨國企業只是在大陸的新興市場利用低成本勞動力和低成本材料，並沒有進行低成本的技術研究開發活動。比如在大陸隨著工資上升、原材料價格上升，產品的生產成本也在上升，這樣就有必要在大陸尋求一種低成本的技術開發模式。特別是在維持高質量的同時，減少功能、簡化產品結構及設計過程，就顯得格外重要。

　　當然，GE醫療在大陸市場並非完全與本地企業展開價格競爭，而是通過總體解決方案的提供展現競爭力。也就是說在，價格上比本地企業高一些，也可以通過服務或解決方案的提供，而處於優勢地位。所以，GE醫療不僅展開商品的開發活動，也非常重視解決方案等系統的研發工作。

陸、味之素：活用「推車模式」而成功

　　味之素從1984年在北京設立辦事處進入大陸市場後，建立生產基地、

開設銷售據點、設立管理總部，到目前已擁有子公司18家（包括生產企業14家、銷售機構81家、進口銷售機構2家）、分公司5家的企業網絡。在大陸銷售額已達4億美元、員工總數達6,000人。事業內容分為：食品、胺基酸、醫藥品及其他食品。

　　到2005年為止，各事業部單獨進入大陸市場，無法發揮公司的整體能力。在大陸整體事業一直處於虧損狀態。2005年開始進行大陸事業的改革，總公司設立中國事業部，統一指揮大陸事業的經營活動。在大陸設立起統括管理公司，加強收益改善活動。

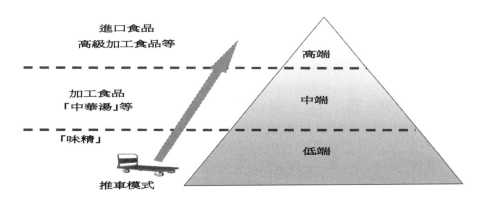

圖十　實施「推車模式」的味之素

資料來源：作者。

　　食品領域與家用食品、業務用食品、加工食品有關。這些業務大都只把目標設定在高端市場，由於大陸高端食品市場的規模小、業務量無法擴大，以致發生連續的經營赤字。2005年開始推動經營改革。市場目標一改過去只盯住高端市場的戰略，調整為由從低端到中端、乃至高端的整體市場戰略。特別是把在東南亞市場中的成功經驗「推車模式」（從推廣大眾商品「味精」入手，由低端市場進入。再把低端市場的客戶誘導到中端市場產品上，如「中華湯」，待客戶形成依賴性後，再往高端市場誘導的模

式）引進大陸，並取得良好的效果。

　　具體經營活動上從(1)食品開發；(2)生產；(3)營銷；(4)銷售等四個方面配合「推車模式」的實施。在開發方面，增加由本地研發人員在本地的活動以降低開發成本。在生產領域，增加當地採購、簡化生產設備、大陸的生產企業主管的語言在地化，而日本人只掌握技術和品質管理，以降低生產成本。在營銷方面，開發低成本的銷售通路（如降低費用較高之超市管道的依存：由2006年的67.33%降低到2009年6月底的44.56%）。在銷售方面，盡可能採用對當地市場非常熟悉、且交易能力強的當地員工。以上各項對策相互作用，2005年以後經營效益逐漸改善，2008年達到效益平衡，2009年實現盈利而且豐厚。

柒、三得利啤酒：在上海中端市場取得成功

　　2007年，世界各國的啤酒市場規模，排名前後分別為：中國大陸（3913萬公秉）、美國（2485萬公秉）、俄羅斯、巴西、德國、墨西哥、日本（628萬公秉）。中國大陸、俄羅斯、巴西、墨西哥等新興市場的市場發展快，特別是大陸市場。但是從人均消費來看，捷克（145升）、美國（82升）、日本（49升）、中國大陸（29升）等各國間差距還很大。只有上海（46升）接近日本的全國平均水準。所以，中國大陸市場的潛力還很大。

　　三得利以1984年在江蘇省連雲港市設立啤酒生產銷售合資企業（江蘇三得利）為契機，開始大陸的啤酒事業。在江蘇取得經驗以後，進入大陸最大的啤酒市場：上海市。現在三得利的上海啤酒事業（上海三得利）有上海統括管理機構「三得利（中國）」、二家生產企業（上海和江蘇昆山）及上海三得利銷售公司組成。上海三得利一開始就以開拓中端市場為目標，如圖十一所示，2008年的啤酒銷售量為63萬公秉，約為五千萬箱，

已接近三得利在日本的銷售量六千萬箱的水準。

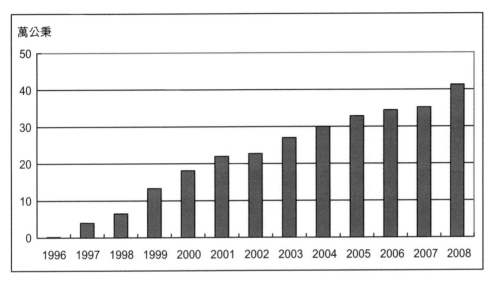

圖十一　上海三得利啤酒銷售量的變化

資料來源：作者對上海三得利公司的採訪。

　　就上海市的啤酒市場結構而言，2004年高端市場為11%左右、中端市場及低端市場分別為43%和46%。可見上海市啤酒市場還是以中低端市場為主。這種市場結構說明三得利一開始進入上海市場，就以中端市場為主的理由。三得利把上海市啤酒市場分為：(1)高端市場（面向高收入群體）；(2)標準市場（面向公司職員／公務員等）；(3)新標準市場（面向工廠正式工人等）；(4)經濟型市場（面向打工者等）四個細分市場。標準市場和新標準市場合稱為中端市場。目前三得利的市場策略，已由中端市場向上引伸到高端市場，向下引伸到低端中的高端部分即新標準市場。三得利也曾透過收購本地啤酒企業進入低端市場，但並沒有取得成功（由於低價格競爭沒有獲取效益），而後將市場定位收縮到低端中的高端部分。

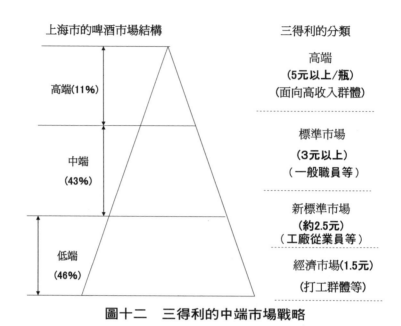

圖十二　三得利的中端市場戰略

資料來源：作者。

　　另外從銷售通路（2008年）觀察，家庭用的64%中的55%經由雜貨店管道，超市和便利店只佔9%，業務用的36%由商家從批發商或從廠家直購。根據上海的市場通路特徵，三得利也進行大規模的管道改革。取消從前的一次批發直接進入二次批發，集中力量做好雜貨店管道建設等。透過這些改革，三得利即取得管道的控制權，又降低管道成本（雜貨店管道的費用遠低於超市和便利店的銷售成本）。

　　總結起來三得利在上海市場取得成功的因素如下：

1. 符合市場需求的商品投入：由於上海消費者不喜歡歐美型的苦味較強的啤酒，三得利特別開發淺色透明、味淡的「爽快型」啤酒。如在高端商品方面（佔三得利銷售的20%）推出定單生產、單日配送的純生（金）（20元／瓶）、純生（銀）（5元／瓶）。在標準商

品方面推出了特爽、超爽、超純等（3元／瓶）。在新標準商品方面推出冰天、金麥芽二種（2.5元／瓶）。以前曾在經濟型市場提供「東海」（1.5元／瓶），2008年已撤出。

2. 嶄新的廣告手段： 在上海首次使用飛船廣告（現已無法獲得政府批准）。在上海，飛船廣告非常罕見，所以發揮很大的效果。

3. 通路創新：如上所述，三得利取消從前的一次批發直接進入二次批發，集中力量做好雜貨店管道建設等，從而提高管道的效率。

4. 大量起用本地幹部：需要對市場的理解和大量使用中文的工作，由中國當地幹部負責，如生產和營業部門由中國當地負責運作。而日本人能發揮專長的技術開發和質量管理，則由日本人負責運作。如三得利的昆山生產企業就是由中國人任總經理。

2008年上海啤酒市場的品牌佔有率分別為三得利50%、力波13%（荷蘭海尼根系列）、青島10%、雪花9%、百威7%（百威系列）、其他11%。三得利的市場份額已從2004年的70%左右下降到50%。這是因為在三得利的主戰場標準和新標準市場上來自本土青島（標準市場）和雪花（標準和新標準市場）的競爭非常激烈，20%左右的市場份額被「搶奪」。今後三得利能否維持市場的霸主地位，人們將拭目以待。

捌、中國味千：經營日式拉麵在大陸開花結果

現在大陸人均F&B（飲食和飲料）市場為131美元，小於日本的1,598美元、美國的1,822美元和英國的1,356美元。但是，隨著經濟的高速增長，中等收入群體迅速抬頭，其餐飲市場的潛力非常大。中國味千拉麵的創立者，看好位於日本熊本市的重光產業經營的「味千拉麵」，並把「味千拉麵」介紹到大陸的中端市場開花結果。

　　得到「味千拉麵」商號排他性代理權的中國味千，於1996年在香港設立。2003年進軍上海後加速在大陸設立店鋪，2009年12月已達385家，員工約為1萬名。2007年在香港證券市場上市。現在中國味千在上海、深圳、北京、香港設有四家生產企業，並有12家物流／配送中心。

　　據2009年6月的半年報，中國味千的銷售額同比增加24.3%、營業利潤同比增加26.3%，業績在同業中居首位。如按此速度發展，2010年的店鋪為500家，2012年將增加到1,200家。

　　另外，如圖十三所示中國味千並未滿足現狀，開始實施多品牌戰略（Multi-Brand Strategy），以擴大消費群體。「味千拉麵」品牌基本定位於中端市場（消費單價約為35元人民幣左右），在香港推出面向高端市場（High Spending Market，消費單價約為100元人民幣左右）的「和歌山」品牌。現在還在研究推出面向大眾市場（Mass Market，消費單價約為10元人民幣左右）的品牌。

　　透過對企業及當地調查訪問，可以歸納中國味千成功的若干因素：(1)當前市場發展階段的中端市場定位；(2)品牌運行效果（如在商業中心地推出店鋪，通過上市推廣而帶來的口碑效果等）；(3)高產品質量（生產／配送的內部經營和內製化等）；(4)有效的商務模式（商產／銷售的標準化，管理的系統化，從而帶來的可複製性）；(5)日本味千和中國味千的各自作用得到充分發揮等。

　　中國味千雖然從日本味千得到排他性的「味千拉麵」商號適用權，但是拉麵的濃縮湯液是由日本味千主導，得在上海設立之加工工廠提供。另外，品質管理及新產品開發也有從日本味千派來的五名技術人員（中國味千支付技術服務費）負責。濃縮湯液的提供、品質管理及新產品開發，既是日本味千的作用，也是其收益的來源。

Multi-Brand Strategy

High-Spending Market
（「和歌山」品牌）

Middle Market
（「味千拉麵」品牌）

Low-End Market
（品牌未定）

圖十三　中國味千的發展策略概念圖

　　另一方面，店鋪的開發、生產基地及配送網絡的管理運行、店鋪的管理／運行，以及其他（如資本運作等）皆由中國味千承擔。這一案例對雖有技術和產品開發能力、但缺乏營銷能力的日本中小企業來說，非常有參考價值。

玖、案例的總結和啟示

　　對日資企業在大陸的商業活動調查研究顯示，大部分日資企業在小規模的高端市場應該說取得一定的成功，而在大陸的主戰場：中低端市場取得成功的企業並不多。因此，正確掌握大陸消費群體的結構、市場結構的變化、政策的最新動向，把握參與發展迅速的中端市場的開發時機，對日資企業尤為重要。以下結合上述案例分析整理出，參與大陸中端市場戰略的基本思路和要點。

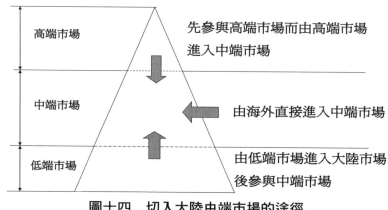

圖十四　切入大陸中端市場的途徑

資料來源：作者。

一、參與方式

　　從圖十四可以看出，參與大陸中端市場可以：(1)經由高端市場參與；(2)從海外直接進入中端市場；(3)經由低端市場進入中端市場等三條途徑。

　　但是，在開發中端市場的過程中，不能以犧牲高端市場的利益來換取中端市場的成功。在爭取中端市場的同時，應該把客戶誘導到自己的高端市場去。另外在經由低端市場進入中端市場時，也應該將低端市場的客戶誘導到中端市場或高端市場中去。因此，大陸中端市場的開發戰略應該與高端市場戰略和低端市場戰略相統一。

二、參與時機

　　一般而論，對外資企業來說，參與大陸中端市場開發，應該與本公司的產品及服務相一致的市場，是否有成長空間來判斷。如果高端市場在快速擴大，而且本公司在市場中處於強勢地位，利益水準也很高，就應該將經營資源集中於高端市場。如小松製作所工程機械、不二製油的大豆蛋

白，由於高端市場在擴大，而且利潤率也能維持在高檔，所以都還不急於進入中端市場。

　　但是，隨著大陸經濟成長，國民的所得不斷提高，大陸的中間收入階層也快速擴大。在公司全球戰略的規畫下，根據大陸地區市場的多樣性、所得分布的多樣性、既有市場的競爭環境的變化、政府的政策變化等動態，判斷是否進入該中端市場，應該提倡以攻為守的策略。

三、確保經營資源

　　接下來需要考慮的是，本公司是否具有開發中端市場所需要的產品及開發能力、服務能力、品牌、銷售技術、銷售管道等經營資源。因為在高端市場經營中積累的經營資源，不一定適合於中端市場開發活動。

　　當然，開發中端市場所需的經營資源，並非一定要由本公司自行積累，也可以透過外部獲取（如通過購併、合作等取得）。或者也可以是部分自有和部分外部獲得相結合。如在產品開發或生產設施方面，可以合作，或者通過購併取得，還可以通過外部代工（OEM）取得等方式多種多樣。對於日本企業來說，在開發中端市場中要把購併（M&A）策略作為一種經營手段，更多地加以活用。

四、競爭戰略

　　競爭策略中包含品牌策略、通路策略和產品策略等。不同市場是否採用不同品牌，即是否需要採用多品牌戰略就需要策略考量。也就是說，應該克服一個公司兩個以上的商品、服務、品牌等在市場上競爭相斥，相互侵蝕市場份額的問題。

　　另外，開發不同的市場，是否需要不同的管道也需要策略考量。在銷售策略中掌握主導權的同時，建立起低成本的銷售通路，對提高企業的利益相當重要。

在開發中端市場活動中，展開本地開發和本地生產也是不可缺少的經營活動。雖然利用價廉的本地勞動力、採購本地的零組件／原材料、開展低成本開發，對開發中端市場在降低成本方面發揮很大作用，而正確掌握當地資訊、由本地員工進行符合本地市場需求的商品／服務的開發更為重要。但是，部分日本企業中存在的「通過低品質的產品服務，提供中端市場所需的低價格商品和服務」的想法，可以說是錯誤的。「過剩」的質量要求或「奢侈」的服務要求應該刪除，但是應該樹立對不同的市場和不同的消費者，都提供高品質（最佳品質）的產品和服務的經營思想。如果給消費者以對不同的客戶提供不同質量產品和服務的印象，企業的商務將難以持續。

五、收益模式

與高端市場相比，進入利益率較低的中端市場對日本企業來說，擔心的另一個問題是如何確保收益問題。總體而言，透過再開發、生產、銷售等各階段的低成本對策，及企業組織／運作創新（如利用IT進行經營創新）等確保效益的同時，還可擴大銷售量帶來的規模效益而增加收益。實際上，味之素公司透過提高本地採購比例及削減銷售成本收益，得到改善實現盈利。另外，不能拘泥於物品銷售，也可考慮透過提供包含該產品服務實現盈利。

中端市場策略實施，不能獨立於高端策略和低端策略而單獨實施，應該把大陸作為整體市場考慮收益模式。如中端市場的參與，可以作為高端市場營銷的一個環節運作，而盈利可透過高端市場實現。

此外，對於日本中小企業而言，味千的實例也值得參考。在上述案例中，日本味千的收益是透過品牌使用費、受委託進行商品開發和品質管理而得到的技術服務費、透過提供拉麵濃縮液的事業收入、對上市公司的部分出資而帶來的分紅實現。也就是說，大陸市場開發的前段業務由中方夥

伴承擔，而日方致力於生產業務的這種合作模式。但這種模式需要有一個非常信賴的合作夥伴為基礎。

六、推進語言在地化

通過對案例企業的現場訪問發現，各個企業在地人員的語言在地化方面有長足的進步。GE醫療、味之素、三得利等都在開發、生產、銷售各環節推進語言在地化。如果不重用熟悉本地市場的當地人員，中端市場的開發很難獲得成功。另外，大金公司的人事制度採用將成果主義（美國文化）與長期視角（日本文化）相結合的方式，結果也非常成功。

七、對台日企業策略聯盟的啟示：面向水準型的策略聯盟

2009年11月作者在台灣政治大學發表的「日本企業的轉向：加快開拓中國大陸中端市場」一文中提到：日本企業對大陸市場認識的深化，帶來對台日企業策略的影響。當時回顧了與大陸有關的台日企業策略聯盟中台灣企業的傳統優勢，並指出這種傳統優勢對日方的吸引力正在減弱。但是，隨著日本企業開發大陸市場的深化和兩岸關係的變化，台灣企業又可能具備政策和制度優勢、規避風險優勢和幫助日本中小企業國際化等優勢。

通過本文對日本企業開拓大陸中端市場的實例研究後，如圖十一所示，作者認為今後日本和台灣企業的關係，將從主要是垂直分工轉向「競合」關係。這是因為本文分析的日本企業欲進入台灣企業盤據的中端市場，而台灣企業不滿足於OEM或ODM，也開始侵蝕日本的高端市場。在中高端市場形成競爭態勢的同時，垂直分工會向中端市場引伸。另外，由於日資中小企業也有國際化的需求，業務分工或稱之為反向垂直分工將大量增加。最後，部分合作／部分競爭的模式也會浮出水面，日本的大金公司已有先例。從以上內容來看台日企業的策略聯盟已由垂直型向水平型過

渡。

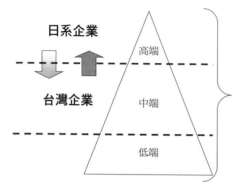

1. 在中高端市場的競爭關係將增加
2. 策略聯盟關係將有變化
   1) 垂直分工繼續(在高中端市場)
      日企在前台(品牌、通路)
      台企在後台(生產、設計)
   2) 業務分工(在中端市場)
      台企在前台(品牌、通路)
      日企在後台(技術、品質)
      如「旺旺」、「味千拉麵」
   3) 部分合作、部分競爭(在中高端市場)
      僅在開發／生產方面合作(大金的例子
      僅在前台合作(如全家、7-ELEVEN)

圖十五　今後台日企業──競合關係

資料來源：作者。

友嘉實業集團的中國市場策略與台日聯盟

劉仁傑

（東海大學工業工程與經營資訊系教授）

摘要

被視為百年一度的金融風暴，已經接近尾聲。台灣企業受惠於中國大陸內需市場，遠比日本企業早日脫離不景氣困境。著眼於大陸內需市場潛力與ECFA（經濟合作架構協議）互動效應，已成為當前台灣企業發展的重要策略，也是與日本企業攜手共創新局的重要契機。

1990年代，友嘉實業集團（Fair Friend Group，簡稱FFG）在台灣中部迅速成長，2000年代以來，以杭州友佳為核心迅速擴張，有效攻佔中國內需市場。2004年並與日本高松機械合資設立友嘉高松，2006年與2010年分別在香港與台灣上市，躍升為亞洲地區成長最迅速的工具機企業集團。本研究以是針對友嘉實業集團過去二十年的據點設立與內需市場策略，以及台日策略聯盟的過程與發展。本研究釐清的事實，不僅對於具有相同優勢的台灣企業與日本企業極具實務性啟發，對於台日企業聯盟的持續發展，也饒富理論性意涵。

關鍵詞：友嘉實業集團、中國市場策略、台日聯盟、工具機產業

壹、前言

　　被視為百年一度的金融風暴，已經接近尾聲。2010年春，許多台灣的製造企業已經逐漸回復到接近2008年金融風暴前的水準。台灣企業受惠於中國大陸內需市場，被認為是遠比日本企業早日脫離不景氣困境的最重要原因。著眼於大陸內需市場潛力與ECFA互動效應，已成為當前台灣企業發展的重要策略，也是與日本企業攜手共創新局的重要契機。

　　作者近兩年總結過去十八年對台灣日系企業的研究，回顧台灣日系企業的發展過程和三次盛況，顯示日系企業所代表的產業內涵，能夠充分反映台灣產業結構特質。同時，系列研究有兩點特質迥異於台灣其他外商，亦遠非其他國家的日商所能比擬，特別值得關注。第一，台灣日系據點在日本母公司投資中國大陸的過程，扮演十分重要的角色。第二，台灣日系據點持續升級，特別是結合了台灣製造優勢所累積的經營資源，仍然有很大的活用潛力。[1] 有悠久互動歷史與信賴關係的日本企業與台灣企業，如何活用兩岸ECFA新局，共同開拓中國內需市場，已經成為產業界與實務界的重要議題。

　　事實上，檢視活躍在中國市場的台商企業，就不乏活用台灣製造優勢，同時有效結合日本企業優勢的實際案例。友嘉實業集團（Fair Friend Group，簡稱FFG）就是最近廣受矚目的案例。友嘉實業集團1990年代起深耕中國大陸市場，2000年以來以杭州友佳為核心迅速擴張，有效攻佔中國內需市場，2004年並與日本高松機械、豐田通商合資設立友嘉高松，2006年1月以「友佳國際控股」在香港上市，2010年3月以TDR（台灣存託

---

[1]　劉仁傑，「台灣日系企業の発展プロセスと新動向」，佐藤幸人編，台灣の企業と產業（東京：アジア經濟研究所，2008），頁209~239；劉仁傑，「台灣の日系企業：10社のケースから学ぶ」，渡辺利夫・朝元照雄編，台灣經濟讀本（東京：勁草書房，2010），頁69～94。

憑證）方式回台灣上市，已經成為眾所周知成長最迅速的工具機企業集團。[2] 台灣的友嘉實業、杭州友佳與友嘉高松等三家工具機企業、友佳國際控股，以及日本出資企業間的資本關係如圖一所示。

　　友嘉實業創立於1979年，初期以代理銷售建設機械為主要業務。1983年投入生產製造業，1985年才正式跨足工具機事業，並迅速擠入台灣工具機企業的列強之林。目前友嘉實業集團擁有工具機、建設機械、電梯及停車設備、傳動元件、機具（建築五金及電動、氣動工具）等事業部，關係企業並涵蓋資訊、印刷電路板、機械製造、零件加工、五金、租賃等產業。其中，工具機事業部在1990年代起，結合台灣製造優勢異軍突起，經過二十年的耕耘與成長，不僅已經成為集團最重要的事業，也成為亞洲最受注目的新興工具機製造集團。

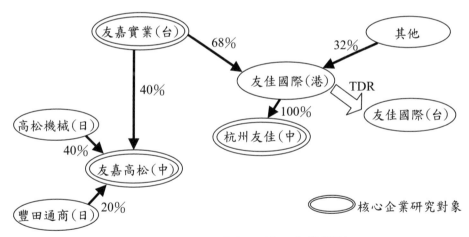

圖一　友嘉實業集團核心企業關聯

資料來源：本研究整理。

---

[2] 友嘉上市案可以說是2010年3至4月間產業界最熱門的話題之一。譬如，《工商時報》即指出：「友佳以昨收盤價29.45元計，香港掛牌的4.03億股的市值達到100多億元，已是喬福、力武、富強鑫、高鋒、福裕、巨庭、瀧澤等七家機械上市櫃公司的市值總和。」參見：工商時報，2010年4月15日。

　　本研究的目的在於：透過一家具代表的企業，特別是包括長時間發展過程的案例分析，從中探討實務性與理論性意涵。因此，在論述上有別於一般的學術論文寫作方式，重點放在友嘉實業集團的發展過程紀錄與事證分析。[3] 基於此，本研究以友嘉實業集團過去二十年的發展過程作為研究對象，以下將聚焦於台灣優勢的確立、中國大陸的據點設立與內需市場策略，以及台日策略聯盟的過程與發展，並於最後做扼要的總結與含義探討。

貳、台灣工具機產業的發展與友嘉實業集團的崛起

一、台灣工具機產業的發展與優勢

　　檢視五十年來台灣工具機的市場發展，從二次大戰的小規模、小型機械廠和金屬加工廠需求，以提供腳踏車修理、農用器具和零件、工具、刀類、鏈條等製造之用。1960年代至1970年代的外銷香港和東南亞，以及因應國內縫紉機、農用機、運輸設備、紡織機和電器用品製造商和協力廠之需求。1970年代末期起，外銷美國呈現快速成長，1987年與日本並列為VRA對象，台灣工具機企業強化對歐出口，市場開始呈現多元化和分散化。而1990年代以降，中國大陸市場的強勁需求，成為支持成長的最重要動力。

---

[3] 本研究以1990年起對友嘉實業、1996年起對杭州友佳與2004年起對友嘉高松的持續性訪問與長期觀察為中心。2010年4月23、24日並再度訪問杭州友佳，對友嘉實業集團總裁朱志洋、杭州友佳董事長兼友嘉實業總經理陳向榮，進行深入訪談。其他訪談對象包括：日本高松機械社長高松喜与志、常務取締役兼友嘉高松首任總經理前田充夫、友嘉高松第二任總經理中川進、現任總經理川上一仁、海外營運部長德野積；友嘉實業副總經理李進成、協理巫茂熾；杭州友佳副總經理溫吉堂。

　　早期台灣工具機產業也興起於高度整合，每家均自行加工零件和組裝單體，甚至擁有鑄造部門。隨著產業的增加，外包日漸普遍，台灣工具機開始在國際市場嶄露頭角。結合產業群聚的協力網絡，已成為從產業組織觀點釐清台灣工具機產業競爭力的有力論證。作者的研究顯示，結合產品技術特質和網絡連結動態的分析，相當程度反映台灣工具機產業競爭力的本質：專業分工、創業精神和靈活調適。[4]

　　相較於日本與德國等先進工具機製造國，台灣的工具機產品在高附加價值與可靠度上，仍有相當距離。儘管如此，台灣的全球工具機定位，仍然繼續提升，2008年成為全球工具機的第五大生產國暨第四大輸出國。在中國大陸市場，台灣不僅長期與日本與德國並列為三大工具機進口來源國，同時也是在中國大陸擁有最多生產據點、提供最多當地國產工具機的外資。檢視近二十年來台灣工具機的成功關鍵，可以歸納為三點：

　　第一，產品模組化與系列化。在成熟的協力網絡基礎上，致力於產品模組化與系列化，使台灣工具機的性能價格比極具國際競爭優勢。這個優勢在2000年以後，也反映到台灣工具機企業的中國大陸製造據點設立，特別是規模經濟效果的積極追求。

　　第二，透過製造體系變革致力於產業升級。工具機使用者非常多樣，聚焦於使用者需求的產品升級仍然有非常大的空間。泛用同質機種的外移，直接迫使工具機企業全面尋求升級。2000年以來，初期自行車A-Team的產業升級經驗，正促成工具機產業協力網絡的精進，繼續支持台灣工具機產業的國際性擴張。

　　第三，事業轉型。1990年代後期起，以半導體設備為中心，台灣工具機企業正摸索活用核心技術的事業轉型，2004年起更進一步朝向面板設備產業發展，東台精機、上銀科技、台灣瀧澤和靄崴科技並已取得初步的成

---

[4] 詳細的論述請參閱：劉仁傑，分工網路：剖析台灣工具機產業競爭力的奧秘（台北：聯經出版社，1999）。

績。長期而言，台灣工具機產業網絡，將可在外包率更高的半導體暨光電設備製造上一展所長。

二、友嘉實業集團的崛起

友嘉實業以代理銷售建設機械起家，創立於1979年。1985年正式跨足工具機事業，開始以生產傳統的帶鋸床及磨床為主。因洞察未來工具機產業將朝向高度自動化、無人化趨勢發展，同年投入先進電腦數值控制系列產品的開發工作。1986年首先完成第一台國內最先進的動柱型立式綜合加工中心，受到極高的評價，1987年起使用"FEELER"品牌生產截式車床、小型車床及工具車床，並開始研發綜合加工機。

友嘉實業的工具機事業部1990年營業額首度突破1億元，並於1991年遷入台中工業區新廠區。2000年員工約226人，其中研發人員40位，研發經費佔營業額約6%，營業額突破16.5億元，正式進入台灣工具機前三大之列。[5] 十年間成長超過十倍，應該算是奇蹟。此期間頻獲殊榮，如1994至1996年連續三年榮獲台灣經濟部國家產品形象獎，1994年榮獲World Manufacturing Engineering & Market and Metalworking Equipment News評比為亞洲地區品質暨服務最佳之工具機製造商，1996年是唯一榮獲經濟部產業科技發展獎之工具機製造商等。

1990年，友嘉實業在原先購併連豐公司的技術人才基礎上，納入在1980年代後期創造奇蹟的台灣麗偉公司人才，奠定了發展基礎。[6] 這十年

---

[5] 2000年營業額超過12億元的工具機企業有十家，依序為：台中精機、永進機械、友嘉實業、遠東機械、楊鐵、台灣瀧澤、東台精機、協鴻工業、福裕事業、喬福機械。參見：天下雜誌一千大特刊（台北：天下文化，2001）。

[6] 台灣麗偉1982年創業，1988年以14.84億元的營業額衝到台灣第一，被視為是奇蹟（天下雜誌一千大特刊，1989年6月15日）。關於台灣麗偉在1980年代的卓越發展過程，請參閱：劉仁傑，「台灣工作機械工業の經營戰略と技術蓄積：台灣麗偉のケース・スタディ」，アジア經濟，第32卷第4號（1991），頁56~71。

間，不僅是台灣工具機成長最快的企業，亦在產品的開發與製造趕上工具機先進企業，奠定了下一波發展：也就是在國內外購併相關企業，在中國全面擴大銷售與製造的重要基礎。

2001年朱志洋總裁取得台灣麗偉經營權，其後又先後取得松穎（龍門加工機）、眾程（磨床）等不同機種企業的經營權，擴大集團工具機的機種範圍與經營規模。2009年3月的台北工具機展，友嘉實業、台灣麗偉、松穎、眾程以聯合攤位方式參展，友嘉實業集團也首度正式在國內外展覽場合登場。

就作者的長期觀察，依照發展的時間序列，友嘉實業在下列三方面奠下雄厚基礎，被認為直接支持著日後中國市場策略與台日聯盟的成功。

第一，產品模組化與系列化。1990年代初期，友嘉實業工具機事業部由前台灣麗偉幼獅廠廠長蔡清哲領軍，活用外包，掌握最多用戶需求產品的模組化與系列化概念，成功的推出系列產品。2000年，友嘉實業以綜合加工機與數控車床為主力產品，年產量約1,000台。其中，針對金屬加工業和汽車產業所開發的FV-800/1000產品族的出貨台數超過一半，佔該事業部綜合加工機出貨總數的70%，就是一個極為成功的產品模組化與系列化機種案例。[7]

第二，產品品質得到相對的肯定。相對於1980年代數控工具機在台灣普及的量產初期，1990年代真正進入品質的競爭。基於友嘉實業擁有前連豐的優秀技術人才，克服部分技術問題，在業界評價很快地超過台灣麗偉，成為CNC工具機專業企業的新星。此外，1990年代後期，友嘉實業在新產品和技術研發上，獲選與完成經濟部工業局的彈性製造單元、高速切削工具機等「主導性新產品開發計畫」，開發能力亦正式進入先進工具

---

[7] FV-800/1000產品族的特徵，參閱：劉仁傑，「台灣工作機械產業におけるモジュール化について」，日本經營學會誌，第10號（2003），頁40～52。

機企業行列。這兩個重要過程，提升友嘉實業的產品品質定位。

第三，活用協力廠優勢的能力。1980年代創設的工具機企業，除了擁有直接進入數控工具機的機會公平性之外，[8] 拜台灣工具機協力網絡成熟之賜，是另一個不容忽略的關鍵要因。迴異於老店企業擁有龐大的機械加工廠，甚至鑄造廠，友嘉實業承襲台灣麗偉風格，專注於產品組裝。結合對顧客需求理解的行銷能力，以及對協力廠溝通和互動的外包管理能力，在投入成本極低的狀況下，塑造迴異於既有企業的競爭優勢。1980年代的成熟，結合1990年代的精進，友嘉實業堪稱是活用台灣工具機產業群聚優勢的最大贏家。[9]

參、中國據點設立與市場發展

大陸工具機市場與相關製造產業平行發展，相互激盪。外資企業進軍大陸，同時也引進許多新穎的製造技術及設備，刺激中國國產工具機的積極模仿；而中國政府也透過產業政策，如進口設備免稅措施等，在扶持精密工業與工具機工業間，尋求有利於中國產業發展的平衡點。[10] 家電、自行車、機車、資訊電子、汽車的蓬勃發展，使得工具機產業高速成長。對

---

[8] 數控化帶動的機電合一，讓工具機企業的競爭回到原點，1970年代的日本與1980年代的台灣，都存在著十分類似的版圖重新洗牌的類似痕跡。劉仁傑，日本的產業策略（台北：聯經出版，1992），有詳細的分析。

[9] 這種協力網絡優勢，由劉仁傑首先揭露，引起日本產業界的重視；Ren-Jye Liu and Jonathan Brookfield, "Stars, rings, and tiers: Organizational networks and their dynamics in Taiwan's machine tool industry," *Long Range Planning*, Vol. 33, No. 3 (June 2000), pp. 322～348。另加上1990年代友嘉實業的協力網絡精進研究，受到歐美管理暨社會學界的重視。

[10] 劉仁傑，「中國外資政策改革と產業發展をめぐって：自動車工業と工作機械工業の實證研究」，工業經營研究，第12卷（1998），頁102～105。

於國內市場不大的台灣工具機企業而言，中國不僅是一個同文同種的國外市場，更提供不必抄襲國外主流機種、直接面對使用客戶需求、結合行銷與開發製造的寶貴機會。

　　台商的大陸投資，帶進大量物美價廉的台灣工具機設備。友嘉實業於1991年在大陸銷售第一台工具機，1993年設立銷售暨服務據點。當初友嘉實業之所以評估西進大陸設廠的原因，主要考量大陸經濟的快速成長，隨之帶動龐大的機械設備需求，再加上當地人力、物力等生產資源成本低廉。然而，1993年決定落腳杭州，取得蕭山基地，卻到2003年才達到量產經濟規模；2003年迄今卻呈現翻滾躍進的發展。銷售市場的開拓與生產據點的設立，初期以調適產業環境與法規限制為主，隨著市場與產業環境的成熟，發揮相互激盪的效果。

一、杭州友佳的設立與製造基地發展

　　1990年代初期，杭州的蕭山工業區正處於開發階段。由於相較其他地區，土地、人力等成本便宜，1993年在台灣機器同業公會的帶領及規畫下，友嘉實業偕同建德、慶鴻、力山等七家廠商，一起在蕭山經濟技術開發區成立台灣機械工業城。蕭山經濟技術開發區距離上海僅百餘公里，加上2000年初期滬杭甬高速公路及蕭山機場的興建完成，產品要利用海、陸、空運出貨都極為便利。當時機械企業經營者的研判，現在都已經得到驗證。

　　基於決定投資設廠之初，工具機產業發展的相關條件並未成熟，台灣製造遠比中國當地製造有利。因此，杭州友佳擁有5.7萬平方公尺的蕭山基地，到1996年才開始興建第一期工程，目的卻是籌備與擴充銷售工具機的業務部門。1997年，杭州友佳成立工具機製造團隊，註冊資本額為250萬美元。2000年完成第二期工程，平均月產約十台。此期間，基於活用新設廠房與發展商機，意外發展停車設備與叉車的製造與銷售。就在2001至

2002年間，中國政府陸續取消各類設備進口免稅，當地生產價值浮現。在市場快速成長，特別是當地生產有利於投標國有企業訂單狀況下，杭州友佳於2003年增建第三期工程，包括綜合辦公室大樓，一舉進入月產五十台的經濟規模，確立外資工具機廠龍頭地位。[11] 2004年增建第四期工程，則讓友嘉高松得以快速設立與量產。

因應快速成長需要，2004年友嘉實業集團取得了下沙基地，面積達17.6萬平方公尺，是蕭山基地的三倍。目的除作為集約叉車、停車設備等事業外，也著眼於集團所屬工具機企業，如台灣麗偉、松穎等設立據點需求之用。

2005至2006年在取得下沙基地積極建廠，陸續遷移停車設備與叉車等關係企業之後，擴大工具機產能。2007年平均月產量達到一百二十五台的高峰，被認為是中國第一大工具機外資企業。2008至2009年雖然歷經全球金融風暴，配合中國市場的迅速恢復，平均月產量仍然維持在一百一十台左右，羨煞台灣母公司與日本合作夥伴。2010年初開始再度急速成長，杭州友佳工具機事業的從業人數達1,107人，包括常駐台籍幹部七人，亦達到歷史高峰。2010年第一季平均月產二百台、接單三百台，產能全開仍然供不應求。2010年4月台灣工具機暨零組件公會理監事專程前往參觀，海內外訪客絡繹不絕，杭州友佳已經成為全球數控工具機的知名大廠。

2006年的香港上市，友嘉實業活用資本市場資金，2007年在江東取得46.6萬平方公尺的完整土地，作為引進與日本的合資新事業，並計畫引進台灣、大陸之協力廠商，形成友嘉集團工具機的供應鏈之用。集團負責人

---

[11] 作者在2003年6月的調查顯示，中國大陸共有五家廠商數控工具機產量超過二十五台。依序分別是杭州友佳（四十三台）、上海建榮（三十五台，台中精機）、銀川小巨人（三十五台，日商Mazak）、北京機電研究院（二十五台）、濟南第二機床廠（二十五台）。引自：劉仁傑，「大陸工具機的銷售市場與發展策略研討會報告資料」（台中：財團法人中台灣新世紀文教基金會，2003年9月25日），頁103。

強調，江東基地的充分開發與活用，不僅將可加速新事業發展，亦可縮短運輸時間、降低庫存，達到改善總體營運效率之目的。

　　2010年的台灣TDR上市，讓友嘉實業集團的杭州事業邁向全新的里程碑。正進行的計畫包括擴建承接台灣松穎的友華公司，生產與銷售龍門加工中心及臥式搪床；興建友達公司生產簡易數控車床、銑床，並計畫為集團所屬歐美品牌提供OEM、ODM服務，提升技術層次、擴大銷售市場。同時，江東基地的吸收外資計畫也已積極展開。

　　作者於1996、2001、2002、2004、2005、2008、2010年七度往訪杭州友佳。從1996年完全是農田開始，到2002年的工業區雛形，2010年的今天，廠區已經被商業大樓、高級住宅，興建中的地鐵車站所完全包圍。然而，2002年進入杭州友佳廠區所看到，包含工廠整體完善的規畫、廠區美麗的園藝造景，以及廠內人性化的裝潢設計等，印象就十分深刻。特別是跳脫過去工具機企業給人刻板的印象，呈現不凡的氣勢，以及具備企業營運總部的特質。工具機製造現場的數十台加工設備，亦呈現出與台灣母公司不同的生產特質。這些特質，在2006年香港上市與2010年TDR台北上市之後，漸為各界所知悉。

　　以上的過程顯示，從杭州友佳的蕭山基地，到下沙基地、江東基地，友嘉實業集團正從布局中國工具機市場，邁向以杭州為核心的全球化布局。三個基地的現況與未來發展，可彙整如表一所示。關於江東基地的台日合資發展，將於下一節做進一步的探討。

表一　友嘉實業集團在杭州的三個基地

	蕭山基地	下沙基地	江東基地
取得年	1993	2004	2007
面積（平方公尺）	57,000	176,000	466,200
現況	杭州友佳 （工具機） 友嘉高松 （工具機）	杭州友佳（叉車等） 杭州麗偉（工具機） 杭州友華（工具機） 杭州友達（工具機， 興建中）	友嘉高松、友嘉岩田 （以上興建中） 友嘉凱普路、友嘉萬 客隆、友嘉朝日…… （以上籌建中）
未來發展	FFG中國總部暨 研究發展中心	FFG直屬各企業製造 基地	FFG合資企業製造基地

資料來源：訪談整理。

二、中國市場策略

　　1990年代初期，台灣工具機企業大都透過舉辦技術研討會或參與展覽的方式，推廣與銷售台灣組裝的工具機。基於當時中國產業使用中的工具機數控比率約僅2%，[12] 被認為極具市場發展之潛力。當時屬於工具機企業新秀的友嘉實業認為，中國市場機會十分有利於規模還小、知名度不高的新興廠商，應該採取更多元的銷售方法。

　　1991年友嘉實業在中國銷售的第一台工具機，就是透過日本茶谷商社賣出。這台樣品機的買主是北京機電研究院，在沒有設立銷售據點情況下，十分令友嘉振奮。然而，出乎意料的，1993年4月的北京工具機展，北京機電研究院卻展出仿製這台友嘉工具機的新開發機種，不論外觀、零組件品質或整機功能，都十分粗糙或不成熟。[13]

---

[12] 同時間台灣產業的工具機數控比率約38%，日本則達80%。1992年作者訪問中國機械電子工業部的訪談資料。

[13] 這不是孤立事件，1990年代中國國產數控工具機多以抄襲台灣工具機為主。台灣重要的幾家工具機廠，都可以在大陸工具機展中的特定企業，看到自己的身影。

　　這個經驗給友嘉實業兩個重要啟發。一個是短期內大陸國產工具機難成氣候，這是台灣工具機佔有中國市場的寶貴機會。另一個是對中國這個新興市場，不能像攻佔歐美市場般地依賴代理商；靠自己建構銷售暨服務通路，才能真正貼近客戶需求，贏得具潛力客戶的信任與肯定。

　　基於此，友嘉實業在1993年的工具機展後設立北京辦事處，直接銷售和提供完善的售前售後服務。同時，友嘉實業在售服據點負責人方面，亦迥異於台灣其他工具機企業派駐台灣主管的方式，而是直接活用當地人才。曾經擔任友嘉集團售服負責人長達十六年，於2009年轉任友嘉集團杭州友華銷售副總經理的楊軍，就是當時由朱總裁親自網羅的人才。楊軍原先服務於國有企業外貿部門，後來自行創業，擔任國外工具機的代理商；被認為是典型的帶槍投靠，協助友嘉集團建立售服網絡。

　　1997年上海售服據點設立，以京滬為中心，進行台灣友嘉工具機的銷售。經過試點布局，確立中國市場潛力，結合台灣友嘉工具機的迅速成長、杭州友佳的量產、杭州友佳產能的充分發揮，中國銷售暨服務通路的建構可區分三個階段。首先是2000年前後的重點布局階段，售服據點擴充為五個。2000年台灣友嘉實業的16.5億元營業額中，估計超過6億元是提供給中國大陸銷售市場的需求。其次是2002至2003年的中國取消進口免稅後的全面布局階段，售服據點突破十個、人員突破300人。如何因應市場需求與交易條件，做好台中與杭州兩大據點產品定位，成為銷售上的重點。最後是2005年以後，配合中國產業，特別是汽車產業急速擴張的全面擴張階段。售服據點突破三十個、人員突破1,000人。表二顯示了三個階段據點擴充速度、銷售與服務從業人員數。

表二　友嘉工具機的售服據點

年	售服據點數	從業員數	備註
1993	1	5	北京
1997	2	30	北京、上海
2000	5	112	重點布局階段
2003	13	360	全面布局階段
2010	32	1038	全面擴張階段

資料來源：訪談整理。

上述量的擴充背後，有兩件事值得進一步分析。一個是營業能力的建構，另一個是高速成長的關鍵。

首先在營業能力建構方面來自三個力量。第一，1990年代友嘉實業所匯集的台灣工具機產業協力廠成熟群聚優勢；第二，本身用少數機種囊括大多數客戶需求的系列機種發展優勢；第三，上述能力經由售服系統，轉移成為大陸工具機市場量身訂造的大量客製銷售優勢。友嘉實業副總經理李進成、杭州友佳副總經理溫吉堂，每月都至少要排出兩天，協同營業副總經理拜訪重要客戶，就是營業能力建構與開發、製造、整合的重要過程。換句話說，這個製造暨開發技術基礎優勢，經由售服系統的近距離互動與資訊回饋，提供高性能價格比、機種齊全一次購足的全方位優勢。

友嘉高松現任總經理川上一仁說：「我們觀察友嘉實業的售服團隊，個別銷售人員的能力、服務人員的技術、機種的性能與品質，與日本一流企業都還有相當距離。但是營業的綜合力恐怕在中國沒有對手。」他一方面贊同我的分析，一方面強調友嘉實業的「高性能價格比」，是包括高松機械在內的日本廠商應該積極學習的。

關於友嘉實業從台中據點到杭州友佳，能夠一路滿足大陸市場需求方面，除了營業能力建構外，有效鎖定當地產業市場需求，則稱得上是友嘉工具機取得最高市場佔有率的最大關鍵。簡單的說，中國在1990年代機車

產業的快速發展，在2000年前後成為全球機車最大生產國暨輸出國[14]的過程；甚至在2000年代中國汽車產業發展的黃金十年，2009年躍升為全球第一大汽車市場的過程，友嘉工具機都有非常積極的參與和貢獻。

　　銷售主管證實，1990年代機車客戶特別多，家電廠商也不少。譬如，知名外資廠五羊本田、生產機車發動機的彤鑫都是重要客戶。其中彤鑫在1992至1994的三年間，就購買五十九台。以當時友嘉實業尚在成長初期規模不大的角度分析，推估彤鑫是最大客戶。

　　我們以2000年以後的客戶資料庫作為分析對象。在最重要的客戶五十五家中，汽車暨汽車零組件產業佔四十五家，達82%，是友嘉工具機客戶群的最大特質。而汽車零組件中又以煞車盤最受注目，同一家廠商購買的最高紀錄是二百零四台。表三為重要客戶的前十家，不僅清一色是汽車零組件企業，累計銷售台數驚人。檢視其內涵，包括三項意義：

表三　友嘉工具機的中國十大客戶

重要交易年	企業集團名	所屬產業	累計銷售台數	機種
2008、2010	煙台勝地	汽車煞車盤	204	QM22、FV580A
2009、2010	壽光泰豐	汽車配件	162	VM32SA、NB800A、FV600、FMH500、FV800A、FV1000A
2010	龍口海盟	汽車配件	95	FTC20、FV580、VMP23A
2009	山東隆基	汽車配件	81	FV580A、FTC20
2000、2001、2002、2003、2004、2005、2006	陝西法士特	汽車配件	69	FTC-10、FTC-20、FTC-30、FV-800A、VB-610A、VB-715A

---

[14] 中國汽車工業協會，中國汽車工業年鑑（北京：中國汽車工業協會，2002）。

2007、2008、2009	濟南二汽配	汽車配件	68	FV800、VM32SA、VB610A、FTC20、FTC20L、FTC30、FTC350、FTC350L、FMH500
2007、2008、2009	吉林通用	汽車配件	68	FTC-20、NB1100、TV510、VB715、VB825
2004、2005、2006、2007、2008、2009、2010	柳州五菱	汽車配件	64	FTC-10、FTC-20、FTC-30、VM-32SA、VM-40SA、VB-610A、VB-825、FTC-350、FV-800A、FV-3224E
1999～2010	浙江瑞明	汽車配件	63	FV-800、VM-32、VM-40
2005	北內零組件	汽車配件	62	VM30SA、 FTC350L、FTC30T

資料來源：作者訪談整理。

　　第一，舊雨新知，不僅綁住老客戶，新客戶也不斷增加，而且數量大，符合工具機廠商提供整條生產線（total solution）一次購足的價值創造模式。這點證明，經過售服部門的長期努力，友嘉工具機已經能夠理解與滿足用戶的實際需求，而成為特定用戶的最愛，這是FEELER成為中國市場成功品牌的關鍵。

　　第二，用以模組化為基礎的少數系列機種，滿足客戶需求，達到整合銷售與製造效果。這個從客戶看來十分實用的生產財，卻能由幾個模組搭配的系列所形成。這個結合銷售的產品開發模式，使杭州友佳能夠迅速扶植當地協力廠，同時又能夠維持主導地位。這個模式所形成的安定品質與合理價格，十分有利於「高性能價格比」的競爭優勢。

　　回顧產業發展歷史，台灣工具機產業製造已經超過六十年，外銷超過

五十年。前面四十年基本上以複製先進國機台，提供相對低廉的產品為主，並沒有真正掌握使用者需求。最近二十年中國大陸產業發展的積極參與，讓台灣工具機真正掌握最終使用者的需求，並透過綿密互動，反映在台灣母公司或大陸據點的產品開發與製造之上。這種全新的價值創造模式，正是高成長、高獲利的最大關鍵，也讓台灣工具機正式進入列強之林，成為先進國廠商尋求聯盟的對象。

肆、友嘉實業集團的台日聯盟

　　友嘉實業發展之初，就與日本有十分深厚的關係。總經理陳向榮不僅在集團創立時即到職，更是集團總裁朱志洋的最重要夥伴兼對日總窗口。朱總裁經常說，在創業初期，為爭取日本建設機械產品的代理權，經常協同精通日文的陳向榮一起拜訪日本客戶，為節約經費而同住一個房間。這個過程所建立的信任情誼，使陳向榮成為朱志洋最重要的總理大臣，在台日關係的開拓上，尤其功不可沒。

　　雖然友嘉實業集團與日本早有淵源，在台灣、日本都有合資事業，也一直有意在工具機方面與日本展開合作，卻一直到2004年才有進展。究其原因，一方面日本工具機企業將台灣視為競爭對手，業者間的交流合作一直比較少；另一方面，台灣大都為中小企業，在規模上無法吸引日本企業。不過，中國市場機會、友嘉實業的壯大，讓上述原因消失了。

一、友嘉高松的設立背景與成長

　　2003年10月在義大利米蘭舉行的歐洲工具機展（EMO），高松機械常務取締役前田充夫遇見朱總裁，談及為掌握中國大陸商機，委託友嘉實業中國據點代工的可能性。這一席萍水相逢的談話，朱總裁的積極回應，雙方留下深刻而良好的印象。這個印象不僅直接促成高松機械於2004年初

訪問杭州友佳，甚至在第二次來訪雙方就敲定合資設立友嘉高松。次年的2005年，友嘉高松在量產的第一年即達到損益平衡，成為日本工作機械工業會的熱門話題。

2004年5月，杭州友佳完成蕭山基地的第四期工程，在時機上剛好趕上友嘉高松的籌設。堪稱在雙方高層「人和」的基礎上，提供擴充新廠的「地利」之便，有效地掌握中國市場的「天時」。

日本高松機械工業株式會社是日本小型自動車床的領導廠商，以研發、製造數控車床及彈性製造系統而聞名。近年以「小機床、大環保」作為研發主軸，在環保型NC車床的開發上，持續居全球領先地位。基於中國大陸汽車製造企業的高速成長，原本依賴進口的高複雜、高精度汽車核心零件，陸續在當地製造。以當地製造調適當地旭日東升的市場，成為高松機械的重要策略。

2004年12月21日友嘉高松正式設立，屬於外商獨資企業，以提供中國當地高複雜、高精度汽車核心零件製造的小型自動車床為目的。目前友嘉高松的資本構成是友嘉實業、高松機械、豐田通商各持有40%、40%、20%。董事長與總經理分別由台、日雙方派任。

友嘉高松設立在杭州友佳蕭山廠區，在廠區管理，甚至人事和總務管理上，已經擁有高水準的基礎，具有迅速量產特色。這是製造據點一經設立就能量產，第二年即取得損益平衡的關鍵。對於直接參與此據點設立的友嘉實業總經理陳向榮與首任總經理前田充夫而言，最得意的就是「一般日商至少要三年才做得到的目標，我們第一年就達到了」。大陸汽車產業發展比預期快，生產自動車床的友嘉高松2007年平均月產量約三十台，在大陸外資工具機據點中已經擠入前十名。

2010年初，杭州友佳已經完全恢復金融風暴前的成長力道，友嘉高松雖然還沒有完全恢復，但已經逐漸進入忙碌的軌道。現任總經理川上一仁花許多時間直接拜訪客戶，協助銷售據點掌握客戶需求，除了友嘉高松之

外，也為因日本國內市場低迷，產能有待活用的日本母公司爭取訂單。

　　作為台日合資據點的總經理，川上一仁除了代表日方常駐杭州外，目前還為友嘉集團扮演著兩個非常重要的角色。他說：「一個是成為當地友嘉集團的核心企業，與杭州友佳、杭州麗偉一同努力，為友嘉集團的凝聚力與精進做出貢獻」。因此，他積極配合陳向榮董事長召集的各項活動，包括擔任友嘉集團的5S推動講師等。同時，「應朱總裁的邀請，每月赴台灣兩天，協助台灣友嘉集團各廠推動豐田生產方式。」他說，相對於大陸的幹部與員工，台灣人更具有落實豐田思維的潛力，他認同友嘉集團的生產變革應從台灣母公司扎根的看法。

　　2004至2006年擔任首任總經理，被認為代表日方積極促成此項合資的前田充夫說：「高松與友嘉在中國合資設立的杭州友嘉高松機械有限公司，在日本工具機產業還是第一次，所以備受矚目。」前田充夫和他的團隊進一步說明六年的觀察，特別是針對台日企業的特質與能力上的異同，宛如是日本與台灣企業合作的理論解說。[15]

　　第一，台灣企業比較能夠調適中國環境，在中國大陸設立的生產據點，比日本企業成功。語言當然是一個因素，但是高松機械發現全世界會講中文的人雖然非常多，但是台灣人能夠理解中國人，即使想法與中國人有差異；同時，在長期互動過程發現，台灣人與日本人的思維十分接近。這個能力對於日本合作夥伴而言，提供了十分重要、甚至不可或缺的互補特性。

　　第二，台灣廠家與日本企業的最大不同是，日本的工具機廠家的精密零組件都是由自己公司生產，而台灣則幾乎都由外部協力廠商供應。這種

---

[15] 2010年2月2日東海大學訪問日本高松機械工業株式會社，前田充夫取締役在歡迎儀式上的發言。針對此問題參與發言的還包括曾任友嘉高松第二任總經理的中川進（現任生產管理部長）。

活用外部協力廠商的能力，對日本企業海外據點的設立與營運，具有支配性的影響。

　　第三，台灣廠商與日本企業的另外一個不同，即對品質的主導與改善能力。正因為日本公司重要的零組件全部都是內部加工，從產品開發、零組件加工到機台組裝，一系列的品質管理都是由自己公司完成。因此，擁有高水準的產品品質主導與改善能力。這個能力提供了合資企業的品質保證，亦間接促使台灣廠商長期學習。

　　第四，日本廠商的生產流程管理能力大幅領先台灣企業。高松機械的最大客戶就是汽車產業，客戶的挑剔、客戶如何使用工具機對高松的製造流程有很大的影響。因此，高松機械很早就擁有豐田生產方式的觀念，甚至已將看板管理調整成適合工具機產業的模式。這個能力直接讓合資據點受惠，也讓台灣廠商間接而長期的受惠。

　　上述經過實務淬煉的理論，不僅說明友嘉高松的設立背景與成長條件，似乎也能夠說明台日聯盟在實務領域持續被推動的本質。

二、台日合資據點的未來發展

　　2007年取得江東土地後，計畫進一步引進日本工具機與零組件廠商在中國設立合資據點。雖然2008年受金融風暴影響，延後洽談時程，2010年的合資企業已達五家，彙整如表四所示。值得重視的是，這幾家合資企業，大都是經由高松機械的介紹，未來有可能進一步發展。

表四　友嘉實業集團中國大陸台日合資企業一覽表

企業名稱	創立時間（年）	資本結構	投資額（百萬美元）	員工人數（人）	日本夥伴
友嘉高松	2004	日資：60% 台資：40%	17.20	75	高松機械 豐田通商
友嘉岩田	2010	日資：50% 台資：50%	15.00	5	ANEST岩田
友嘉凱普路機械	2010	日資：50% 台資：50%	0.20	籌備中	日本索道
友嘉萬客隆	2010	日資：60% 台資：40%	2.20	籌備中	MECTRON 高松機械
友嘉朝日	2010	日資：50% 台資：50%	0.66	籌備中	朝日電機 高松機械

資料來源：訪談整理。

　　雖然本文執筆期間尚無機會直接訪問到所有的日方合資對象，作為友嘉集團首家、多元、持續的合作對象，高松機械的以下觀點具有一定的代表性。[16]

　　第一，與外部組織的合作非常重要，甚至包括競爭對手。

　　　　從整個技術層面來看，要從事開發工作，不管是不是高松機械，由單一家公司來完成是十分困難，甚至不太可能的。產品的變化快速又多樣，一家企業的力量將無法因應環境劇烈的變動。譬如，我們為顧客開發300毫米的半導體專用加工機，為了達成目標，包括軸頭、夾治具都必須縮小，這個縮小過程就需要很多企業的共同努力。

---

[16] 2010年2月2日東海大學訪問日本高松機械工業株式會社，座談上取締役前田充夫、海外營運部長德野穰的發言。

　　其中，專用機的三英寸夾頭，在日本的通用規格與技術中尚未存在。假若我們要將此規格形成一種標準，就必須與我們的競爭對手一同來制定。

　　第二，台灣企業間互動能力充滿魅力，日本一方面可以充分活用，另一方面也可以積極參與改造，讓雙方或多方獲利。

　　我們跟台灣打交道，已經有五、六年的時間了，在這過程我們發現，台灣在提供新興顧客的需求產品上，非常優秀。面對外在環境變化而從事這些工作，需要的是新的想法，活用年輕人的活力，台灣企業這種作法非常值得效法。我們看到台灣工具機廠附近都有相當多的產業群聚現象，這樣的夥伴間相互關係，一起開發某項產品，一起迎接未來的挑戰，這種組織間互動能力在未來的產業競爭中，將發揮重要作用。我們相信，與台灣夥伴的攜手努力，或者在台灣尋找其他合作夥伴，都將是對日本產業的一大貢獻。同時，從我們所理解的合作夥伴，包括友嘉實業在內，具有活用外部模組相關技術的組裝能力，但對未來發展非常重要的開發與生產的主導能力則有待提升，我們能夠參與並做出貢獻。

　　第三，合作是一項動態過程。

　　回顧我們與友嘉集團合作的發展過程，包括許多新項目，假如是從零開始的話，將會經過一條非常漫長的路。假如能夠一同結合提供模組給友嘉的其他企業，一起合作形成夥伴的話，勢將節省很多的時間。合作是一項動態的變化過程，而且進步也比單

獨快得很多。這麼多年來，我們與友嘉實業的合作與互動過程，也看到了友嘉的變化，以及雙方互動方式的變化。

伍、實務暨理論性意涵

一、實務性意涵

本研究以友嘉集團過去二十年的發展過程為研究對象，聚焦於台灣製造優勢的確立、中國大陸製造據點的設立與發展、中國內需市場的發展策略與成功關鍵，以及台日策略聯盟的過程與發展。本研究釐清的事實，對於具有相同優勢的台灣企業至少有下列三點實務性啟發：

第一，台灣製造優勢的探索與發揮。友嘉集團在1990年代台灣的工具機製造優勢的基礎上，在兩岸建立了全新舞台。本研究證實，這種優勢的探索與發揮，是台灣產業升級、轉型與國際化過程，不可或缺的要因。

第二，中國內需市場提供台商真正進軍全球的練兵舞台。台灣長期以OEM或模仿先進國產品起家，少有直接為顧客創造價值的經驗與機會，生產財的工具機尤其如此。友嘉集團的經驗顯示，中國內需市場提供台商練兵舞台，讓台灣工具機真正體會整體解決方案，讓顧客一次購足的價值創造原理，對進軍全球市場極富意義。

第三，台商優勢，日商機會。友嘉集團的案例，在中國與日本的介面優勢的一般理解基礎上，讓台灣工具機製造優勢與市場拓展優勢得以充分結合。這個優勢對於空有品牌與技術，卻苦於大陸據點籌設與營運的日本企業，尤其是在工治具、特殊工具機稱霸全球的中小企業，提供全新的機會。

二、理論性意涵

在全球工具機產業的二百年發展歷史上，市場焦點第一次移轉到中國

大陸，並已經開創出龐大市場；除了中國工具機產業直接受惠之外，作為中國大陸最重要的兩個工具機供應國，台灣正邁向壯年期，日本則正好盛極而衰。[17] 本研究的分析說明，友嘉集團可能是全球過去二十年成長最迅速、獲利最豐碩的工具機企業集團，而活用中國市場機會、台灣製造優勢，以及日本品牌暨技術優勢，堪稱重要關鍵。對於經營策略，以及台日企業聯盟策略，至少具備兩項重要的理論性意涵：

第一，卓越的經營策略往往是「偶然的匯集」結合「必然的發展脈絡」。[18] 從1990年友嘉實業工具機事業的起跑點開始，連豐的技術人才、台灣麗偉的開發製造人才、中國的銷售人才、兩岸的人脈關係、日本工具機業的期待，以及說不完的國內外購併故事……都可能只是「偶然的匯集」，若沒有結合「必然的發展脈絡」，很難想像有今天的成長。本研究認為這個必然的發展脈絡包括：

1. 1990年代起台灣工具機產業協力網絡的成熟暨群聚優勢，以及以此為基礎的產品模組化暨系列優勢；

2. 中國大陸工具機內需市場的大量客製銷售機會，以及能夠有效提供高性能價格比、機種齊全一次購足的全方位營業能力建構優勢；

3. 台日企業間長期累積的相互信任基礎、能力互補暨相互發揮機會，以及能為雙方開闢全新舞台的中國市場機會。

---

[17] 到2008年為止，日本連續二十八年維持世界最大工具機生產國的地位，2009年拱手讓給中國與德國，掉到第三，日本內需市場不振被認為是主因。2008年台灣工具機是全球第五大生產國暨第四大輸出國，2009年也雙雙衰退一名，除內需不振外，部分原因是大陸據點成長取代台灣對大陸部分出口。2010年第一季台灣工具機已經恢復成長力道，逐漸接近金融風暴前的高峰，是公認ECFA的受惠產業之一。相關數據，請參閱：財團法人工具機發展基金會網站，<http://www.tmtf.org.tw>。

[18] 這是作者的看法。下列文獻對生產系統進化也提出了類似的看法。藤本隆宏，「いわゆるトヨタの自動車開発・生産システムの競争能力とその進化──『怪我の功名』と事後的合理性(1)(2)」，經済学論集，第61卷第2、3号（1995）。

本研究「偶然的匯集」結合「必然的發展脈絡」之發現，以及「偶然的匯集」如何搭上「必然的發展脈絡」？ 兩者間如何相互作用？ 這些的理論性研究，有機會為經營策略研究提供全新的理論。

第二，台日企業聯盟從雙方分工互補型，邁向多方共創網絡型。台日策略聯盟網絡透過合夥關係進行市場資訊的交換與協調，被認為是能夠迴避衝突、創造雙贏或多贏的有效機制。[19] 本研究進一步發現，中國工具機的市場機會與工具機產業發展尚未成熟，若著眼於台日總體競爭力的提升，提供台日工具機在機種技術間、零組件間、相互供應的物流網絡間非常大的合作空間。其間的動態過程與共創潛力，極可能為動態網絡理論，[20] 提供全新的意涵。

傳統經濟學理論經常將組織間的關係定義為一種交易關係，用交易成本解釋組織間合作的關係。[21] 本研究關於結合共創過程與共創潛力的動態網絡發現，與台灣自行車A-Team的研究中提出共創價值與互動成本的主張，[22] 具有異曲同工之妙。管理學觀點的動態網絡理論，留下的想像空間，值得繼續探討。

---

[19] 劉仁傑，「中國大陸台日商策略聯盟的管理學考察」，發表於全球運籌、策略聯盟與東協效應研討會（台北：政治大學國際關係研究中心主辦，2008年5月3~4日）。

[20] Ranjay Gulati, "Alliances and Networks," *Strategic Management Journal*, Vol. 19, No. 4, (1998), pp. 293~317；B. A. G. Bossink, "The development of co-innovation strategies: Stages and interaction patterns in interfirm innovation," *R&D Management*, Vol. 54, 32, No. 4 (2002), pp.311~320；Carlos Garcia-Pont and Nitin Nohria, "Local versus Global Mimetism: The Dynamics of Alliance Formation in the Automobile Industry," *Strategic Management Journal*, Vol. 23, No. 4 (2002), pp. 307~321；Akbar Zaheer and Giuseppe Soda, "Network Evolution: The Origins of Structural Holes," *Administrative Science Quarterly*, Vol. 54, No.1 (2009), pp.1~31.

[21] O. E Williamson, "Transaction-Cost Economics: the Governance of Contraction relations," *Journal of Law and Economics*, Vol. 22 (1979), pp. 233~261.

[22] 劉仁傑、Brookfield Jonathan，「磨合共創型協力網絡的實踐與理論——台灣自行車A-Team的個案研究」，劉仁傑主編，共創：建構台灣產業競爭力的新模式（台北：遠流出版社，2008），頁17~52。

參考書目

一、中日文專書

劉仁傑，日本的產業策略（台北：聯經出版社，1992）。

──，分工網路：剖析台灣工具機產業競爭力的奧秘（台北：聯經出版社，1999）。

──，「台灣日系企業の発展プロセスと新動向」，佐藤幸人編，台灣の企業と產業（東京：アジア經濟研究所，2008），頁209~239。

──，「台灣の日系企業：10社のケースから学ぶ」，渡辺利夫・朝元照雄編，台灣經濟讀本（東京：勁草書房，2010），頁69~94。

劉仁傑、Brookfield Jonathan，「磨合共創型協力網絡的實踐與理論──台灣自行車A-Team的個案研究」，劉仁傑主編，共創：建構台灣產業競爭力的新模式（台北：遠流出版社，2008），頁17~52。

二、中日文期刊及報紙

天下雜誌出版社，天下雜誌一千大特刊（台北：天下雜誌出版社，2001）。

──，天下雜誌一千大特刊（台北：天下雜誌出版社，1989）。

中國汽車工業協會，中國汽車工業年鑑（北京：中國汽車工業協會，2002）。

劉仁傑，「台灣工作機械工業の經營戰略と技術蓄積：台灣麗偉のケース・スタディ」，アジア經濟，第32卷第4號（1991），頁56~71。

──，中國外資政策改革と產業發展をめぐって：自動車工業と工作機械工業の實證研究」，工業經營研究，第12卷（1998），頁102~105。

──，「台灣工作機械產業におけるモジュール化について」，日本經營學會誌，第10號（2003），頁40~52。

──，「大陸工具機的銷售市場與發展策略研討會報告資料」，發表於大陸工具機的銷售市場與發展策略研討會（台中：財團法人中台灣新世紀文教基金會主辦，2003年9月25

日），頁103。

──，「中國大陸台日商策略聯盟的管理學考察」，發表於全球運籌、策略聯盟與東協效應研討會（台北：政治大學國際關係研究中心主辦，2008年5月3~4日）。

藤本隆宏，「いわゆるトヨタ的自動車開発・生產システムの競争能力とその進化──『怪我の功名』と事後的合理性(1)(2)」，**經濟学論集**，第61卷第2、3號（1995）。

三、英文專書及期刊

Bossink, B. A. G., "The development of co-innovation strategies: Stages and interaction patterns in interfirm innovation," *R&D Management*, Vol. 54, 32, No. 4 (2002), pp. 311~320.

Garcia-Pont, Carlos and Nitin Nohria, "Local versus Global Mimetism: The Dynamics of Alliance Formation in the Automobile Industry," *Strategic Management Journal*, Vol. 23, No. 4 (2002), pp. 307~321.

Gulati, Ranjay, "Alliances and Networks," *Strategic Management Journal*, Vol. 19, No. 4, (1998), pp. 293~317.

Liu, Ren-Jye, and Jonathan Brookfield, "Stars, rings, and tiers: Organizational networks and their dynamics in Taiwan's machine tool industry," *Long Range Planning*, Vol. 33, No. 3, (June 2000), pp. 322～348.

Williamson, O. E., "Transaction-Cost Economics: The Governance of Contraction relations," *Journal of Law and Economics*, Vol. 22 (1979), pp. 233～261.

Zaheer, Akbar and Giuseppe Soda, "Network Evolution: The Origins of Structural Holes," *Administrative Science Quarterly* ,Vol. 54, No.1 (2009), pp. 1～31.

日本對大陸投資的策略調整
及台日商策略聯盟

張紀潯

（日本城西大學研究生院、經營學部教授）

摘要

　　金融危機對日本經濟造成了沉重打擊，同時也影響了日本的對外直接投資，加速了台日商策略聯盟的形成。本文的目的，首先通過對金融危機前後，日本對大陸直接投資各項資料的對比，研究證明由於金融危機的影響，日本對華投資在總量上有所減少，對華投資策略也發生了一定程度的改變，包括投資規模、投資領域、投資地區與投資方式的調整。其次研究日商投資重點的轉移，以及台商分工合作、聯盟開拓大陸市場。

關鍵詞：金融危機、日本對華投資、投資領域、台日商策略聯盟

　　本文將著重分析研究在此次國際金融危機的影響下，日本對大陸投資
策略的改變。文章結構如下：第一部分，金融危機前後日本對大陸投資情
況；第二部分，金融危機影響下日本大陸投資策略調整，包括投資規模、
投資領域、投資地區及投資方式的改變；第三部分為案例分析，通過案例
分析，研究台日商策略聯盟開拓大陸內需市場的現狀及問題所在。

壹、金融危機前後日本對大陸投資狀況

　　從日本對大陸投資在中國利用外資中的地位來看，2000年以來，日本
對大陸投資增長趨緩，增速低於1990年代的水平。實際投入金額年均增長
率為3%，落後於同期大陸吸引外資增長速度，但比同期美國、歐盟的大
陸投資增長速度高出約三個百分點。大陸投資指南資料表明：截至2009
年，日本對大陸投資實際投入金額達到694.81億美元，佔大陸利用各國及
地區外商投資實際利用總額的7%左右；以實際使用外資金額累計計算，
在國別排名中，日本依然名列大陸引進外資來源國的第一位。大陸實際使
用日資金額在經歷了2005年的高點後呈下降趨勢，尤其是2006年上半年實
際使用金額下降了31.2%，這主要是由於當時中日之間的政治經濟關係，
由「政冷經熱」轉向「政冷經冷」所致。2007年上半年，日本對大陸直接
投資繼續呈下降趨勢，較2006年下半年減少23.25%。而2007年下半年和
2008年上半年，日本大陸投資總額有所回升。遭遇席捲全球的國際金融
危機後的2008年，日本對大陸投資履約總額有所減少，達36.52億美元。
2009年，隨著世界經濟形勢的復甦和日本對大陸投資策略的調整，日本對
大陸投資總額有較大回升，比2008年增長12.4%，大陸實際使用日資金額
高達41.05億美元。

貳、日本對大陸投資策略調整

　　日本出於經濟復甦、經濟安全等方面考慮，為保持本土企業競爭力，佔領大陸市場等方面的需要，於金融危機後在大陸投資規模、投資領域、投資地區，以及投資方式上都不斷進行調整。

一、投資規模雖減少，但依然保持高投資

　　日本企業對大陸的直接投資大體經歷了以下幾個階段：第一階段為1983至1990年，主要是「摸索階段」，投資規模較小；第二階段為1990至2000年，是以日圓升值為背景的「轉移工廠階段」；第三階段是2001以後，為「開拓大陸市場階段」。

　　日本為擺脫經濟不景氣，積極開拓海外市場，而大陸2001年入世以後，對外開放市場的承諾，正迎合日本向海外開拓市場的策略，以開拓市場為動力對大陸投資迅速增加，並於2005年達到有史以來的制高點65.75億美元（詳見圖一）。2005至2008年下半年日本對大陸實際投資額總體上呈下降趨勢，但總額依然保持在高位。

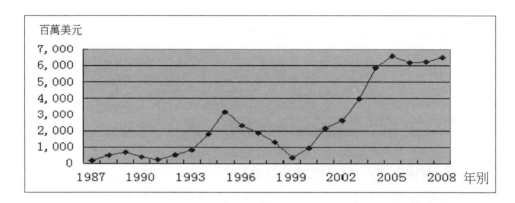

圖一　日本歷年對大陸投資金額

註：根據日本財務省的對外投資統計和日本銀行公布的外匯匯率計算而得，由於日圓升值
　　（2007年1美元=118.76日圓，2008年1美元=108.45日圓），以美元計算的日本對華直接投
　　資2008年顯示呈上升趨勢。另外，由於統計方法的差異，日本公布的對大陸直接投資與
　　中國商務部公布的日本對大陸直接投資數額不盡相同。

資料來源：日本貿易振興機構（JETRO）投資統計資料，＜http://www.jetro.go.jp/en/reports/
　　　　statistics＞。

二、投資領域的重點發生變化，非製造業受到嚴重影響

(一)金融危機後製造業投資總額變化不大，非製造業投資總額大幅減少

　　從圖二顯示，製造業投資總額受金融危機影響不大。2007年製造業投資總額為4926億日圓，佔投資總額的67.4%，2008年則略有增長為5017億日圓，比上年小幅增長1.85%，佔投資總額比重增加為74.9%。相比而言，非製造業所受影響較大，2007年非製造業投資總額為2378億日圓，佔投資總額的32.6%，金融危機之後則下降為1683億日圓，減少了695億日圓，佔投資總額的比重也減少為25.1%。由於非製造業投資總額的大幅減少，儘管製造業投資總額略有增加，日本在大陸投資總額由2007年7304億日圓減少為2008年的6700億日圓，下降了8.27%。

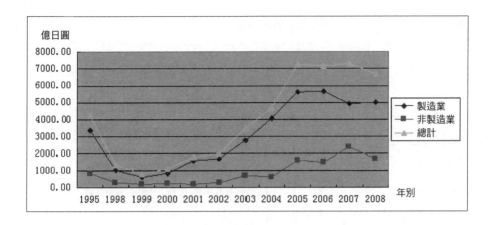

圖二　日本對大陸投資行業發展情況

資料來源：根據日本財務省資料製成，＜http://www.mof.go.jp/index.htm＞。

(二) 製造業依然是日本對大陸投資主體

2005至2008年資料顯示，製造業投資額分別為5634億日圓、5670億日圓、4926億日圓、5017億日圓，佔總投資比重分別為77.6%、79.1%、67.4%、74.9%，可充分顯示製造業在日本對大陸投資中依然佔主體地位。2009年，日本製造業對大陸投資總額為4615億日圓，低於2008年，佔投資總額的71.1%。

日本對大陸製造業直接投資，最初是從紡織、服裝等勞動密集型產業起步，這與日本最初在大陸的貿易主導型投資策略定位息息相關。1995年後資本、技術密集型的重化工業，已成為製造業投資的主角（參見圖三），在電氣機器工業投資、一般機械工業投資，以及運輸機械工業投資迅速發展的情況下，紡織、服裝工業投資雖然仍佔有一定的比重，但相對而言已不再是日本對大陸投資的主體領域。

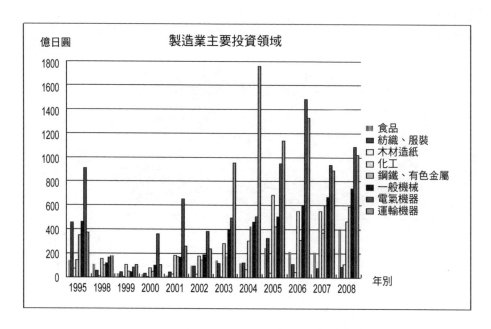

圖三　1995至2008年日本對大陸投資製造業領域發展情況

資料來源：根據日本財務省〔原大藏省〕歷年公布的數據整理，其中2006至2008年數據來
　　　　　自：「（特集）中國北アジア日系企業が直面する課題」，2008年の對中直接投資動
　　　　　向，Vol. 10（2009年4月）。

　　　1995至2003年紡織、服裝工業投資、電氣機械工業投資、一般機械工業投資和運輸機械工業（主要是汽車工業，下同）佔對大陸製造業投資總額分別為7.74%、27.57%、11.63%和13.56%，合計共佔60.5%。2003年以來，在加工組裝型工業投資繼續增加的情況下，運輸機械工業投資又取代電氣機械工業投資，成為牽引重化工業，特別是加工組裝型工業投資的新主角。2001至2004年，運輸機械工業投資為3211億日圓，電氣機械工業投資為2034億日圓，一般機械工業投資為1214億日圓，分別佔製造業投資總額的31.6%、20.0%和12.0%，合計共佔63.6%；相較之下，紡織工業投資只有366億日圓，比1995年全年的投資額還少89億日圓，只佔製造業投資總額的4.5%。

　　運輸工業投資牽引重化工業投資的作用，在2003年以後尤為明顯。2003、2004年，運輸機械工業投資各為958億日圓和1759億日圓，分別佔製造業投資總額的34.5%和43.3%。2005年，運輸機械工業投資為1137億日圓（按國際收支統計，下同），電氣機械工業投資為950億日圓，一般機械工業投資為507億日圓，精密機械工業投資390億日圓，分別佔製造業投資總額的20.2%、16.9%、9.0%和6.9%，合計共佔53.0%；另外，化學、醫藥工業投資為588億日圓，鋼鐵、有色金屬工業投資為417億日圓，分別佔10.4%和7.4%。

　　但從2006年開始電氣機械工業投資又取代運輸機械工業投資，重新成為牽引重化工業，特別是加工組裝型工業投資的主角。2006至2008年電氣機械工業投資、運輸機械工業投資、一般機械工業投資分別為3512億日圓、3238億日圓、2002億日圓，分別佔製造業投資總額的22.51%、20.74%、12.82%，合計共佔56.07%。與此同時，尤其是金融危機後日本對食品、化工和鋼鐵、有色金屬領域的重視程度有所增加。2007至2008年食品、化工和鋼鐵、有色金屬的投資額分別為604億日圓、838億日圓、1190億日圓，分別佔製造業總額的6.07%、8.43%、11.97%，合計共佔26.47%。

　　在金融危機的影響下，日本不得不調整投資領域分布，增加新領域如皮革橡膠、玻璃石料和精密機器設備的投資。2007至2008年皮革橡膠、玻璃石料和精密機器設備投資額分別為299億日圓、263億日圓、173億日圓，分別佔製造業投資總額的3.01%、2.65%、1.74%，合計共佔7.4%。

表一　按行業區分日本對大陸投資的變化（2006～2009）

（單位：億日圓、%）

	2006年		2007年			2008年			2009年		
	金額	比率	金額	比率	增長率	金額	比率	增長率	金額	比率	增長率
製造業（小計）	5670	79.1	4926	67.4	△13.1	5017	74.9	1.8	4615	71.1	△8.0
食品	216	3.0	207	2.8	△4.2	397	5.9	918	827	12.7	108.3
纖維	110	1.5	76	1.0	△30.9	86	1.3	13.2	154	2.4	79.1
木材、紙漿	41	0.6	552	7.6	1,246.3	105	1.6	△81.0	455	7.0	333.3
化學、醫藥	551	7.7	371	5.1	△32.7	467	7.0	25.9	444	6.8	△4.9
石油	×	-	6	0.1	n.a	△1	△0.0	n.a	4	0.1	n.a
橡膠、皮革	266	3.7	231	3.2	△13.2	68	1.0	△70.6	△6	△0.1	n.a
玻璃、土石	136	1.9	112	1.5	△17.6	151	2.3	34.8	119	1.8	△21.2
鋼鐵、有色金屬、金屬	309	4.3	601	8.2	94.5	589	8.8	△2.0	337	5.2	△42.8
一般機械	594	8.3	667	9.1	12.3	741	11.1	11.1	617	9.5	△16.7
電器機械	1487	20.7	940	12.9	△36.8	1085	16.2	15.4	583	9.0	△46.3
輸送機械	1330	18.5	889	12.2	△33.3	1019	15.2	14.6	907	14.0	△11.0
精密機械	219	3.1	80	1.1	△63.5	93	1.4	16.3	85	1.3	△8.6
非製造業（小計）	1502	20.9	2378	32.6	58.3	1683	25.1	△29.2	1877	28.9	11.5
農林業	15	0.2	5	0.1	△66.7	8	0.1	60.0	3	0.0	△62.5
漁業、水產業	5	0.1	9	0.1	80.0	27	0.4	200.0	1	0.0	△96.3
礦業	-	-	1	0.0	n.a	-	n.a	n.a	×	n.a	n.a
建設業	△28	△0.4	22	0.3	n.a	△3	△0.0	n.a	9	0.1	n.a
運輸業	110	1.5	95	1.3	△13.6	107	1.6	12.6	59	0.9	△44.9
通訊業	27	0.4	48	0.7	77.8	111	1.7	131.3	13	0.2	△88.3
批發零售業	734	10.2	642	8.8	△12.5	794	11.9	23.7	805	12.4	1.4
金融保險業	275	3.8	1098	15.0	299.3	80	1.2	△92.7	938	14.4	1,072.5
房地產業	38	0.5	202	2.8	431.6	319	4.8	57.9	△71	△1.1	n.a
服務業	115	1.6	184	2.5	60.0	137	2.0	△25.5	90	1.4	△34.3
合計	7172	100.0	7305	100.0	1.9	6700	100.0	△8.3	6492	100.0	△3.1

註：1.不滿三項的項目以「×」表示；2.沒有資料的項目用「-」表示；3.「製造業（小計）」和「非製造業（小計）」的合計，與表上各行業的合計不一定相符。4.增長率是去年同期比；5.金額為負數時，不計算增長率。

資料來源：根據日本財務省統計製作。

(三) 世界金融危機後日本對大陸投資的變化

　　日本製造業仍然是日本對華投資的主力軍。世界性金融危機發生後的2008年，製造業佔日本對大陸投資履約總金額的74.9%，遠遠超過世界對大陸投資製造業比重的51.3%。2009年佔71%以上。世界性金融危機後，日本對大陸投資的變化可歸納為以下幾點：

・製造業中「運輸機械」增加，「電器機械」減少

　　第一，製造業中，「電器機械」一直對大陸投資起主導作用。2008年「電器機械」履約金額為1085億日圓，比2007年增長15.4%，佔首位。2009年，「電器機械」的履約金額為583億日圓，低於「運輸機械」和「食品」，「一般機械」居第四位。但依舊改變不了「電器機械」在中國製造業的地位。第二，2009年「運輸機械」（907億日圓，比重為14.0%）、「一般機械」（617億日圓，比重為9.5%）分別比2008年降低11.0%和16.7%。第三，雖然由於2007年「毒餃子事件」的影響，2008年上半年日本對大陸進口的食品大幅減少，但是由於日本經濟不景氣，日本民眾不得不去購買物美價廉的中國食品，所以2008年和2009年「食品業」對大陸投資分別增加了91.8%（397億日圓）和108%（827億日圓）。「食品業」是製造業中投資增長速度最快的行業。

・非製造業中「通訊」、「批發零售業」增加，「服務業」減少

　　由於日本對大陸投資，最初秉持著貿易主導型策略為主要目的。因此日本對大陸非製造業投資，最初是以擴大銷售為目的的商業投資為中心而展開。1995年服務業投資、房地產業投資、商業投資各佔大陸非製造業投資總額的30.6%、20.3%和29.3%，合計共佔80.3%。二十一世紀以來，商業投資雖然繼續保持一定的規模，但服務業卻沒有什麼起色，房地產業投資甚至還明顯衰退。相比之下，2003年後金融保險業投資卻有了一定程度

的發展。2001至2004年，商業投資為721億日圓，金融保險業投資為535億日圓，分別佔日本對大陸非製造業投資總額的39.1%和29.0%，合計共佔68.1%。2005年，商業投資為534億日圓（按國際收支統計，下同），金融保險業投資為597億日圓，分別佔對大陸非製造業投資總額的32.8%和36.6%，合計共佔69.5%。之後2006年金融保險業投資減少為275億日圓，在非製造業投資總額中所佔比重減少為18.3%；而商業投資發展依然良好，2006年商業投資額為734億日圓，在非製造業投資總額中所佔比重增加為48.9%。2007年金融保險業投資則激增為1098億日圓（參見圖四），在非製造業投資總額中所佔比重增加為46.2%；而商業投資額則略有減少為642億日圓，在非製造業投資總額中所佔比重減少為27%。然而，2008年國際金融危機的爆發，對日本金融保險業的大陸投資影響明顯，使得金融保險業投資額銳減為80億日圓，在非製造業投資總額中所佔比重由2007年的46.2%迅速下降為4.8%。但是隨著中國經濟的發展，2009年金融業增加對大陸的投資。和2008年比較，2009年金融業對大陸投資增加十倍，達938億日圓，是非製造業中增加速度最快的行業。

　　2008年，服務業投資總額同樣有所減少，儘管程度沒有金融保險業那麼嚴重，由2007年184億日圓減少為2008年137億日圓；由於金融保險業投資所佔比重的大幅降低，服務業投資在非製造業投資總額中所佔比重略有增加，由7.7%增加到了8.1%。然而，金融危機影響下的商業投資額卻不降，反增為794億日圓，在非製造業投資總額中所佔比重增加為47.2%，接近於2006年的水平。儘管非製造業總體上受到了金融危機的嚴重影響，運輸業、房地產業和通訊業依然發展良好。2007年運輸業、房地產業和通訊業投資額分別為95億日圓、202億日圓、48億日圓，佔非製造業總額比重為4.0%、8.5%、2.0%，而2008年運輸業、房地產業和通訊業投資額分別增加為107億日圓、319億日圓、111億日圓，佔非製造業總額比重也都有較大幅度的提高，分別為6.4%、19.0%、6.6%。非製造業中，2008年增

長幅度較大的有「通訊」（111億日圓，+131.3%）、「房地產業」（319
億日圓，+57.9%）、「批發零售業」（794億日圓，+23.7%）和「運
輸業」；與其相反，「金融保險業」、「服務業」分別減少了92.7%、
22.5%。2009年，非製造業領域，金融保險業和批發零售業飛躍發展，通
訊業、運輸業的投資都出現明顯的下降。

　　對大陸投資的「食品業」、「批發零售業」、「金融保險」都可說是
典型的「內銷型企業」。隨著大陸市場和國民所得的增加，「內銷型企
業」不斷增加，是近幾年日本對華投資所出現的新變化。

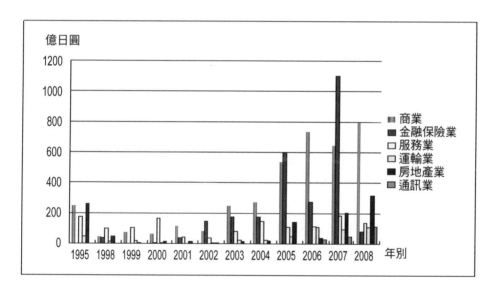

圖四　日本對大陸投資非製造業領域發展（1995～2008）

資料來源：根據日本財務省〔原大藏省〕歷年公布的數據整理，其中2006至2008年數據來
　　　　　自：「（特集）中國北アジア日系企業が直面する課題」，2008年の對中直接投資動
　　　　　向，Vol. 1。（2009年4月）。

‧ 投資地區分布變化不大，從實際利用金額來看，大連增幅及山東
減幅最為明顯

　　金融危機前後日本在大陸投資地區分布變化不大，依然集中在華東地
區，以江蘇、上海和山東為主。2005至2008年日本對大陸主要省市合同件
數均呈梯形下降。雖然個別省市資料缺失，但從受金融危機影響，2008年
合同件數，與2007年相比，有較大幅度的下降（參見表二）。

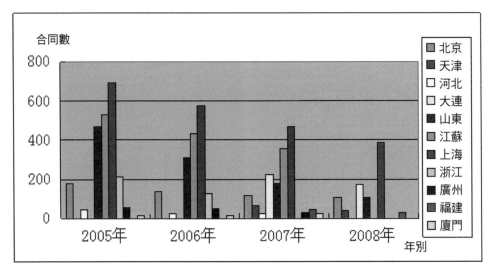

圖五　　日本對大陸投資主要省市合同件數對比

資料來源：筆者根據各省市利用外資統計資料整理而得。

表二　日本對大陸主要省市投資合同件數及實際利用金額（2005～2008）

單位：件、萬美元

	2005年		2006年		2007年		2008年	
	合同件數	實際利用金額	合同件數	實際利用金額	合同件數	實際利用金額	合同件數	實際利用金額
北京	176	79877	135	67580	115	30386	109	47200
天津	n.a	n.a	n.a	n.a	65	34140	38	43500
河北	45	13506	27	12227	26	7350	n.a	n.a
大連	n.a	n.a	n.a	n.a	225	31006	171	83190
山東	470	68063	312	70275	178	68612	105	40200
江蘇	528	170088	432	141389	356	112036	n.a	n.a
上海	692	123600	577	83200	468	87300	387	93200
浙江	212	49721	129	37742	n.a	n.a	n.a	n.a
廣東	n.a	n.a	n.a	72463.8	n.a	60000	n.a	53000
廣州	57	45620	51	26053	29	19996	n.a	n.a
福建	n.a	n.a	n.a	n.a	44	7000	32	6000
廈門	16	2760	17	2,417	23	5034	n.a	n.a

註：　n.a表示無數據。

資料來源：筆者根據各省市統計資訊網統計資料整理而得。

　　從日本在大陸投資各主要省市實際利用金額來看，華東地區顯然是日本在華投資的主要區域，投資金額遠高於其他地區。其中江蘇地區更是受到日本的特別青睞。2005至2007年江蘇吸引的日本實際投資金額為17.01億美元、14.14億美元、11.2億美元，分別佔同期日本對大陸投資總額的26%、29.7%、31.2%。分析已有資料可知，與受金融危機影響合同件數呈明顯下降不同，2008年日本在大陸各地區投資實際金額，與2007年相比既有上升省市，亦有下降省市。金融危機後北京、天津、大連、上海日資實際利用金額表現為增長趨勢，其中大連增長幅度最大，增加5.22億美元，增長率為168%。這一方面是由於金融危機影響效應在某些地區的滯後性，另一方面則反映日本在大陸投資的策略調整。例如，日本在北京增

加的投資，主要是以節約能源和環境治理為中心的項目，這符合新時期的發展策略，也是作為首都發展所迫切需要的。此外，在上海增加的投資具有兩個明顯特徵，一是第三產業投資繼續增加，二是在金融危機影響下為調整在大陸的生產、研發和管理而設立的在華地區總部增加。而山東、廣東、福建三省日資實際利用額則有所下降，其中下降幅度最大的為山東省，減少2.84億美元，減幅達41.4%。主因是這些地區的日資多以加工貿易型企業為主，而該類投資受金融危機的影響最大。

參、台日商分工合作，聯盟開拓大陸市場──實例分析

世界性金融海嘯後，日商對大陸投資策略的變化，以下透過案例分析，研討台日商策略聯盟開拓內需市場的情況。

一、台日商分工合作：電器機械產業

第一個案例是電器機械產業的案例。日本電器機械產業一直是佔日本對大陸投資第一位。電器機械產業也可稱為「IT產業」，一直是日本最強的產業。

圖六顯示：隨著半導體產業的發展，半導體的製造基地由北美轉向日本、歐洲及東亞地域。1980年，日本超過北美成為世界半導體產業的生產基地。以計算機為例，世界前十家企業中，日本佔三家。NEC佔世界生產的9.6%（第二位）、富士通4.8%（第六位）、東芝3.8%（第九位）。2006年日本只剩下兩家，東芝4.2%（第五位）和富士通3.7%（第六位）。世界前十位中，日本的比重也由1996年的18.2%降低為2006年的12.8%。

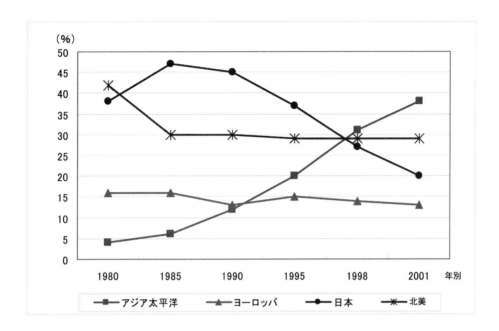

圖六　按地區劃分半導體的製造能力

註：製造能力非依市場價格，而按記憶單位和運算速度增長量計算。

資料來源：筆者按Leachman and Leachman計算。

　　近年來，中國生產電腦世界市場佔有率迅速提高。2007年已佔世界總生產台數的93.5%。但是，實際在大陸生產、組裝的是台灣企業。特別是筆記型電腦，幾乎都由台灣企業把持。我們把這種現象稱之為 "Made in China by Taiwan"。 "Made in China by Taiwan" 即是台日商策略聯盟共同開拓內需市場的最好模式。筆記型電腦中的日本品牌也大都是依賴 "Made in China by Taiwan"。

　　儘管半導體產業中，台灣、韓國的發展很快，但是在半導體生產裝置和半導體材料等領域，日本依然佔優勢。以製造裝置企業為例，1979年美國企業佔世界前十位。1985年，日本有二家企業進入前十位，1989年增加到五家，至2004年依然有五家。

　　半導體材料中日本佔世界總生產的60％。其次，若按照電腦零組件分類：作業系統的主要領導企業是美國的微軟；中央處理器是美國的英特爾和AMD；液晶顯示器是韓國的三星、LG和台灣友達光電。除了 "Made in China by Taiwan" 外，韓商、美商同樣也是大陸電腦產業的合作夥伴。台日企業為了加強和韓商、美商的競爭力，採取多種合作方式，例如台灣友達光電的發展就是和日本企業合作的結果。日本企業也加強對台灣企業投資，繼續維持半導體材料的發展。

二、頂新國際集團和日商結盟的經驗

　　除製造業外，非製造業中，台日商策略聯盟開拓大陸內需市場的實例也不少。如上所說，大陸內需市場開拓已成為現階段外商投資的重點。日商由於歷史因素與民族主義，使其開拓內需市場面臨各種限制。而與台商的人才、網絡以及物流（logistic）的結合，將有利於深耕大陸內需市場。反之，台商在技術研發、產品質量及國際化等方面，和日商相比，還存在一定的距離，也需要引進日本的技術和日商合作，共同開拓大陸的內需市場。我們重點分析頂新國際集團和日商合作的案例。

(一) 頂新國際集團背景

　　頂新國際集團的前身是1958年創立於台灣省彰化地區的頂新油廠。頂新集團於1988年10月開始投資大陸。本著「誠信、務實、創新」的經營理念，經過十年的奮鬥發展，頂新集團目前在大陸投資總額已達12億美元，集團擁有64家子公司、38家工廠、26家連鎖量販店、317家速食店、員工近43,000人，成為一家大型綜合食品集團。

　　頂新集團目前的主要產品是方便食品，同時也涉足糕餅、飲品、糧油、快餐連鎖、大型量販店等多個事業領域，產品種類已發展到百餘種，並已有「康師傅」方便麵和純淨水、利樂包飲料、八寶粥、"3＋2" 夾心

餅乾等品牌在大陸同類產品中名列前茅。尤其是「康師傅」品牌在經過多年的發展後，已經在廣大消費者當中具有較高的知名度和美譽度。

(二) 頂新集團與日商合作的成功經驗

　　頂新集團在開拓大陸內需市場的同時，加強與日本廠家的合作。其中最主要的合作廠家是日本三洋食品公司。日本三洋公司株式會社的前身，是成立於1953年的富士製麵株式會社，當時以生產拉麵為主。公司於1958年開發了一種名為「雞拉麵」的方便麵，打開了市場。1961年，公司改為現在的名稱，主要以開發、生產和銷售方便麵為主。1963年，三洋公司首創了「飄飄拉麵」，並在其生產規範化和積極拓展銷售渠道的政策下獲得巨大成功。三洋公司在經過了多次變革後，已經發展成為一個在日本、美國、大陸等國家擁有八個製麵工廠、一個專業湯料製造廠、一個米餅製造廠的世界性食品集團。

　　1999年，三洋食品根據其海外擴展策略，與頂新集團正式達成策略聯盟合作方案，參股頂新集團的最主要實體——頂益（開曼控股有限公司）（參見圖七），並與頂新集團一樣各持有該公司33.14%的股份。

　　2000年世界方便麵總產量為二百五十億包，而頂新和三洋食品的結合，使得兩家產量之和躍居世界第一位（年產量六十億包）。三洋將自身多年積累的製麵技術轉讓給頂益，頂益每年派工廠技術主管到日本三洋學習，三洋也經常派有經驗的技術人員去頂益進行指導。雙方合作有一個共同的目的——生產出更優質、更美味的方便麵，使消費者更加滿足，從而得到消費者更大的支持。

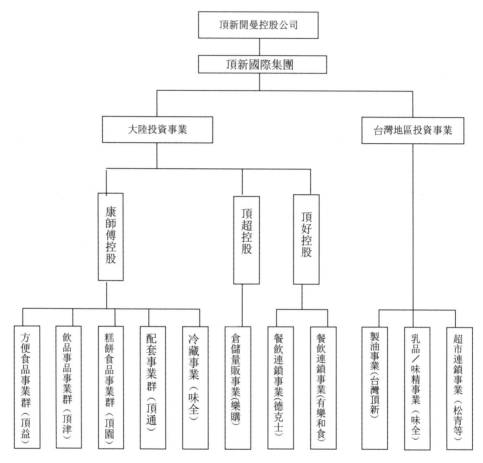

圖七　頂新國際集團經營範圍結構圖

肆、結論

　　2008年秋，因美國次貸危機引爆全球金融危機後，世界經濟格局發生了劇烈變動。各區域的區位條件及比較優勢發生了巨大變化。日本進行對外投資動機的區域性變革，變得更加明顯。本文透過分析認為：日本在大陸進行直接投資的目的，與對歐美投資的目的有所不同。對歐美投資的主要目的，是為了避免貿易壁壘，並佔領歐美市場；而對大陸投資，除了著

眼佔領中國市場外，還有利用中國大陸的廉價勞動力、豐富的原材料，把中國作為日本企業的海外生產基地。以佔領大陸市場為目的的投資可看作是「內銷型投資」，製造業中的汽車、鋼鐵行業和非製造業中的金融、保險業、小型零售業，都可以看作是「內銷型投資」。而在中國生產基地生產的製品返銷日本的投資，可看作是「出口型投資」。近年來，日本對大陸投資中，「內銷型投資」傾向已超過「出口型投資」。

以中日貿易為例，中國已取代美國成為日本最大的出口對象國。中國為擴大內需而採取的諸如「汽車下鄉」、「家電下鄉」等一系列促進內需的政策，也同時帶動了日本對華原材料、零組件的出口，日本對華出口依存度越來越大，中國因素已經成為推動日本經濟發展的主要因素。另一方面，由於世界金融風暴的影響，日本國內生產總值由2007年的562萬億日圓，減少至2008年的544萬億日圓，估計2009年的縮水幅度會增加到6%。在中日經濟合作關係出現上述變化的形勢下，如何正確分析中日經濟合作的現狀，尋找解決問題的對策，擬定新的中日合作模式，已成為包括學者、中日政府、企業所需要研究和關注的問題。

為解決以上問題，並尋找新的投資大陸合作模式，筆者主持的日中經濟發展中心，近幾年來一直推動的目標為：以日本的技術、人才和中國的資金、市場相結合的新的發展模式。隨著中國的經濟發展，東部沿海地區的企業，特別是民營企業已具有一定的生產規模。但由於種種原因，很多民營企業缺少自主技術，面臨企業升級、產品結構轉型的問題；反之，很多日本的中小企業，雖然有技術、人才，但由於缺少資金、市場，很難繼續發展。將擁有先進自主技術的中小企業介紹到中國，協助其在中國尋找合作夥伴，不僅能解決中國企業的技術問題，也能幫助日本中小企業的發展。2009年9月3至5日，日中經濟發展中心代表團參加了「2009南京國際技術轉移大會」，代表團向大會提供了「新自動化碳化裝置」、「農業用酵母」等十五項技術產品。當然這種新的中日合作發展模式和其他事業一

樣，在推進過程中還會出現各式各樣的問題，但筆者堅信這一合作方式的生命力，也願意為推進中日經濟合作做一點實質性貢獻。

　　日本、美國和英國等大多數先進工業國的對外投資，都經歷了從資源佔有型，轉向工業製造型，又轉為第三產業服務型的發展過程。特別是日本，是在對外投資方面有著較多經驗的製造大國，同時也是與中國在歷史、文化方面有著諸多相似性的亞洲國家，也與中國存在多方面的競爭關係。特別是日本因在歷史上對中國的侵略關係，在內銷型投資方面的競爭力不如台灣和韓國等競爭者強。這同時也就凸顯台日商策略聯盟關係的重要性。2010年8月，大陸與台灣簽訂了兩岸經濟合作架構協議（ECFA），兩岸經貿開始走向正常化道路。未來不但兩岸的經貿關係可以正常發展，日資企業也可通過台資企業或日資在台灣成立的日資企業，來加強對大陸的內銷型投資。筆者相信兩岸經濟合作架構協議的簽訂，一定會促進台日策略聯盟關係的發展，台日策略聯盟關係也有可能發生實質性的變化。

參考書目

一、 中文部分

田中景，「日本對歐盟直接投資決定因素的實證研究」，王樂林主編，**日本經濟藍皮書B──日本經濟與中日經貿關係發展報告**（北京：中國社會科學文獻出版社，2010）。

林泓，「日本對華投資新動向與山東對策」，**當代亞太**，第12期（2007年）。

金仁淑，「日本對中印投資策略調整研究──政治經濟因素探析」，**現代日本經濟**，第1期（2008年）。

張季風，「2009～2010年日本經濟與中日經貿關係：現狀、問題與展望」，王樂林主編，**日本經濟藍皮書B──日本經濟與中日經貿關係發展報告**（北京：中國社會科學文獻出版社，2010）。

劉昌黎，「日本對華直接投資的新發展及其原因分析」，**東北亞論壇**，第15卷第6期（2006年11月）。

劉娟，「日本大陸直接投資策略調整及中國應對措施」，**黑龍江對外經貿**，第5期（2009年）。

劉磊，「新世紀日本大陸直接投資與中國產業結構升級」，**日本問題研究**，第1期（2007年）。

邊恕，「日本對華投資對中日產業結構的影響途徑與效果」，**現代日本經濟**，第6期（2008年）。

二、 日文部分

2008 Jetro White Paper On “International Trade And Foreign Direct Investment,” ＜http://www.jetro.go.jp/china/＞。

プレスジャーナル，**日本半導體年鑑**（東京：プレスジャーナル社，1987）。

佐久間昭光，**イノベーションと市場構造──日本の先端技術產業**（東京：有斐閣，1998）。

佐藤幸人，**台灣ハイテク產業の生成と發展**（東京：岩波書店，2007）。

三星電子，三星電子30年史（首爾：三星電子，1999）。

三輪晴治，「半導體產業におけるアーキテクチャの革新——ビジネス-アーキテク　チャの
　　仕掛け合い」，藤本隆宏、武石彰編，ビジネス—アーキテクチャ——製品—組織—プロセスの
　　戰略的設計（東京：有斐閣，2001年）。

徐正解，企業戰略と產業發展——韓國半導體產業のキャッチアップ・プロセス（東京：白桃書房，
　　1995）。

中村文隆，「東アジア經濟の奇跡とパッケージ型外國直接投資」，政經論叢，第67卷
　　（1999），頁641~659。

中國投資指南，＜http://www.fdi.gov.cn/pub/FDI/wztj/wstztj/default.htm＞。

日本貿易振興機構，「（特集）中國北アジア 日系企業が直面する課題」，2008年の対中直接
　　投資動向，Vol. 10（2009年4月），＜http://www.jetro.go.jp/china/＞。

日本財務省（原大藏省）公布的歷年資料，日本財務省，＜http://www.mof.go.jp/index.htm＞。

末永啟一郎，「東アジアにおける半導體產業のキャッチアップ——デバイス-メーカーと
　　製造裝置メーカーの關係に焦點をあてて」，日本貿易學會年報，第46號（2009），頁
　　56~63。

三、　英文部分

Stigler, George J., "The Division of Labor is Limited by the Extent of the Market," *The Journal of Political Economy* (1951), pp. 185～193.

Stowsky, Jay S., "The Weakest Link: Semiconductor Production Equipment, Linkages, and the Limits to International Trade," *BRIE Working Paper*, Vol. 27 (1987), pp. 1～70.

Strojwas, Marcin, "An Empirical Study of Vertical Integration in the Semiconductor Industry," Ph.D. thesis, Harvard University (2005).

Suenaga, Keiichiro, "Toward a Theory of Industrial Development and Vertical Disintegration: The Case of the Semiconductor Industry," *The Josai Journal of Business Administration*, Vol. 4 (2007), pp. 49～56.

Smith, Adam, *An Inquiry into the Nature and Causes of the Wealth of Nations* (London: Methuen, 1904).

台日商大陸投資特性與策略聯盟

劉慶瑞

（輔仁大學日文系所副教授）

摘要

　　經濟的全球化使各國廠商紛紛對外展開布局行動，而中國大陸近三十年的改革開放與快速的經濟成長，已成為全球知名廠商布局的首要之地。

　　1990年代以後，中國大陸成為台日廠商主要的投資地區。過去二十餘年，台日廠商赴大陸投資呈現何種特性？該特性隨著時間之演變又產生何種變化？近年來，赴大陸投資的部分台日廠商採取策略聯盟，該策略聯盟能發揮何種效益？在兩岸經濟合作架構協議（ECFA）簽署後，該策略聯盟將會如何展開？

　　本研究首先將據經濟部投資審議委員會所公布之統計資料與研究報告書，說明台灣廠商赴大陸投資之特性及其演變；其次，根據日本財務省及經濟產業省之調查報告，說明日本廠商赴大陸投資之特徵；最後，列舉頂新集團、六和機械、東南汽車為例，探討赴大陸投資台日廠商策略聯盟模式與未來展望。

關鍵詞：台日合作、策略聯盟、頂新集團、六和機械、東南汽車、ECFA

壹、前言

　　2007年7月美國引爆的次級房貸（Subprime Mortgage）問題，導致之後美國房市泡沫崩潰，再加上2008年9月美國知名投資銀行雷曼兄弟控股公司（Lehman Brothers Holding Inc.）聲請破產保護等，相繼重擊全球經濟，並在極短時間內由美國進而擴大到全球，亦由金融部門波及到實體經濟。此次的全球金融危機造成2009年全球經濟成長率為-1.9%，創下戰後以來的最差紀錄。[1]引爆此次金融危機之因素不外乎美國過度的限制放寬政策與伴隨而來的房市熱潮、證券化為首，金融技術之發展與普及，再加上美國政府對此環境變化之金融限制與監督過於鬆懈所致。不過，值得一提的是全球化興起後，全球經濟整體結構性變化、伴隨而來的全球資金流量結構性變化、全球性對外不均衡（Global Imbalances）之問題，亦有極大關聯性。[2]

　　經濟全球化雖可能為人類帶來不可預期的風險與危機，但不可否認地，隨著經濟全球化的展開，世界各國紛紛在貿易與投資等層面將全球作為舞台而不斷擴大。如此一來，除了可帶給全人類更多福祉外，亦可為各國經濟與廠商注入更多的活力。例如，日本與我國之貨幣相繼自1980年代下半期快速升值，再加上兩國的勞資糾紛增加、境內勞工不足、環保意識抬頭、國際市場之競爭激烈等因素，台日廠商開始積極對外投資。其結果，使日本廠商對外直接投資額（Outward Direct Investment，以下簡稱為「對外投資」）從1984年度的101.6億美元，快速增加到1989年度歷

---

[1] 詳細數據資料請參見：經濟部統計處，「主要國家經濟成長率」，＜http://2k3dmz2.moea.gov.tw/gnweb/Indicator/wFrmIndicator.aspx＞。

[2] 松林洋一，「グローバル・インバランス：概念整理と展望」，經濟學研究年報，第55號，頁65～86。

史新高的675.4億美元。[3] 另一方面，台灣廠商的對外投資額亦從1984年的
3926.3萬美元，激增到2007年的164.3億美元，亦創下歷史新高。

　　1970年代末期，中共將其經濟政策大幅轉向改革開放路線後，遂一直
維持較高的經濟成長。[4] 在此期間，中國大陸廉價之勞力與龐大的國內市
場受到各國廠商之青睞。[5] 其中，日本廠商於1980年代下半期正式展開對
中國大陸投資。例如，日本廠商在1985年度對中國大陸之單一年度投資額
僅為1億美元，到了2004年度時高達45.7億美元，此期間增加了四十五點
七倍。

　　相對於此，我國廠商於1991年對中國大陸之年投資額為1.7億美元，
到了2008年時年投資額為106.9億美元，增加了六十二點九倍。事實上，
2008年我國廠商對大陸之投資額佔該年我國廠商對外投資總額的70.5％。
此外，由於中國經濟三十餘年來的快速成長，帶動國民可支配所得增加，
中國大陸市場已從「世界工廠」蛻變成「世界市場」。

　　誠如上述，1990年代以後，中國大陸對日本廠商與我國廠商而言，已
分別快速成為台日廠商極重要的布局區域。台日廠商在中國大陸展開海外
事業時，呈現何種特色呢？另外，近年來，赴大陸投資的部分台日廠商採
取策略聯盟，該策略聯盟形式亦因國民可支配所得提升、全球廠商形成的
強大競爭力等大陸經濟環境之變化而有所改變，特別是2010年6月29日兩
岸簽署經濟合作架構協議（ECFA）後，台日廠商策略聯盟勢必將更為積

---

[3] 有關直接投資之理論為數眾多，但日本輸出入銀行（1995）有很詳盡之說明。另外，日本
經濟企畫廳（1995）亦整理了幾項說明。又，本研究所稱之「年度」係指日本的會計年
度。例如，所謂的1984年度係指1984年4月至1985年3月。

[4] 1979至2009年期間，中國大陸的實質GDP成長率除1981年5.2％、1989年4.1％、1990年3.8％
外，其餘各年皆超過7.6％。

[5] 戴曉芙指出，全球前五百大多國籍企業中，超過四百家廠商在大陸進行直接投資。參見：
戴曉芙，「中國における多國籍企業の投資と經營」，中國における日・韓・台企業の經營比
較（東京：ミネルヴァ書房，2010），頁28~48。

極。

　　在驟變的商務環境下，今後對台日廠商而言，亦有可能擴大其商機。
然若能透過雙方廠商之策略聯盟，相互補強自身之弱項以提升競爭力，其
所創造出之商機將無可限量。本研究首先根據我國經濟部投資審議委員會
（以下簡稱為「投審會」）所公布之統計資料與研究報告，說明我國廠商
對中國大陸投資演變之特徵。其次，根據日本財務省公布之統計資料與經
濟產業省之調查報告，以勾勒出日本廠商對中國大陸投資之特徵。最後，
列舉頂新集團、六和機械、東南汽車為例，描述台日廠商採取策略聯盟方
式進軍大陸之模式，並探討此策略聯盟發揮之效益後展望未來。[6]

貳、我國廠商前進大陸投資之特徵

　　由於我國廠商對中國大陸之投資，亦包括經由英屬維京群島等第三國
之投資，故要正確掌握實際數字極為困難。因此，政府公布之統計資料多
少欠缺統計的整合性。雖然如此，我們認為經濟部投審會所公布之統計資
料在現階段仍最具參考價值，故在此將根據該資料進行分析。

　　表一顯示，從投資金額來看，1991至2009年間，我國廠商對中國大陸
之主要投資地區之變化。由該表可知，從投資金額來看，上述期間我國廠
商對大陸投資之地區主要以江蘇省、廣東省、上海市、福建省為主，若將
上述期間加總後，發現僅此四地區幾乎就佔了對大陸總投資額的八成。

---

[6] 此三個案各有其特色。例如，頂新集團過去在台灣與日本廠商並無合作經驗，而是在大陸
事業出現危機後，開始與日本廠商合作，如今不斷擴大合作之層面。而六和機械早期在台
即與日本廠商有長期的合作關係。至於東南汽車則是台日廠商合作前進大陸，因產業別緣
故，須與大陸廠商合作。

表一　我國廠商對大陸投資之演變－地區別（1991～2009）

（單位：百萬美元、％）

年別	合計		江蘇省		廣東省		上海市		福建省		其他	
	金額	比重	金額	比重	金額	比重	金額	比重	金額	比重	金額	比重
1991～95	1,128.9	100.00	169.9	12.55	353.5	34.05	165.9	13.66	155.5	16.05	284.1	23.69
1996～00	2,291.6	100.00	524.0	24.21	874.6	36.82	318.2	14.37	178.5	7.17	396.4	17.42
2001	2,784.1	100.00	1,046.3	37.58	788.0	28.30	376.2	13.51	120.1	4.31	453.5	16.29
2002	6,723.1	100.00	2,223.1	33.07	1,635.1	24.32	949.2	14.12	749.9	11.15	1,165.7	17.34
2003	7,698.8	100.00	2,601.1	33.79	2,054.5	26.69	1,104.3	14.34	491.8	6.39	1,447.1	18.80
2004	6,940.7	100.00	2,486.8	35.83	1,404.1	20.23	1,175.0	16.93	452.8	6.52	1,422.0	20.49
2005	6,007.0	100.00	2,349.1	39.11	1,220.2	20.31	1,017.5	16.94	398.3	6.63	1,021.8	17.01
2006	7,642.3	100.00	2,887.2	37.78	1,415.2	18.52	1,041.8	13.63	519.9	6.80	1,778.2	23.27
2007	9,961.5	100.00	3,841.9	38.57	1,978.5	19.86	1,440.2	14.46	388.4	3.90	2,312.6	23.22
2008	10,691.4	100.00	4,229.1	39.56	1,504.6	14.07	1,704.1	15.94	808.5	7.56	2,445.1	22.87
2009	7,142.6	100.00	2,746.6	38.45	1,282.2	17.95	955.0	13.37	262.5	3.68	1,896.3	26.55
合計	82,703.0	100.00	27,880.5	33.71	19,423.1	23.49	12,183.6	14.73	5,862.2	7.09	17,353.6	20.98

註：1.許可基礎。

　　2.1991～95、1996～00為年平均值。

　　3.1993年、1997～98年、2002～03年投資額激增之背景係因受理追加許可申請所致。

資料來源：經濟部投資審議委員會，**對中國大陸投資統計年報2009年版**（台北：經濟部投審會，
　　　　　2010）。

　　此外，從表一亦可知，截至2000年以前，以位於珠江三角洲的廣東省為我國廠商赴大陸最主要之投資地區。不過自2001年以後，則以位於長江三角洲的江蘇省、上海市等地區取代廣東省，成為最主要之投資地區。由此可顯示二十一世紀以後，前進中國大陸之我國廠商的投資地區，係由珠江三角洲快速移轉到長江三角洲。

　　表二顯示，從投資金額來看，1991至2009年間，我國廠商對中國大陸投資之主要業別分別依序為：電子零組件、電子產品、光學、電子機器及設備、基本金屬及其產品。另外，截至2003年以前，電子產品、光學雖為

最主要之投資業別，但之後除了2005年以外，電子零組件取代了電子產品、光學而成為投資金額最多之產業。不過，若將上述期間加總後，發現「其他」產業佔總產業的49.6%，由此可知，除了上述四大產業外，我國對大陸投資之廠商業別相當廣泛。此外，由於我國政府對金融機構在大陸設分行仍有若干限制，故截至2009年，我國三級產業對中國大陸投資額僅佔整體產業的10.3%。

表二　我國廠商對大陸投資之演變－業別（1991～2009）

（單位：百萬美元、%）

年別	合　計		電子零組件		電子產品、光學		電子機器及設備		基本金屬及其產品		其他	
	金額	比重	金額	比重	金額	比重	金額	比重	金額	比重	金額	比重
1991～2002	26,609.8	100.00	3,167.7	11.90	3,565.8	13.40	2,418.6	9.09	2,213.0	8.32	15,244.7	57.29
2003	7,698.8	100.00	815.8	10.60	976.5	12.68	742.1	9.64	708.6	9.20	4,455.8	57.88
2004	6,940.7	100.00	1,482.2	21.36	1,140.0	16.42	593.3	8.55	714.5	10.29	3,010.7	43.38
2005	6,007.0	100.00	850.1	14.15	1,243.5	20.70	560.7	9.33	633.9	10.55	2,718.7	45.26
2006	7,642.3	100.00	1,618.6	21.18	1,472.1	19.26	664.7	8.70	620.4	8.12	3,266.5	42.74
2007	9,961.5	100.00	2,426.3	24.33	1,688.4	16.93	1,047.0	10.50	827.3	8.30	3,972.5	39.93
2008	10,691.4	100.00	2,051.9	19.19	1,783.3	16.68	1,065.9	9.97	1,025.8	9.59	4,764.5	44.56
2009	7,142.6	100.00	1,801.3	25.22	1,019.4	14.27	462.7	6.48	310.0	4.34	3,549.2	49.69
合計	82,703.0	100.00	14,213.9	17.19	12,889.0	15.58	7,554.9	9.13	7,053.6	8.53	40,991.6	49.56

資料來源：經濟部投資審議委員會，**對中國大陸投資統計年報2009年版**（台北：經濟部投審會，2010）。

投審會為掌握我國廠商在大陸經營狀況之實際情形，因而每年出版調查報告。以下將根據該調查報告最新版《2009年赴中國大陸投資事業運營狀況調查分析》（調查年度：2008年），就我國在大陸投資廠商經營狀況之實際情形等來說明其特色。[7] 首先，有關我國廠商在大陸之投資型態，2009年調查前進大陸台商之報告中，獨資比例最高，佔所有回答數的

82.8％。其餘則包括與台商、外商、當地廠商合資等，但比例都在10％以下。

　　其次是有關投資動機，過去我國廠商赴大陸投資之主要考量在於善用大陸低廉的勞力以降低成本，強化其競爭力。但是，由2009年所調查的廠商對大陸投資動機經加權比率採算後發現，「大陸市場發展潛力大」為28.9％，「勞力成本低廉」為27.0％，大陸市場考量的重要性首度超越成本之考量。至於營業收入，2009年所回收之問卷調查結果顯示，前進大陸之我國廠商約有46.9％廠商回答有獲利，較2007年的62.9％衰退許多，顯見已受到金融危機之影響。此外，獲利之理由主要包括「當地市場需求增加」（23.8％）、「已達經濟規模」（20.9％）、「管理良好」（13.9％）、「生產技術提升」（13.4％）等。然而，造成營業損失之最大理由則為「未達經濟規模」（26.1％）。[8]

　　還有，就前進大陸之我國廠商當地化之實際情形來看，我們可以說大陸台商當地化情形相當顯著。當然，大陸台商當地化之實際情形因業別及投資地區之不同而有所差異。例如，2009年調查報告顯示所有產業之當地銷售約佔65.1％，較出口到台灣（17.9％）、出口到其他國家（16.9％）超出甚多。另外，2008年回收的二百八十九份有效樣本中，有59.4％之大陸台商為當地銷售，回銷台灣、出口到其他國家分別佔21.1％、19.5％，台商將大陸視為市場與日俱增。[9] 至於有關採購機器設備、原料、零組件

---

[7] 投審會於2007年以前之調查報告區分成《赴中國大陸投資事業運營狀況調查分析》、《國外投資事業營運狀況調查分析報告》，但自2008年（調查年度為2007年）以後之調查報告合併成《對海外投資事業營運狀況調查分析報告》。2009年之調查係主要調查在中國大陸及其他海外地區皆有申請投資之廠商，樣本廠商以企業規模300人以上者居多，故調查結果較適用於大型廠商。

[8] 此數據係採加權比率計算。

[9] 詳參：投審會，**對海外投資事業營運狀況調查分析報告**（台北：經濟部投審會，2009）。

與半成品之來源發現，廠商為減少成本及縮短採購時間，當地採購已從2006年的39.0％上升到2009年的55.8％，增加16％以上。[10] 進而，為因應當地競爭之激烈，近年來研發的當地化亦進展迅速。而在大陸進行研發之動機分別依序為「持續降低生產成本及提高效率」（67.1％）、「拓展新市場」（63.3％）、「開發新產品」（46.6％）、「避免技術落後於同業」（29.6％）等。

參、日本廠商對大陸投資之特色

現在日本對國內外投資之統計包括「對內及對外直接投資狀況」與「國際收支統計」。前者係根據外國匯率與外國貿易法（以下簡稱為「外匯法」）之規定，將廠商之投資金額依直接投資型態別、地區、國別、業別等統計，於所提出對內外投資之申報書及報告書，並以對申報者等資料還原為其目的而做成並公布。[11] 另一方面，後者係根據外匯法，利用所提出支付外匯等報告書等，依國際貨幣基金（IMF）國際收支手冊之形式所製作而成。[12]

---

[10] 其中機器設備在當地採購比率為54.96％，原料、零組件與半成品在當地採購比率為57.65％。

[11] 日本財務省所公布之申報‧許可基礎「對外及對內直接投資狀況」已於公布2004年度之資料後廢止，之後，僅公布《國際收支統計》。

[12] 日本財務省的申報‧許可基礎統計並未扣除自母公司借款之清償與撤退等造成之負數投資，亦不含外資廠商利潤的再投資，相對於此，《國際收支統計》為淨統計值，亦包括利潤之再投資。幾乎依據國際統一之基準（國際貨幣基金的國際收支手冊第五版），故可用來進行國際比較，與國際收支統計相比，財務省之申報‧許可基礎統計略遜一籌。不過，《國際收支統計》並未有產業別之統計，故分析產業別之對內外直接投資時，多數之研究人員仍不得已會利用財務省申報統計。本研究為方便起見，亦使用財務省的申報‧許可基礎統計。

　　戰後初期，日本廠商長期在資金與技術等層面較歐美廠商略遜一籌，故前進海外之廠商較少。不過，隨著1980年代上半期日美貿易摩擦問題轉趨嚴重，並於1985年9月主要工業國（G5）在美國紐約召開之廣場協議（Plaza Accord），造成日圓兌換美元快速升值。之後，全球的經濟環境產生極大變化，特別是廠商透過直接投資擴大國際參與，此舉對貿易帶來極大的影響。[13] 再加上，1980年代下半期起日本國內工資上揚、環保意識高漲、重視休閒帶來之工作意願低落等，導致日本國內投資環境惡化，這些都促使日本廠商快速擴大對外投資。

　　根據日本財務省之統計資料顯示，日本廠商對大陸本土投資，係自1979年度開始有統計。圖一顯示1979至2004年度日本對大陸投資之變化，由該圖可知日本廠商對大陸投資，無論是件數或投資額，皆自1980年代中葉至1990年代中葉呈現增加趨勢。之後，由於相繼發生日本泡沫經濟崩潰造成之長期不景氣、亞洲金融危機、中國爆發SARS等因素，使日本廠商對大陸投資額受到極大影響。

　　另一方面，表三顯示：從投資業別看，1989至2004年度日本廠商對大陸投資之變化情形，由該表可知上述期間製造業對大陸之投資額為2.52兆日圓，佔全產業總投資額75.8％。其中，電機、運輸機械、機械為主要的投資業別。不過，由於近年來大陸國民所得水準提升，購車需求大增，造成大陸汽車產業競爭白熱化，故自2003年度起，日本運輸機械產業對大陸投資快速增加。

---

13 對外直接投資對貿易造成之影響，包括誘發出口效果、出口替代效果、逆進口效果、進口替代效果等。例如，日本廠商前進海外對日本出口帶來之效果包括：(1)誘發出口效果：日本廠商在海外開始生產時，自日本採購資本財與原物料造成日本出口增加之效果；(2)出口替代效果：過去用來出口之國內生產被海外替代而使日本出口減少之效果等兩項。另外，對日本進口帶來之效果包括：(3)逆進口效果：生產據點移往海外造成日本廠商之產品從各海外據點進口，而使日本的進口增加之效果；(4)進口替代效果：隨著生產據點移往海外，使進口至日本之原物料減少之效果等兩項。

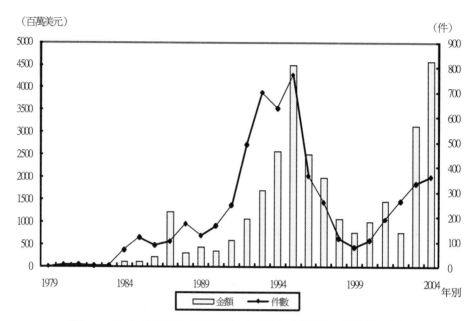

圖一　日本廠商對大陸投資之演變（1979～2004年度）

註：1. 此處的年度係指日本的會計年度，亦即自4月至隔年的3月。

　　2. 1995年度以後係將公布日圓之數值，利用日銀Interbank期中平均匯率換算成美元所得。

　　3. 未包含對澳門、香港之投資。

資料來源：根據「對外及對內直接投資狀況」（財務省）、「財政金融統計月報」（財務總
　　　　　合政策研究所）、日本貿易振興會、日本銀行資料，由筆者做成。

　　此外，日本經濟產業省為掌握日本廠商海外事業活動之實態而對廠商
進行問卷調查。以下係根據最新版之「第39回海外事業活動基本調查結果
概要確報（2008年度實績）」，說明日本廠商在中國本土當地子公司之實
際經營狀況。表四顯示日本廠商在中國本土當地子公司之廠商數、營業
額、設備投資額、專職員工數、當地採購比率。由該表可知：1999至2008
年度日本廠商在中國本土當地子公司數，係自1999年度的1,573家，穩定
增加到2008年度的4,213家，而總營業額之增加率較當地子公司數之增加
率為高。另外，在設備投資額方面，除了2008年度受到金融危機影響外，

其餘各年均呈現增加趨勢，專職員工數亦從1999年度的47.9萬人增加到2008年度的134.5萬人。還有，當地採購率在上述期間雖有不一致波動，但均維持在45.0%至59.8%，整體呈現增加之趨勢。

表三　1989至2004年度日本廠商對大陸投資之演變－業別

（單位：億日圓）

年度	全產業 計	製 造 業				非 製 造 業				支店
		電機	運輸機械	機械	其他	服務業	商業	不動產業	其他	
1989	586.8	106.8	1.6	57.3	110.0	235.2	11.6	11.2	51.9	1.2
1990	511.0	32.8	2.0	74.3	127.8	198.6	4.5	14.1	52.9	4.0
1991	786.9	167.2	11.8	39.4	201.6	255.1	9.2	21.7	25.3	55.6
1992	1381.2	246.1	41.4	65.3	485.2	283.2	30.6	84.8	68.6	76.0
1993	1953.8	385.5	97.6	264.8	838.6	143.3	64.0	47.4	60.0	52.6
1994	2683.1	515.9	233.3	137.4	1055.6	215.4	156.1	145.9	114.6	108.9
1995	4319.4	904.4	370.1	463.1	1630.1	173.2	249.2	260.7	167.8	100.8
1996	2827.5	444.5	280.4	318.8	988.2	286.6	145.9	194.8	121.8	46.5
1997	2438.1	517.7	122.3	231.5	985.6	178.8	124.3	131.4	114.3	32.2
1998	1377.5	163.1	178.7	114.1	582.0	96.7	44.1	45.2	131.1	22.5
1999	858.7	81.9	103.7	43.6	394.9	102.1	71.7	3.4	21.6	35.8
2000	1114.5	357.9	101.4	94.5	301.9	167.1	61.9	14.6	12.6	2.6
2001	1818.5	650.3	257.9	162.5	535.5	40.8	115.9	11.2	41.4	3.0
2002	2152.5	380.8	236.3	190.8	903.9	39.0	83.0	4.6	168.1	146.0
2003	3552.6	496.5	958.1	399.3	919.1	81.6	248.6	15.1	360.5	73.8
2004	4908.8	506.5	1795.0	460.6	1304.2	146.6	272.6	15.6	200.0	207.6

註：1.申報、許可基礎。
　　2.未包含對澳門、香港之投資。
資料來源：日本財務省。

　　表五顯示，日本廠商在大陸各省份當地子公司家數之變化情形。由該表可知：無論是2004年度實績或2008年度實績，日本廠商多集中於上海市、江蘇省等長江三角洲一帶設廠投資，且增加之速度大於其他地區。該表亦顯示：2004年度實績中，製造業當地子公司數佔全產業子公司數71.3％，而2008年度實績中，非製造業子公司數雖仍較製造業子公司數低，但非製造業子公司數佔全產業子公司數，已由2004年度實績的28.7％，增加到2008年度實績的36.5％，顯現非製造業中的三級產業赴大陸投資廠商有增加趨勢。值得一提的是：2008年度實績中，多數地區製造業子公司數多較非製造業子公司數多，但上海市、北京市等大陸主要政治、經濟中心都會區則是非製造業子公司數多於製造業子公司數。

表四　日商在中國當地子公司經營狀況（1999～2008）

年度	廠商數（家）	營業額（億日圓）	設備投資額（億日圓）	專職員工數（萬人）	當地採購比率（％）
1999	1,573	31041	1107	47.9	45.0
2000	1,712	36157	1825	54.8	53.7
2001	1,557	41385	1830	53.1	50.8
2002	1,870	51421	2450	69.7	52.9
2003	2,214	68840	2957	91.4	50.2
2004	2,704	89720	4820	101.0	49.0
2005	3,139	123811	6103	120.7	52.0
2006	3,520	164478	7563	129.0	53.0
2007	3,781	217971	7860	142.8	59.8
2008	4,213	229934	6935	134.5	54.7

註：未包含對澳門、香港之投資。

資料來源：日本經濟產業省，「海外事業活動基本調查」，＜http://www.meti.go.jp/statistics/
　　　　　tyo/kaigaizi/＞。

表五　日本廠商在大陸本土當地子公司數之演變－省別

	2004年度實績			2008年度實績		
	合計	製造業	非製造業	合計	製造業	非製造業
上海市	904	494	410	1,453	594	859
江蘇省	383	348	35	653	596	57
廣東省	372	294	78	623	450	173
遼寧省	221	164	57	309	203	106
北京市	180	87	93	239	76	163
天津市	150	119	31	226	171	55
山東省	145	121	24	207	167	40
浙江省	127	117	10	195	175	20
其　他	222	183	39	308	245	63
總　計	2,704	1,927	777	4,213	2,677	1,536

資料來源：2004年度實績，參見：日本經濟產業省「第35回海外事業活動基本調查結果概要確報」，＜http://www.meti.go.jp/statistics/tyo/kaigaizi/result/result_2. html＞，2010年9月1日點閱；2008年度實績，參見：日本經濟產業省「第39回海外事業活動基本調查結果概要確報」，＜http://www.meti.go.jp/statistics/tyo/kaigaizi/result/result_39. html＞，2010年9月1日點閱。

此外，表六顯示從產業別來看，2008年度日本廠商在大陸當地子公司之營業額及其銷售地區。由該表可知，製造業的營業額佔整體產業的70.9％，其中以運輸機械、資訊通信機械、電氣機械為主要業別。另一方面，在製造業之營業額中，對日本出口、當地銷售額、對第三國出口，分別佔22.3％、60.6％、17.1％。其中對亞洲之出口額共1.78兆日圓，佔對第三國出口總額的70.4％。不過，資訊通信機械業則仍以回銷日本為主，例如2008年度資訊通信機械營業額為2.72兆日圓，其中高達52.4％回銷日本。至於非製造業則以批發業為最主要產業，而非製造業高達76.7％係以當地銷售為主。另外，值得一提的是2004年度全產業當地銷售比例尚為48.0％，到了2008年度全產業的當地銷售比例增加到66.1％，顯見銷售當地之情形越來越明顯。

表六　日本廠商在大陸當地子公司營業額及其內容（2008）

（單位：億日圓、%）

	營業額		對日本出口額		當地銷售額		對第三國出口額	
	金額	比重	金額	比重	金額	比重	金額	比重
合計	229934.2	100.0	39586.4	18.5	157095.6	66.1	33252.2	14.5
製造業	161931.8	100.0	36041.9	22.3	98140.1	60.6	27749.9	17.1
運輸機械	-	-	-	-	53815.2	-	-	-
資訊通信機械	27165.8	100.0	14229.2	52.4	7301.6	26.9	5544.8	20.7
電氣機械	24614.2	100.0	7661.4	31.1	11620.4	47.2	5332.3	21.7
業務用機械	7104.2	100.0	3077.7	43.3	1316.0	18.5	2710.5	38.2
非製造業	66935.9	100.0	3345.8	5.0	51351.1	76.7	12239.0	18.3
批發業	55289.6	100.0	2337.9	4.2	41247.0	74.6	11704.7	21.2
零售業	2845.9	100.0	25.5	0.9	2763.9	97.1	56.5	2.0
運輸業	2708.2	100.0	193.1	7.1	2117.1	78.2	398.0	14.7
服務業	2330.3	100.0	340.4	14.6	1961.3	84.2	28.6	1.2

資料來源：日本經濟產業省，「第39回海外事業活動基本調查結果概要確報」，＜http://www.meti.go.jp/statistics/tyo/kaigaizi/result/result_39.html＞，2010年9月1日點閱。

肆、從個案看台日廠商之策略聯盟

誠如上述，日本廠商自1980年代下半期，而我國廠商則自1990年代，相繼因國內投資環境惡化等因素而赴大陸投資。其中，近年前進長江三角洲之日本廠商持續增加。例如，根據日本經濟產業省的最新調查顯示，2008年度日本廠商位於長江三角洲之上海市、江蘇省、浙江省等地的當地子公司共2,301家，佔日本廠商在大陸投資廠商的54.6%。[14] 其中以運輸機械、資訊通信機械、電氣機械為主（表六）。

---

[14] 詳參：日本經濟產業省，「第39回海外事業活動基本調查結果概要確報」，2010年度，＜http://www.meti.go.jp/statistics/tyo/kaigaizi/result/result_38.html＞。

　　另一方面，二十一世紀以後，長江三角洲取代珠江三角洲，亦為我國廠商最主要之投資地區。此外，1991至2009年間，我國廠商前進中國大陸的主要業別為電子零組件、電子產品與光學、電子機器與設備、基本金屬及其產品，該四大業別之總投資額累積為417.1億美元，佔同期間對大陸總投資額的50.4％。

　　許多日本廠商與我國廠商已有長期的合作關係，我國廠商亦較理解日本廠商之經營習慣與管理方法等，故近年台日廠商以某種合作關係前進大陸亦不在少數。前台北市日本工商會理事長小椋和平（Kazuhira Ogura）曾在多次場合呼籲，台日廠商合作前進大陸之重要性。他指出：台灣廠商之強項在於積極委外與決策速度快等經營能力、華人圈人脈與大陸地區之品牌力等國際性、應變能力與商業靈敏度等商業常識；而日本廠商之強項則在於組織管理與工程管理等經營管理能力、研發與品管等技術能力、服務及品質穩定等品牌能力等，雙方可建立強而有力之策略聯盟關係。[15] 另外，前台灣三井物產董事長兼總經理高寬（Yutaka Taka）亦認為，台日廠商合作前進大陸將是雙贏局面。他亦強調：對大陸的商務與生活習慣之理解、經營資源之優勢、對環境變化之彈性因應等，為台灣廠商之強項。相反地，品牌不足、先端技術力欠缺、台灣經濟對大陸依賴、產業空洞化等則為台灣廠商之弱項。[16] 相對於此，高寬亦指出：日本廠商前進大陸正面臨許多課題。例如，大陸經濟制度與商務習慣、當地人才之獲得與勞務管理、文化上之差異等造成之障礙，智慧財產權、技術外溢之風險、內部管理等。儘管如此，我們認為前進大陸之台日廠商非僅是競爭關係，亦有可

---

[15] 詳參：小椋和平，「両岸関係の変化と日台協業について」，發表於台日企業協力の優位性と展望ワークショップ（東京：亞東關係協會科技交流委員會主辦，2009年7月22日）。

[16] 詳參：高寬，「世界の時代潮流とアジア市場を見据えた台日協力体制の構築」，發表於台日企業協力の優位性と展望ワークショップ（東京：亞東關係協會科技交流委員會主辦，2009年7月22日）。

能為合作關係。以下將分別列舉頂新集團、六和機械、東南汽車等個案，探討我國廠商與日本廠商合作前進大陸進行之策略聯盟。

一、 頂新集團

「康師傅」1992年在大陸銷售第一碗紅燒牛肉麵後，遂在大陸速食麵業市場迅速成長。1995年康師傅擴大營業項目到糕餅、飲品業，目前此三大產品皆已在大陸食品市場佔有領先地位。2009年底員工人數超過5萬人，總營業額超過50億美元。[17] 康師傅母公司係為頂新集團，亦為我國廠商，1997年亞洲金融危機以後一直與日本廠商有很深厚的關係。

康師傅創辦人魏應州董事長曾提及，「由於大陸市場廣大，頂新集團擁有的資金、技術皆不足，故須尋求日本企業夥伴」。[18] 而與日本企業開始展開合作契機，係始自1997年亞洲金融風暴，當時由於康師傅為擴大事業版圖，而於1996年2月在香港上市籌資。不過，由於1997年的亞洲金融風暴、1998年購併味全食品，使康師傅財務惡化，正當康師傅面臨財務危機之際，伸出援手的正是日本三洋食品。康師傅於1999年7月與日商三洋食品策略聯盟，三洋食品並出資210億日圓，取得康師傅已發行股份33%，此舉解決康師傅的資金危機。此外，康師傅除三洋食品的資金挹注外，亦獲致三洋食品生產與品質管理之指導，使康師傅快速恢復成長。

由於此次的成功合作模式，使魏董事長開始積極尋求與日方的合作，2002年時與伊藤忠商事簽署概括性合作，並透過伊藤忠商事之介紹，使康師傅在飲料事業、蔬菜果汁事業、麵包事業，分別與日本的朝日、KAGOME、Pasco合作，而伊藤忠本身也將旗下的全家便利商店，與康師

---

[17] 詳參：康師傅控股，＜http://www.masterkong.com.cn/big5/＞，2010年9月1日點閱。

[18] 詳參：日經ビジネスオンライン，＜http://business.nikkeibp.co.jp/article/topics/20090703/199352/?P=2＞，2009年9月1日點閱。

傳共同出資，展開大陸事業。表七顯示頂新集團與伊藤忠商事之關係。由
該表可知2002年頂新集團與伊藤忠商事簽署「概括策略合作同意書」後，
透過伊藤忠商事之引介，使頂新集團迅速展開與日本廠商之策略聯盟。

表七　頂新集團與伊藤忠商事之關係

2002年9月	伊藤忠商事與頂新集團（康師傅的母公司）間簽署「概括策略合作同意書」。
2004年3月	朝日啤酒與伊藤忠、康師傅設立清涼飲料事業合併公司之「康師傅飲品控股有限公司」。
4月	資金投入物流事業。
7月	設立「上海福滿家便利店有限公司」。在上海地區開始展開全家便利商店事業。
2005年7月	KAGOME、伊藤忠、康師傅三家共同設立「可果美（杭州）食品有限公司」。
2006年9月	設立「廣州市福滿家便利店有限公司」。在廣州地區開始展開全家便利商店事業。
2007年7月	設立「蘇州福滿家便利店有限公司」。蘇州地區開始展開全家便利商店事業。
2008年1月	頂新集團與不二製油的大陸及台灣加工油脂事業資金合作。
5月	與日本製粉設立預混粉製造銷售事業之「天津全順食品有限公司」。
8月	敷島製麵包（Pasco）、伊藤忠、味全（康師傅子公司食品製造商）設立製麵包事業合併公司「頂盛（BVI）股份公司」。
11月	決定向頂新集團出資20%（2009年5月完成出資）。

資料來源：日經ビジネスオンライン，＜http://business.nikkeibp.co.jp/article/topics/20090707/
199470/?P=3＞，2010年9月1日點閱。

誠如魏董事長所言：

　　　台日廠商之組合，在大陸最強。若沒有日本廠商之資金力、
信用力、技術力，康師傅將無法成長。不過，在市場變化激烈的
日用品與食品領域，日本廠商獨自經營將難以成功。因為日本與

大陸之語言及文化不同，與消費者的溝通亦難，在這方面，台灣
廠具較佳的華人社會行銷能力與累積員工教育管理方法。[19]

由於華人的口味相近，故在產品開發與行銷主要由康師傅擔任，而日
本廠商則負責生產與品質管理等技術面工作。然而廠商的發展必須是行
銷、生產、品管、商品開發、營業等各部門同心協力方可完成，台日廠商
各自發揮己長，將可彌補彼此之不足。

二、六和機械

六和機械係於1971年6月創立於桃園中壢市，現為汽車零組件製造
商。公司創辦人係大陸山東省出身，創辦初期與日本豐田紡織為合作關
係，主要經營紡織、織布業，雖也兼做汽車零組件，但成長有限。1984年
時，由於日本豐田汽車在台設立國瑞汽車，並向六和機械探詢交易事宜，
六和機械自那時因而成長茁壯，之後六和機械持續與日本廠商維持合作關
係。現在六和機械的主力事業為鋁輪、鑄物加工、鈑金等。由於六和機械
於1990年代初期，因國內勞工缺乏、工資上漲等國內投資環境之惡化，因
而前進大陸布局，目前在大陸設立二十多家當地子公司。

表八為截至2007年，六和機械在大陸製造當地子公司一覽表。由該表
可知：第一，六和機械在大陸製造當地子公司之特徵包括，二十一家製造
當地子公司中，有十一家係以江蘇省昆山作為據點。其次，主力事業的鋁
輪，係以近乎由六和機械完全擁有之型態來經營中國事業。第三，鑄物與
鑄鐵、機械加工等支援事業，六和機械以過半擁有來強化集團之競爭力。
第四，截至1999年以前，僅有二家，但2000年以後則加速大陸布局。日系
夥伴廠商大陸布局時，將出資比例控制在二成至三成來支援。

---

[19] 同註13。

表八　六和機械於大陸之製造當地子公司

	公司名	主要產品	投資額（百萬美元）	六和出資率（%）	設立年	員工數（人）	投資地區	合作廠商
1	昆山六豐機械	鋁輪、壓鑄	111.5	90	1992	1,368	江蘇省昆山經濟技術開發區	豐田通商、中央精機
2	豐田工業	引擎本體鑄物	30.0	25	1994	450	江蘇省昆山經濟技術開發區	豐田自動織機、豐田通商
3	豐田工業汽車配件	引擎本體鑄物	30.0	20	2004	n.a.	江蘇省昆山開發區	豐田自動織機、豐田通商
4	六豐模具	模具製作、鈑金生產	14.0	65	2003	170	江蘇省昆山經濟技術開發區	豐田自動織機
5	天津高丘六和工業	鑄鐵、機械加工	28.7	46	2001	410	天津市北辰區	AISIN高丘、豐田通商
6	昆山中發六和	電纜	9.0	20	2002	407	江蘇省昆山出口加工區	中央發條
7	中和彈簧	發條	1.8	20	2004	22	江蘇省昆山開發區	中央發條
8	六和精密模具	鋁輪	4.4	90	2001	80	江蘇省昆山經濟技術開發區	豐田通商
9	廣州光洋六和	第三代一體式HUB&BRG	29.0	30	2004	129	廣東省佛山市	光洋精工
10	廣州高岳六和	腳周圍相關零組件機械加工	8.0	46	2005	70	廣東省廣州市南沙經濟開發區	AISIN高丘
11	福州六和機械	鑄鐵、機械加工	29.9	89	2000	380	福建省福州市	井原精機

12	富士和機械工業	指叉、盤	52.5	51	1995	1,100	江蘇省昆山經濟技術開發區	栃木富士產業
13	福州金鍛工業	鍛造工場	7.5	42	2001	150	福建省福州市	
14	六和鍛造工業	大型鑄物	10.0	100	2002	287	江蘇省昆山經濟技術開發區	
15	六和輕合金	鋁輪	30.0	100	2000	1,200	江蘇省昆山出口加工區	
16	六和方盛	燃料箱	4.1	45	2003	218	廣西壯族自治區柳州市	方盛
17	廣州六和桐生機械	汽車零組件機械加工	30.0	55	2004	118	廣東省廣州市花都區	桐生
18	湖南長豐六和	鋁輪	30.0	50	2004	844	湖南省衡陽市	長豐汽車
19	六和環保節能	節能器	0.5	55	2003	50	江蘇省昆山經濟技術開發區	協穩電機
20	海南六和機械工業	沖壓、燃料箱	15.0	100	2004	120	海南省海口市	
21	福州井原六和	球接頭	1.4	25	2005	63	福建省福州市	井原精機

資料來源：天野倫文，「中國‧東アジアにおける日本企業と台灣企業の國際化戰略：自動車‧電子機械サプライヤーの戰略展開」，發表於第五屆資訊電子產業研究會（台北：亞東關係協會科技交流委員會主辦，2007年9月28日）。

　　台日廠商在大陸之展開方式極為多樣。若觀察兩國廠商長期對大陸投資，可分別整理出幾項經營能力。首先，有關前進大陸之我國廠商的經營能力，誠如六和機械台日互補策略般，具備追求顧客之商務體制互補性特色。而且在語言、文化、習慣等對我國廠商而言，不像國外之於大陸，較易展開事業活動。此外，對我國廠商而言，在大陸展開事業係自具有封閉

感之國內，機動且大膽對海外市場機會之因應，亦可說是所謂的潛在市場開拓型之直接投資。最後，則是具備日本廠商所沒有的生產群聚網絡，生產群聚之台灣式生產分工體制之移動與形成。

三、東南汽車

「東南汽車」位於大陸福建省，該公司係日本三菱汽車，和過去已在我國與三菱汽車維持合作關係的中華汽車，以及福建省汽車工業集團於1995年所設立之公司。[20] 2009年，東南汽車主要股東為大陸的福建省汽車工業集團（50%）、我國的中華汽車（25%）、日本三菱自動車（25%）。[21]

中華汽車於1969年6月創設於桃園楊梅，隔年10月與日本三菱汽車簽訂技術合作，此關係持續至今。此外，1986年6月三菱汽車與三菱商事分別取得中華汽車19%與6%之股份。中華汽車在技術力提升與管理方法之學習等方面，多向三菱集團學習，該公司多數之汽車亦以三菱之品牌銷售。1995年11月中華汽車與福建省汽車工業集團分別出資50%而設立「東南汽車」。

東南汽車的生產管理方式主要係由中華汽車之經驗導入。另外，人事管理模式基本上亦依從中華汽車，但在升遷制度上則採取近似日本三菱汽車的制度，不過若獲得高績效時則可縮短升遷之年數。此外，新進員工之薪資雖依學歷來決定，但進入公司後之薪資多以考績來決定。藍領階級之考績標準主要在於改善、協調性、目標達成度、貢獻度、工作態度等；而

---

[20] 筆者一行於2006年8月29日前往東南汽車訪視，訪視時曾蒙時任副總經理朱建忠先生等多位高階主管親自接待，藉此表達感謝之意。

[21] 2006年4月，中華汽車將持有的東南汽車25%股份轉讓給三菱汽車，因此，三菱汽車於同年9月正式成為東南汽車之股東。

白領階級則在於工作態度、工作之熟練度、技術能力。此外，藍領階級之員工基本上會進行工作部門之輪調，公司雖設有優渥的福利制度，但2006年當時，作業員與技術員之離職率約高達10％，該公司的人才管理培育可說未如預期中順利。

　　東南汽車決定供應商之標準係依照中華汽車之標準，採購部門、品管部門、生產管理部門、研發部門分別對其供應商考核，並召開跨部門會議，再向總經理提出考核報告後，由總經理最後裁決。基本上，各項零組件分別決定一家供應商，而關鍵零組件則由台灣進口。若從金額來看，2006年的採購比例是大陸約65％（其中40％係自大陸台商採購），中華汽車約20％、日本三菱汽車約15％。另外，東南汽車為提高產品的競爭力與開發能力，已於2006年4月投入7600萬人民幣設立技術研發中心。該中心分別由技術研發、車輛測試、理化實驗等組成。2006年當時的研發工程師人數為150名，預定將增加至200名。由於大陸汽車產業競爭白熱化，研發將成為未來各汽車製造商可否持續領先的重要工作之一，而三菱汽車亦將扮演重要角色。

　　我們認為在大陸展開海外事業之台日廠商，可在中國策略上具備能力互補之可能性。首先，雖說日本廠商積極布局大陸，但並未如我國廠商般的當地化，在推動對大陸投資上仍有許多課題。而且，我國廠商在大陸境內彈性且廣泛的生產分工網絡與存在，擁有當地決策權之經營高層、較強的顧客導向、未擁有自有品牌等，皆與日本廠商不相衝突。還有，我國廠商過去在國內與日本廠商之合作經驗中，已充分了解日本廠商以交易為前提的管理方法。最後，日本廠商在大陸迅速擴大市場佔有率之過程中，將有可能與我國廠商合作。

伍、結語

中國大陸快速的經濟成長帶來的所得增加，使中國大陸由「世界工廠」蛻變為「世界市場」，邁入二十一世紀以後，全球大廠正加速對大陸投資。廠商為在全球競爭下生存，在中國市場之成敗似乎已成關鍵。

自1990年代以後，我國廠商隨著國內的工資高漲、勞資糾紛等國內投資環境之惡化，而使地理上較近、低工資、語言與文化等相近的中國大陸遂成為我國廠商理想的投資地。現在中國大陸已成為我國廠商最大的投資地區，二十一世紀以後，我國廠商對大陸之投資額已超過總投資額的六成以上。前進大陸的我國廠商亦快速發展當地化，如投審會2009年的調查報告指出，大陸台商總產業的當地銷售佔65.1％，當地採購則佔55.8％。此外，我國廠商為因應當地競爭之激烈，亦快速推動研發的當地化，而在大陸進行研發之動機分別依序為「持續降低生產成本及提高效率」（67.1％）、「拓展新市場」（63.3％）、「開發新產品」（46.6％）等。

另一方面，日本廠商對大陸的投資亦自1980年代下半期起呈現增加的趨勢。該趨勢可從當地子公司數、營業額、設備投資額、專職員工數等的增加看出端倪。此外，若觀察2008年度的營業額可發現，製造業的營業額佔總產業的63.5％，其中尤以運輸機械、資訊通信機械、電氣機械為主要業別。還有，製造業的營業額中，當地銷售額佔總營業額的60.6％，以當地市場為目標一事可說是近年日本廠商前進大陸的一大動機。

前進大陸的台日廠商並非僅是競爭關係，我們亦常看到雙方的合作關係。本研究列舉頂新集團、六和機械、東南汽車為例，皆清楚看出前進大陸之台日廠商若能合作，無論過去台日廠商是否有合作經驗，皆能很快彌補雙方之弱項而強化彼此競爭力。特別是在2008年我國政黨輪替後，兩岸關係迅速改善，再加上ECFA簽署後，前進大陸之我國廠商將進一步減少

許多商務上之風險。我們認為大陸經濟三十年來的快速發展，同時亦將因大陸國民所得提升而促使大陸產業結構改變。未來前進大陸之台日廠商策略聯盟將更為多樣化，例如製造服務業、醫療、物流、金融等服務業將具極大潛力，台日廠商之策略聯盟亦將為雙方廠商、雙方經濟、大陸經濟等帶來多贏局面。另一方面，ECFA簽署後，我國政府更加積極進行全球招商。由於日本廠商較為保守，政府應更主動出擊，建構促成雙方策略聯盟之平台，透過此平台進行資訊之交流，並隨時檢討效果以做適當之修正，方能邁向開創「黃金十年」的新紀元。

參考書目

一、　中文部分

陳德昇主編，台日韓商大陸投資策略與布局（台北：INK出版，2008）。

經濟部投資審議委員會，2007年赴中國大陸投資事業運營狀況調查分析（調查年度：2006年）（台北：經濟部投資審議委員會，2007）。

——，2009年赴中國大陸投資事業運營狀況調查分析（台北：經濟部投資審議委員會，2009）。

——，對中國大陸投資統計年報2006年版（台北：經濟部投資審議委員會，2006）。

——，對中國大陸投資統計年報2009年版（台北：經濟部投資審議委員會，2010）。

投審會，對海外投資事業營運狀況調查分析報告（台北：經濟部投審會，2009）。

二、　日文部分

高寬，「世界の時代潮流とアジア市場を見据えた台日協力体制の構築」，發表於台日企業協力の優位性と展望ワークショップ（東京：亞東關係協會科技交流委員會主辦，2009年7月22日）。

——，「成長市場を捉えるビジネスモデル—真の國際分業」，發表於日台企業連携セミナー—アジア・中國への事業展開の鍵・台灣（福岡：亞東關係協會科技交流委員會主辦，2010年7月20日）。

小椋和平，「日台協業の進化のために」，發表於日台企業連携セミナー—アジア・中國への事業展開の鍵・台灣（福岡：亞東關係協會科技交流委員會主辦，2010年7月20日）。

——，「両岸関係の變化と日台協業について」，發表於台日企業協力の優位性と展望ワークショップ（東京：亞東關係協會科技交流委員會主辦，2009年7月22日）。

松林洋一，「グローバル．インバランス：概念整理と展望」，經濟學研究年報，第55號，頁65～86。

戴曉芙，「中國における多國籍企業の投資と經營」，中國における日・韓・台企業の經營比較

（東京：ミネルヴァ書房，2010），頁28~48。

天野倫文，「中國・東アジアにおける日本企業と台灣企業の國際化戰略：自動車・電子機械サプライヤーの戰略展開」，發表於第五屆資訊電子產業研究會（台北：亞東關係協會科技交流委員會主辦，2007年9月28日）。

日本輸出入銀行，**直接投資と經濟政策──理論の新展開と國際經濟問題**（東京：日本輸出入銀行海外投資研究所，1995）。

劉慶瑞，**日本の經濟発展──対外經濟関係を兼ねて**（台北：致良出版社，2007）。

經濟企畫廳，「直接投資の理論」，**海外からの投資拡大を目指して──對日直接投資促進施策に關する調查**（東京：大蔵省印刷局，1995）。

三、網路資料

日本經濟產業省，「第35回海外事業活動基本調查結果概要確報」，2006年度，＜http://www.meti.go.jp/statistics/tyo/kaigaizi/result/result_2.html＞。

──，「第39回海外事業活動基本調查結果概要確報」，2010年度，＜http://www.meti.go.jp/statistics/tyo/kaigaizi/result/result_38.html＞。

──，「海外事業活動基本調查」各年度版，＜http://www.meti.go.jp/statistics/tyo/kaigaizi/＞。

──，日經ビジネスオンライン，＜ttp://business.nikkeibp.co.jp/article/topics/20090707/199470/?P=3＞。

──，日經ビジネスオンライン，＜ttp://business.nikkeibp.co.jp/article/topics/20090703/199352/?P=2＞。

康師傅控股，＜http://www.masterkong.com.cn/big5/＞。

日本7-ELEVEn中國市場策略演變：
原型、調整及發展

佐藤幸人

（日本亞洲經濟研究所主任研究員）

摘要

2004年，日本7-ELEVEn在北京開幕時，採取單獨經營策略。2008年，卻宣布將在上海市場經營7-ELEVEn的權利授給台灣的統一集團。日本7-ELEVEn為何如此改變它在中國市場的策略？

日本7-ELEVEn有三個改變策略的理由：第一，日本7-ELEVEn按照過去在北京市場的經驗，認定已建立適合中國市場的商業模式；第二，它理解到只靠自己的資源，趕不上中國市場的快速成長；第三，日本7-ELEVEn漸漸地塑造出明確的全球策略，開始連結全球策略與中國策略。

日本7-ELEVEn的策略演變，啟發外商在中國市場需要具備的條件。第一，外商應該一邊堅持基本價值與核心能力，一邊靈活調整策略，以創造符合中國市場的競爭優勢；第二，外商應該考量與別家企業聯盟的得失；第三，日商為何常以台商作為夥伴，其背後的因素應該包括有台商的資源，以及日商與台商間的類似經驗；第四，外商應該結合全球策略與中國策略，以謀求更大的利益。

關鍵詞：日本7-ELEVEn、統一集團、便利商店、中國市場、全球策略

壹、前言

中國市場具有無限的魅力，因此吸引許多外商，但仍是難以攻略的市場。雖然想盡辦法尋找竅門進入，還是有不少外商鎩羽而歸。究竟外商需要具備什麼樣的能力才不會被淘汰，進而在中國市場立足並發展呢？本文將透過日本7-ELEVEN的個案分析，探討外商在中國市場生存、獲利及成長的條件。雖然目前尚無法判斷日本7-ELEVEN在中國市場的成敗，但可以從其經驗中發現許多重要的意義。

特別值得關注的是，日本7-ELEVEN的策略改變。2004年，日本7-ELEVEN在北京開幕時，並沒有積極地謀求合作夥伴。不過在2008年，日本7-ELEVEN發表，將把在上海市場7-ELEVEN的經營權利，授權給台灣的統一集團。日本7-ELEVEN為何改變其在中國市場的策略？在調整策略時，為何選擇授權給統一集團，而排除合資等其他的方式？為何不授權給其他廠商？本篇論文將探討這些問題。

另外一個有趣的問題是，日本7-ELEVEN在中國市場奮鬥的同時，也與在中國的經營策略並行，建立了全球策略，並且推動中國策略與全球策略的融合。本文也將探討兩個策略之間有何種連結。

本文第二部分以筆者所進行的研究，說明日本7-ELEVEN原來的策略及其背景。[1] 同時分析其競爭對手，即全家便利商店（FamilyMart）在中國市場採用何種策略。日本7-ELEVEN與全家在同一年進入中國市場，但它們的策略完全不同。當初日本7-ELEVEN沒有任何夥伴，採取筆者所謂的單獨經營策略。而全家採取團隊經營策略，結合日台全家、母公司伊藤忠，以及頂新國際集團的資源，經營中國市場。透過比較兩家的公司策

---

[1] Yukihito Sato, "Starategic Choices of Convenience Store Chains in China: 7-ELEVEN and FamilyMart," *China Information,* Vol. 23, No. 1 (2009), pp. 45~69.

略，可以更清楚地了解日本7-ELEVEN的策略有何種利弊，以及後來調整策略的因素。

　　第三部分將探討日本7-ELEVEN進入上海市場時如何調整策略，接著分析為何進行策略調整。筆者曾向中國7-ELEVEN（日本7-ELEVEN的子公司）的相關幹部進行訪談，以探討其調整策略的原因。日本7-ELEVEN調整策略有兩個理由：第一是日本7-ELEVEN經過四、五年在北京市場的經驗，認定已經建立適合中國市場的商業模式。第二是其理解到只靠自己的資源，無法趕上中國市場的快速成長。筆者進一步指出，促使日本7-ELEVEN調整策略的客觀條件，就是與全家及其他同業之間的競爭。此外，本文也將探討以統一集團作為授權者的背景。最後，討論新策略存在什麼風險。

　　日本7-ELEVEN調整中國策略的另一個理由，是因為其已經漸漸地塑造出明確的全球策略，把中國策略納入其中。不只如此，進軍中國市場也是促使日本7-ELEVEN建立全球策略的一個重要因素。第肆節將探討兩種策略之間的互動關係。

　　最後在結論中，基於日本7-ELEVEN的策略演變，進一步討論外商建構中國市場策略時，需要注意哪些地方。筆者認為應該有下列四點值得觀察。第一，透過日本7-ELEVEN的經驗可以發現，外商應該一邊堅持基本價值與核心能力，一邊靈活調整策略，以創造符合中國市場的競爭優勢。第二，外商應該考量與別家企業聯盟的得失。日本7-ELEVEN先選擇了獨資經營策略，以維持決策上的自主；但是進入上海市場時，為了配合中國市場的快速成長而調整策略，授權給統一集團。第三，日商為何常把台商作為夥伴？日本7-ELEVEN在幾個候選人中，選擇統一集團，全家也與頂新國際集團聯盟。其背後的因素應該包括有台商的資源，以及日商與台商間的類似經驗。第四，如日本7-ELEVEN的策略發展所示，外商應該結合全球策略與中國策略，以謀求更大的利益。

貳、日本7-ELEVEn中國策略原型及競爭對手策略

　　筆者曾經在其他論文中討論過，日本7-ELEVEn與全家這兩家便利商店的中國策略。[2] 本節從這篇論文歸納日本7-ELEVEn與全家的中國策略，接著比較兩家策略的優劣。

一、日本7-ELEVEn中國策略

（一）世界的7-ELEVEn

　　檢視中國的7-ELEVEn之前，必須先說明世界各國的7-ELEVEn彼此間的關係。7-ELEVEn是美國南方公司（Southland Corp.）所創立的連鎖便利商店。南方公司授權給世界各國當地的資本設立連鎖店，例如日本的Ito Yokado、台灣的統一集團、香港的牛奶公司、南韓的羅德集團、泰國的卜蜂集團等。[3]

　　到了1990年，由於南方公司陷入嚴重的危機，日本7-ELEVEn於1991年金援南方公司並掌握其過半的股份與經營權，而南方公司在1999年改名為7-ELEVEN, Inc.，日本7-ELEVEn則於2005年得到7-ELEVEN, Inc.全部股權。全世界的7-ELEVEn的資本及授權關係如圖一所示。

---

[2]　Sato, 前引文。

[3]　日本7-ELEVEn原本是Ito Yokado的子公司。不過，後來因為集團的改組，日本7-ELEVEn與Ito Yokado都成為新控股公司Seven and i, Holdings的子公司。

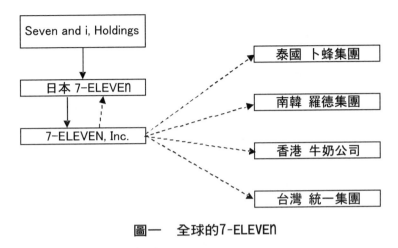

圖一　全球的7-ELEVEN

註：實線是資本關係，虛線是授權關係。

（二）北京7-ELEVEN的成立及單獨經營策略

日本7-ELEVEN握有南方公司的經營權之後，其國際策略並未改變。雖然不得已接管陷入困境的美國7-ELEVEN，但是日本7-ELEVEN仍然以日本市場為主，並沒有積極推動國際化。不過到了二十一世紀，由於日本市場越來越成熟，顯然不久將會飽和。在這種情形之下，日本7-ELEVEN開始計畫進軍海外市場，同時很自然地以中國為主要目標，因為中國除了廣東以外，幾乎都尚未開拓，可望在將來成為主要市場。而且中國加入世界貿易組織後，確定在不久之後將大幅開放服務業。

其實中國已有不少當地資本的連鎖便利商店開業，較大的連鎖店擁有將近2,000家的門市，尤其以最大城市的上海更是競爭激烈。不過雖然當地資本的連鎖店，表面上有連鎖便利商店的型態，但並未具備應有的經營管理系統，從世界的標準來看，並不能算是連鎖便利商店。實際上，幾乎所有當地的連鎖便利商店都是連年虧損。因此，日本7-ELEVEN及其他外國連鎖店業者，仍然有機會憑藉長期的經驗所建構的經營管理系統，在中國市場爭取一席之地，改變市場結構。[4]

日本7-ELEVEN於2004年成立了北京7-ELEVEN，開始經營中國市場。日本7-ELEVEN持有北京7-ELEVEN的65%股份。其他的股東則是北京王府井百貨集團、中國糖業酒類集團。北京王府井百貨集團是北京市政府下屬的北京控股公司旗下的關係企業，中國糖業酒類集團是商務部的下屬企業。這兩家通常不介入北京7-ELEVEN的營運。也就是說，事實上日本7-ELEVEN可以單獨管理北京7-ELEVEN。雖然原來台灣統一集團也有入股的計畫，但是後來沒有實現。不過無論台灣統一集團有無入股，北京7-ELEVEN的經營權一定是掌握在日本7-ELEVEN手中。筆者將日本7-ELEVEN的這項中國策略稱為「單獨經營策略」。

日本7-ELEVEN採取單獨經營策略的理由有兩個。第一是當經營範圍限於北京時，它不太需要經營夥伴的協助。由於日本7-ELEVEN的規模大，獲利能力也強，又有豐富的資源，加上在日本的經驗及商業模式，有強烈的信心可以單獨經營。

第二個理由顯然更重要。因為日本7-ELEVEN賦予了北京7-ELEVEN特別的任務。如前面所述，由於日本的便利商店市場幾乎已經飽和，將來不太可能大幅成長，所以為了使業績持續成長，日本7-ELEVEN不得不開拓海外市場，尤其中國市場是其最重要的目標。因此日本7-ELEVEN打算透過北京的經營，以探索未來可以複製到中國其他地方的商業模式。既然有此目的，那麼就必須排除經營夥伴的干涉。

此外，北京7-ELEVEN還有更遠大的使命。因為日本7-ELEVEN控制7-ELEVEN, Inc.，所以實際上領導全球的7-ELEVEN。但是日本7-ELEVEN

---

4 羅森（Lawson）早於1990年代便在上海設立合資公司，開始營運。但是，業績並不理想，到了2000年代將經營權讓給當地的夥伴。現在上海羅森的業績穩定下來，但看起來沒有快速成長的動力。羅森的經驗啟發，在海外發展的knowhow，在中國市場不一定產生絕對的優勢。不過，也可以說，只有外商的深入參與，便利商店才可發展自己的優勢作為成長的基礎。

也發現，各國的7-ELEVEN都是獨自發展自己的經營管理模式，而出現許多歧異。日本7-ELEVEN認為，在急速發展的全球化市場之中，這種各地各樣的經營模式對7-ELEVEN的品牌，有不可忽視的負面影響，因此需要建立全球7-ELEVEN都遵從的最基本條件。然而日本7-ELEVEN雖然有過接管美國7-ELEVEN的經驗，可是那並不是主動的，而且接管時也受到過去一些包袱相當程度的制約。因此，實際上北京7-ELEVEN可以算是日本7-ELEVEN的第一家海外子公司。除了扮演進軍中國市場的實驗性角色外，它也承擔了摸索全球7-ELEVEN經營管理模式的任務。而單獨經營策略正好符合這個目的。

這樣的考量也是日本7-ELEVEN選擇了北京，而不選擇市場規模最大的上海之重要理由。因為上海羅森與上海當地的便利商店非常發達，消費者已經對連鎖便利商店有了固定印象，所以探討商業模式的實驗會有其限制。而日本7-ELEVEN認為，連鎖便利商店仍不普遍的北京就沒有這種限制。

二、日本7-ELEVEN與全家的比較分析

（一）全家的團隊經營策略

日本7-ELEVEN在北京開始營運的同年，上海全家也正式成立。上海全家所採取的策略，是與日本7-ELEVEN完全不一樣的團隊經營策略，也就是結合經營夥伴的資源以謀求發展。

首先，簡單說明日本全家與台灣全家的股權關係。日本全家原來屬於西武流通集團（Saizon Group），但是該集團於1990年代瓦解，後由日本五大總合商社之一的伊藤忠公司，成為日本全家的最大股東而獲得其經營權。台灣全家是日本全家與台灣的國產集團在1988年設立的合資公司。在轉移技術後，日本全家讓國產集團主導營運。國產集團分家時，由禾豐集

團繼承了台灣全家。不過禾豐集團因為亞洲金融風暴的影響，在1998年發生財務危機，之後日本全家與伊藤忠收回禾豐集團的股權，重新獲得台灣全家的經營權。成立上海全家時，日台全家及伊藤忠也都參與投資，三家公司總共持有49.5%的股權。

　　全家的國際策略，基本上是與當地的資本合資，並且在營運穩定後，把經營權讓給經營夥伴。在進軍上海市場時，全家以台灣出身，但以中國市場為主的頂新國際集團，為其經營夥伴，頂新則是由台灣全家介紹給日本全家與伊藤忠，因為頂新國際集團旗下的味全公司，是台灣全家的供應商。頂新國際集團持有上海全家的50.5%股權，預定將來主導上海全家的經營。日本全家、台灣全家、上海全家、伊藤忠、頂新之間的關係如圖二所示。

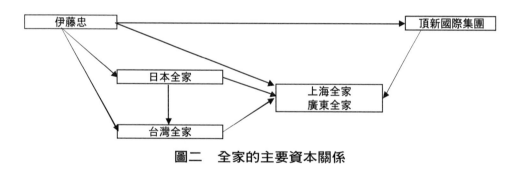

圖二　全家的主要資本關係

　　當初日本與台灣全家、伊藤忠共同進行規畫，在開始營運後，參加上海全家的四家公司之間，基於各自的資源形成分工關係。日本全家提供營運的系統及專業知識，伊藤忠與頂新國際集團負責物流及食品的開發與製造。日方也期待在中國關係良好的頂新國際集團，能夠發揮與中國各級政府協調的角色。

　　台灣全家的角色，值得我們注意。上海全家的第一任總經理是日本人，但第二任則是由台灣全家派遣，亦即台灣全家主導了初期發展階段的

上海全家。其理由是因為，台灣全家具備別的經營夥伴所沒有的四種特殊資源。第一是文化資源，尤其是共通的語言。台籍幹部會說中文，所以較容易與當地的消費者、員工、供應商及政府官員溝通。另外，台灣人也比較了解上海人的口味；第二種是制度資源。在公式制度方面，因為台灣與中國的稅制類似，所以台灣的電腦系統經過調整後，即可在上海使用。非公式制度方面，相較於日本，台灣與上海都有收上架費的習慣，因此台籍幹部較容易適應上海的狀況；第三種資源是經驗及有經驗的人才。台灣全家於1988年成立，目前還有成立時進入公司的幹部。因此他們知道在創業的過程會遭遇什麼樣的困難，並且知道如何克服；第四種是網絡資源。如介紹頂新國際集團給日本全家與伊藤忠的案例所示，台灣全家與其他的台商之間存在著各種網絡關係。

（二）選擇不同經營策略的因素

　　日本7-ELEVEN與全家的策略為何不同？一個重要的因素，肇因於兩家企業的規模大小，以及具有的資源多寡。日本7-ELEVEN的規模大於日本全家，在2008年初的日本市場中，7-ELEVEN的門市是全家的一倍（最近因日本全家購併日本am/pm，所以兩家的差距縮小）。而且兩家的獲利能力更是差到大約八比一。因此，日本7-ELEVEN的規模大，並擁有更豐富的資源，所以能夠選擇單獨經營策略；而規模小且資源有限的全家，只好採用團隊經營策略。

　　不過，規模及資源並無法完全充分說明兩家的策略選擇。第一個原因是日本7-ELEVEN也可採用團隊經營策略，那為何還是選擇單獨經營策略？對這個問題，在前面已經進行過分析。因為日本7-ELEVEN是為了尋求在中國和世界的經營模式，以決策的自主為優先，希望排除其他變數干擾。

　　第二個原因是，全家並非不得已才採用團隊經營策略，而是基於其

豐富的海外經驗，對於團隊營運策略極具信心。全家是日本的連鎖便利商店之中，最早開始國際化的公司。除了台灣以外，在南韓及泰國也已經有合資公司。雖然台灣全家經歷過意料之外的挫折，但元氣也漸漸恢復，現在的門市數僅次於7-ELEVEn。而全家在南韓的經營也成功。因此全家進軍上海時，自然照例採取團隊經營策略。我們也許可以解釋，日本7-ELEVEn因為缺乏豐富的海外經驗及專業知識的累積，所以不敢採取團隊經營策略。

（三）兩家公司策略優缺點

　　兩種策略到底發揮什麼作用？具有什麼樣的優點與缺點？簡而言之，日本7-ELEVEn的策略富有理想性與挑戰性，相較之下全家的策略就比較現實且折衷。

　　能夠快速建立基礎及加速擴大，的確是團隊營運策略的長處。團隊經營策略應該是全家成長較快的主要原因，藉由結合夥伴的資源，團隊得以獲得豐富的資源，因而能夠積極擴張事業，其中以台灣全家的貢獻最為顯著。全家能在中國快速擴張的另一個因素是，它注重當地市場的條件，採取折衷性的經營策略。值得注意的是，因為台灣與上海的市場條件較接近，所以台灣全家的人才符合其折衷性的經營策略。

　　但是，全家的策略也有一些缺點。第一，重視擴張速度有其風險。理想的順序是先鞏固各門市的營運，接著擴大門市網絡。但是在營運基礎尚未穩固以前，全家就著手擴張門市；第二，折衷性的方式恐怕會限制與競爭對手區隔的空間。

　　7-ELEVEn的擴張速度比較慢，而這就是日本7-ELEVEn策略的缺點。其主因之一就是採取單獨經營策略，因為可投入的資源，較與經營夥伴合作的企業更為有限，所以無法充分利用市場機會。然而，最根本的原因就是，日本7-ELEVEn堅持其理想，設定了難以達成的目標。日本7-ELEVEn

一邊摸索適合中國市場的經營模式，一邊追求實現便利商店的普遍理念。例如，北京7-ELEVEN為了配合中國人的嗜好，而開發店內烹飪。值得注意的是，日本7-ELEVEN從來沒有在店內進行烹飪的經驗。為了提供各式各樣的商品及服務，因此堅持店面一定要大於100平方公尺。同時，為了建立門市自主營運的基本條件，排除上架費的習慣，說服供應商用減價替代回扣，並要求政府承認總部協助門市處理會計工作的部分成本。日本7-ELEVEN花費了不少時間摸索，並完成這些課題。

對店面面積的想法，最能凸顯日本7-ELEVEN的理想主義，與全家的現實主義之間的差異。在上海與其他中國城市，店面租金非常貴，且不容易找較大的店面，但相對之下商品的販賣價格就很低。全家考量這樣的條件後，對店面的面積沒有太多要求。其實台灣的情況也類似中國，而由台籍幹部所主導的上海全家，則效法台灣的經驗，具有現實主義的色彩。而日本7-ELEVEN根據日本的成功，及重建美國7-ELEVEN的經驗，對自己的理念很有信心。按照其理念，便利商店的店面必須大於某一個面積，才足以服務消費者；而且中國的門市需要進行店內烹飪的空間。

雖然日本7-ELEVEN的理想主義影響到擴張的速度，但也有不可忽視的優點。第一，日本7-ELEVEN所追求的經營模式，應該可以使門市的營運較為自主，也可以使門市與總部之間有較為透明關係。第二，經營上較容易與其他便利商店區隔，可以提高各門市與總部的獲利能力。

參、日本7-ELEVEN的策略調整

一、上海7-ELEVEN的成立與日本7-ELEVEN的策略調整

日本7-ELEVEN在2008年宣布進入上海市場，第一家門市於2009年開幕。不過與北京不同的是：經營上海7-ELEVEN的不是日本7-ELEVEN，而

是台灣的統一集團。也就是說，日本7-ELEVEN改變策略，在上海市場不採取單獨經營策略，而借助於經營夥伴的力量。

在分析其調整策略的原因之前，必須先說明7-ELEVEN目前在中國發展的情形（圖三）。廣東省是中國最早有7-ELEVEN的地方，由香港的牛奶公司經營。早在1990年代，南方公司就已經授權給牛奶公司。

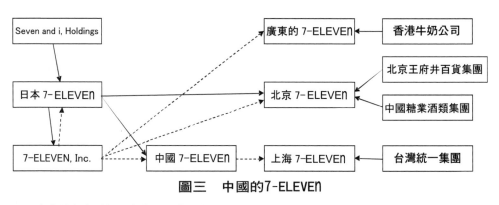

圖三　中國的7-ELEVEN

註：實線是資本關係，虛線是授權關係。

而北京市場是北京7-ELEVEN負責經營，如上所述，北京7-ELEVEN的主要股東是日本7-ELEVEN。它在2009年也開始經營天津市場，並且擁有負責河北省的權利。這些經營權都是由7-ELEVEN, Inc.授權給北京7-ELEVEN。

日本7-ELEVEN在2008年成立中國7-ELEVEN，7-ELEVEN, Inc.並授權中國7-ELEVEN負責港澳、廣東、北京、天津、河北之外中國的統括經營權。因此，授權給上海7-ELEVEN是中國7-ELEVEN，而非美國的7-ELEVEN, Inc.。但是上海7-ELEVEN的資本，都是台灣統一集團所投資的；而日本7-ELEVEN無論直接或是間接，都完全沒有投資上海7-ELEVEN。

二、建立適合中國市場的商業模式

接下來將探討，日本7-ELEVEN在上海市場為何調整策略。筆者在

2010年2月25日訪談中國7-ELEVEN〔正式的名稱是柒—拾壹（中國）商業有限公司〕的大塚和夫董事長。這裡將依據當時的訪談為基礎進行分析。

　　日本7-ELEVEN改變策略的第一個理由是，它認為北京7-ELEVEN經過三、四年的摸索，已達成建立適合中國市場商業模式的任務。此顯示之後進入北京之外的市場，擴大營運範圍時，只要複製已經建立的模式即可。而且因為已完成實驗，不一定需要堅持單獨經營，可以視狀況調整策略。

　　那麼，北京7-ELEVEN開發出來了什麼樣的獨特商業模式？日本7-ELEVEN認為，便利商店的基本價值是提供消費者方便、快速、簡易、清潔、安全等價值，而二十四小時、三百六十五日的營業、會計制度與物流的系統等專業知識，則是從過去的經驗所建構的核心能力。雖然堅持此基本價值與核心能力，但是日本7-ELEVEN同時也尋求適合中國市場的模式。其象徵就是店內烹飪。其系統是：工廠負責準備材料及佐料，各家門市則負責烹調，這樣可以供應熱騰騰的便當給消費者，而這種便當在北京非常受歡迎。值得注意的是，日本的7-ELEVEN門市並沒有這樣的店內烹飪。北京7-ELEVEN考量到中國人很喜歡熱騰騰的飯菜，因此開發出來這個經營模式。此外，北京7-ELEVEN也從日本引進日式黑輪。大塚董事長表示，黑輪的銷售量之高也很令人驚訝，特別是魔芋絲、蘿蔔及蛋賣得特別多。看到這些成功案例後，日本7-ELEVEN決定邁入下一步，就是成立擁有統括經營權的中國7-ELEVEN。

　　店內烹飪與黑輪都屬於速食類。而速食類對營運便利商店的意義，不只是銷售的增加，在策略上擁有高毛利率的關鍵意義。日本7-ELEVEN及其他的日系便利商店都認為，為了發展便利商店的連鎖，應該採用特許加盟方式。因為特許加盟的門市店長有較大的誘因，所以特許加盟門市的業績，經常優於總部直營的門市。如果要推動特許加盟，就必須符合一個條件，那就是高毛利率。也就是說，毛利高的話，門市的店長與連鎖總部就可分享毛利；可是如果毛利少的話，不但總部無法獲得利益，而且沒人願

意加盟。一般而言，門市的毛利率至少需要三成。不過，便利商店靠從製造商所買進的商品，並無法與別家便利商店進行區隔，因而不能達到高毛利率。但是，速食類是每家便利商店總部所開發的商品，因此可與別家便利商店進行區隔，並且藉此增加獲利。所以，店內烹飪的成功意味著，日本7-ELEVEn建立了在中國也可推動特許加盟的商業模式。

三、因應中國市場的快速成長

　　既然已經建立了適合中國市場的商業模式，完成初期的摸索階段，那麼日本7-ELEVEn就不需堅持繼續採用單獨經營策略。不過，也可以繼續採取單獨經營策略，獨佔中國市場的利益。換句話說，商業模式的建立，是調整策略的必要條件，不是充分條件。那麼，日本7-ELEVEn為何調整策略？

　　日本7-ELEVEn調整策略的第二個理由是，它對中國市場成長速度的考量。雖然日本7-ELEVEn是一家大公司，但考慮中國市場的規模龐大且成長迅速，只有母公司本身的資源似乎並不足夠。其實，北京7-ELEVEn於2004年開始營運，然而到2010年3月底為止，尚未達到100家的門市。因此，日本7-ELEVEn認為，為了配合中國市場的成長，最好還是與別的廠商合作，以投入更多資源來加速發展。大塚董事長表示：「在這樣巨大的中國市場，除非用同時並行的辦法，否則應該趕不上」。而連鎖便利商店這種行業，只要建立可複製的商業模式，就可以用區域授權的方式，把中國市場劃分成幾個區域，實現同時並行性的發展。

　　客觀而言，日本7-ELEVEn比以前更重視發展速度的一個理由，可能是競爭對手的策略。如前面所述，全家與日本7-ELEVEn在北京開始營運的同一年，也進入上海市場，並採取團隊經營策略而迅速擴張。雖然是同一年一起進入中國市場，但是全家到2010年4月底時，在中國已經有400家門市，光是上海就有321家，與北京7-ELEVEn不到100家的門市相比，

數量多了兩倍以上。同時，全家與頂新的團隊除了上海之外，2006年也開始進軍廣州，比日本7-ELEVEn進入第二市場的上海要早三年。而上海全家在2007年時，將營運範圍擴大到蘇州，也比北京7-ELEVEn於2009年，在天津開幕第一家門市要早兩年。加上全家早已開始推動加盟經營，但北京7-ELEVEn到2010年年初為止，仍未開始推動，只有直營門市。如此一來，全家的成長速度明顯超越日本7-ELEVEn。說不定日本7-ELEVEn是觀察了全家的表現後，判斷其必須加速擴張，並且判斷利用經營夥伴的資源是有效的辦法。

四、選擇統一集團

　　日本7-ELEVEn在上海市場以授權經營取代直營時，為何選擇了統一集團？從日本7-ELEVEn的角度來看，統一集團在台灣市場長久經營7-ELEVEn的經驗，可能有正面與負面的效果。負面效果是統一集團也許靠台灣的成功經驗，希望採用自己的商業模式，不太願意接受日本7-ELEVEn所要求的模式。可是從結果來看，日本7-ELEVEn更重視與統一集團合作的正面效果，也就是可以節省時間。因為統一集團擁有豐富的經驗與堅實的基礎，所以日本7-ELEVEn不需從零開始，向其指導經營模式。大塚董事長表示：「因為台灣的統一集團（對便利商店的經營）已有一定程度的了解，所以能夠很快理解狀況。我們可以單刀直入的指導他們：這邊應該這樣子做、那邊應該那樣子做、這裡與台灣不一樣、這次希望用我們的方式等等。我們可以直接討論問題的核心」。除此之外，統一集團在上海已有經營其他事業的經驗、人才、具有可轉用的設施等，而這些資源也可以幫助7-ELEVEn，縮短進軍上海的準備時間。

　　同時，日本7-ELEVEn為了迴避負面效果，向統一集團強烈要求採用它的商業模式；而日本7-ELEVEn也毫不藏私地，將北京的經驗傳授給統一集團。就日本7-ELEVEn而言，建立中國及全球7-ELEVEn的統一營運標

準，是目前最重要的課題。雖然它了解並需要加速擴大中國市場的版圖，但是並沒有打算捨棄原來的目的。實際上，上海7-ELEVEn幾乎按照日本7-ELEVEn所提供的系統進行營運。例如上海7-ELEVEn與北京7-ELEVEn向同一個供應商，採購黑輪的材料。雖然為了配合上海人的口味做些調整，但是上海的店內烹飪，基本上是使用北京的食譜。同時一家門市的店面面積，也必須超過100平方公尺。據筆者在2010年3月對上海7-ELEVEn進行的觀察，從台灣引進而與北京7-ELEVEn不同的特色，只有city café。

五、成就與風險

根據大塚董事長的說明，上海7-ELEVEn各門市的銷售，應該有羅森及全家的一倍，當然更遠超過當地資本的便利商店，看起來似乎是旗開得勝。不過上海7-ELEVEn開始營運只有短短一年多，到2010年3月底為止，也只有18家門市，因此還無法判定其成敗。我們需要觀察增加門市的數量後，它能否維持這樣的業績。那麼，其風險潛伏在哪裡？筆者可以指出，日本7-ELEVEn所推動的模式，面臨兩個重大的挑戰。

第一，北京與上海的條件不一樣。上海的零售業及餐飲業較北京發達，也已經有羅森、全家及當地的便利商店。因此，上海7-ELEVEn與其他的便利商店、零售餐飲業進行區隔，將比在北京更為困難。第二，在上海很難滿足日本7-ELEVEn對於門市面積的要求。雖然日本7-ELEVEn認為，一家門市的面積最好有120到130平方公尺，最起碼也要有100平方公尺，但在上海很難找到符合這條件的店面。因此增加門市的家數，也許需要相當多的時間。假如上海7-ELEVEn遭遇這些問題，日本7-ELEVEn與統一集團的關係，恐怕就會開始動搖。統一集團可能開始懷疑，在北京所開發的商業模式是否適合上海市場，並要求改變模式，引進更多台灣模式的要素。

總而言之，對日本7-ELEVEn而言，第一個階段是透過在北京的經

營，來建立商業模式，而在上海授權給統一集團，可以說是它在中國市場所進行實驗的第二階段。第二個階段的實驗有兩個目的。其一是檢驗建立好的模式，能否適用到中國其他地區的市場。其二是探求加速擴大的策略，也就是嘗試授權的方式是否有效？有無負面作用？授權時與哪家企業合作較為適當？是與已經經營過連鎖便利商店的企業，還是沒有相關經驗的企業？假如日本7-ELEVEN不滿意上海7-ELEVEN的表現，那麼它在下個市場可能返回直營，或是尋找沒有經營過連鎖便利商店的經營夥伴。

肆、連結中國策略與全球策略

　　日本7-ELEVEN在推動進軍中國市場的同時，也開始構思其全球策略的架構。如上所述，7-ELEVEN的全球策略曾經就只有進行授權。創立7-ELEVEN的美國南方公司把7-ELEVEN的經營權授權給各國的當地資本，並傳授其基本的專業知識。而當初日本7-ELEVEN掌握南方公司的經營權之後，並沒有改變這個策略。不過到了2000年代，日本7-ELEVEN開始更積極地檢討該如何推動其全球策略。

　　如前面所述，日本7-ELEVEN的全球策略之一，是建立全球所有的7-ELEVEN門市，必須符合的最基本條件。除此之外，日本7-ELEVEN也謀求充分利用已擴展到世界的7-ELEVEN網絡。其特徵有兩項，第一，透過全球7-ELEVEN網絡以大規模降低成本。假如全球的7-ELEVEN聯合採購的話，就可以向供應商要求降價，商品開發的成本也會較低。實際上，日本與美國的7-ELEVEN在2009年共同以自主品牌出售加州葡萄酒，北京及上海的7-ELEVEN也賣這個葡萄酒；第二，透過全球的網絡較容易找出價格最便宜的地方。購買的東西不只是商品，也包括設備及用具。大塚董事長表示，以前供給過在中國製造的招牌給香港及印尼的7-ELEVEN。

　　在日本7-ELEVEN的全球策略中，中國市場將會扮演關鍵角色。為藉

由擴大中國市場的營運，可擴大全球7-ELEVEN的規模，如此一來可享受的利益也會更多。同時由於在中國的生產成本較低，可以把便宜的商品與設備用具，供應給其他地方的7-ELEVEN。由此，加上日本7-ELEVEN的全球策略，應可促進其在中國市場的發展，因為透過這樣的策略，更容易開發新的商品。大塚董事長表示：「中國的顧客有很豐富的資訊。隨著所得年年增加，他們的需求也持續提升。加上中國有供過於求的現象，因此假如一直賣同樣的東西，銷售量馬上降低。因此推出別家沒有的商品、新的商品是非常重要的。」

　　有趣的是，由於日本7-ELEVEN推動全球策略，因此廣東的7-ELEVEN看起來有更清楚且更重要的定位。如前面所述，廣東的7-ELEVEN是中國最早的7-ELEVEN。不過，它是香港牛奶公司所經營的，與日本7-ELEVEN沒有直接關係。而日本7-ELEVEN開始準備進入中國市場時，可能視廣東的7-ELEVEN為一個障礙，因為營運策略有些許差異的廣東7-ELEVEN，可能會干擾日本7-ELEVEN建立商業模式的挑戰。但是，它現在似乎也注目廣東7-ELEVEN所具有的正面作用。因為廣東的7-ELEVEN較早開始擴展，已經有500多家門市構成的網絡，有助於日本7-ELEVEN建構其全球策略。

伍、結語

　　日本7-ELEVEN在中國市場的挑戰是成功或失敗，還無法確定。然而筆者認為，從其經驗中可取得一些啟發，歸納為以下四方面：

　　第一，外商應該一邊堅持基本價值與核心能力，一邊靈活調整策略，以創造符合中國市場的競爭優勢。日本7-ELEVEN認為，便利商店的任務在中國，和在其他地方一樣，也就是提供消費者方便、快速、簡易、清潔、安全等價值，並且引進二十四小時、三百六十五日的營業、會計制度與物流的系統等等專業知識，以作為在中國營運的基礎。不過，日本

7-ELEVEN也同時尋找適合中國市場的營運模式，其成果是美國及日本的7-ELEVEN所沒有提供的店內烹飪。同時，外商也需要調整策略，以因應市場的變化及競爭對手的挑戰。為了配合中國市場的發展速度，日本雖然在北京採取了單獨經營策略，但在上海則改以授權給台灣統一集團經營的策略。根據筆者的推論，其改變經營策略的理由之一，可能是為了對抗同時進入中國市場，並且採取團隊經營策略而迅速擴張版圖的全家。

　　第二，外商必須考量與別家企業進行聯盟的得失。單獨經營策略與團隊經營策略各有其長處與短處。單獨經營策略可保持決策的自主，但是因為可以動員的資源有限，導致其成長速度會比較慢。而團隊經營策略，可結合經營團隊成員的資源以加速發展，然而也需要成員之間進行緊密的協調。日本7-ELEVEN在上海採用的授權方式，也許可克服這樣的兩難，也就是一方面透過其授權企業的資源，甚至可以實行同時並行性的發展；另一方面，藉由合約，使其授權的企業遵從自己的理念及商業模式。當然，前提是它的理念及商業模式必須符合市場的條件。

　　第三，日商為何常常把台商作為其夥伴，是一個有趣的問題。日本7-ELEVEN在幾個候選企業中選擇了統一集團，全家也與頂新國際集團聯盟。本文透過檢視日本7-ELEVEN與統一集團間的關係後，可以歸納出兩個因素：(1)包括統一集團在內的有些台商，在中國已經建立了很廣泛的事業版圖，具有非常豐富的資源。就日商而言，透過與台商合作可大幅增加發展的力量。日本7-ELEVEN看好統一集團的理由之一，也是因為其在中國展開的龐大事業群與相關經驗。根據伊藤信悟的研究，日台在中國設立合資公司對日商的利益之一，是可以接觸台商及其網絡。[5] 日本7-ELEVEN與統一集團的關係完全符合伊藤的研究結果。

---

[5] Shingo Ito, "Japanese—Taiwanese Joint Ventures in China: The Puzzle of the High Survival Rate," *China Information*, Vol. 23, No. 1 (2009), pp. 15~44.

(2)日商與台商有類似的發展經驗，因此可作為合作的基礎。雖然日本經濟領先台灣，但是兩國的經濟發展過程非常接近，有不少的共通經驗，因此可以提高互相的了解。前面提及的伊藤也認為，日商與台商經過長期交往培養的互信，可提高合作成功的機率。[6] 不過日本7-ELEVEN與統一集團間的交流過程也顯示，即使沒有經過長期交往所建立的信賴關係，而只有共通的經驗，兩家企業之間的溝通還是順暢得多。

第四，外商應該結合全球策略與中國策略，以謀求更大的利益。日本7-ELEVEN全球策略的兩條支柱，是利用規模經濟與各國的優勢。一來進軍中國會增強這個策略所達成的效果，因為全球網絡的規模擴大，且中國可以供給較便宜的商品及設備用具。另一方面，中國的7-ELEVEN透過引進全球所達成的開發成果，可以加強其在中國的競爭優勢。如此，全球策略與中國策略之間可互相加強。

當然日本7-ELEVEN的策略仍然存在著一些風險，尤其北京與上海的條件不一樣。上海的競爭不僅更激烈，也很難找到符合其策略要求的店面。這些風險是否會變成實際的威脅，仍有待觀察。今後如果能夠透過持續的觀察，並加以分析，應該可以對外商在中國市場需滿足的條件，得到更深入的理解。

（第一版未經作者校正，讀者以本篇為正版）

---

[6] Ito, ibid.

參考書目

Sato, Yukihito, "Starategic Choices of Convenience Store Chains in China: 7-ELEVEN and Family Mart," *China Information*, Vol. 23, No. 1 (2009), pp. 45~69.

Ito, Shingo, "Japanese—Taiwanese Joint Ventures in China: The Puzzle of the High Survival Rate," *China Information*, Vol. 23, No. 1 (2009), pp. 15~44.

台日企業策略聯盟：新方向與新策略

朱炎

（日本拓殖大學政經學部教授）

摘要

　　台灣企業與日本企業的策略聯盟，主要有合資、採購、供應鏈、人才、測試市場等型態。由日商投資從台灣開始，並在中國大陸發展壯大。台日企業策略聯盟，讓台灣企業和日本企業可以發揮各自優勢，彌補各自弱勢，雙方都可以享有各種利益。

　　但是，近年來中國經濟的發展和結構調整，台灣企業和日本企業的競爭優勢的轉變，台日企業經營環境發生很大變化，將對台日企業策略聯盟產生很大影響。

　　因此，台日策略聯盟需要有新方向，即避開勞動密集型出口產業，重視面向內需、消費的行業。在製造業領域應促進台日企業供應鏈的相互利用和融合，繼續擴大代工採購，促進銷售方面的合作，推進中小企業聯盟，共同開拓中端市場等都是新機會。

　　為使台日策略聯盟能順利發展，日本企業和台灣企業都需要在經營方面與對方配合，加快經營決策的速度，增強經營者的責任意識，以及經營方式的相互理解等。

關鍵詞：策略聯盟、代工採購、供應鏈、中小企業、中端市場

壹、前言

　　台灣與日本企業的策略聯盟，特別是在中國構築此一合作關係，對雙方都能帶來莫大的利益。就深耕巨大的大陸市場而言，這是有效的手段。至今為止，圍繞中國業務，台灣企業和日本企業在各種領域，以各種型態推進策略聯盟，已取得一定的成效。

　　由於中國經濟高速發展，以及世界金融危機後迅速恢復，中國國內市場結構和產業結構發生很大變化，經營環境也隨之大幅改變。同時，台灣企業和日本企業各自的優勢及實力對比，以及在中國市場的布局和存在感，也發生重大改變。應對這些變化，台日企業策略聯盟須開拓新的領域與方式。

　　本文以探討在新形勢新環境下，應如何推進台日企業策略聯盟為目的。首先，回顧至今為止在中國市場的台日企業策略聯盟的發展及主要型態，台日企業雙方的得益；其次，探討中國經濟的發展和結構調整，台日企業競爭力的變化，即台日企業推進策略聯盟的經營環境的變化；再次，應對於這些營商環境的變化，探討台日策略聯盟出現的新需求，應採取什麼回應方式；最後，提出為推進策略聯盟，台日企業各自須面對與解決的課題。

貳、台日企業策略聯盟的進展和成效

　　台日企業策略聯盟，自日本企業對台灣投資時開始。隨著中國經濟的發展和台日企業增加對中國投資，策略聯盟的空間延伸至中國大陸。至今為止，與中國相關的台日企業策略聯盟有以下的各種型態，為台日企業雙方帶來各種利益。

一、台日企業策略聯盟的發展及主要合作型態

現在的台日企業策略聯盟主要有以下五種型態：

第一，在台灣設立的台日合資企業（日商企業）赴中國大陸投資。

在台灣的日商企業，原本是以利用台灣作為生產基地為目的。但由於台灣的生產成本上升，零組件供應商和用戶等台灣企業多遷移至中國，繼續在台灣生產已無必要。其結果使在台灣的日商製造企業，也跟隨台灣企業赴中國投資，將工廠遷到中國大陸。在台日商企業轉投資中國，與合資方的台灣企業共同出資案例較多。隨著生產工廠轉移至中國，台日企業的合作關係也就擴大至中國大陸，得以延續發展。

將生產工廠轉移到中國大陸後，在台灣的日商企業的功能就產生很大變化。過去以生產功能為主，現在生產不再重要，研究開發、採購、營銷和售後服務等功能則明顯加強。在台日商企業加強的這些功能都會服務於日本企業的中國業務。

第二，台日企業在中國設立合資企業，開展共同事業。

為推進中國事業，台灣企業和日本企業在中國設立的合資企業，可分為以下的三種類型。

1. 日本企業對中國投資時，接受台灣企業的出資，成立新的台日合資企業。

2. 台灣企業已在中國設立的企業，接受日本企業的出資。

3. 在台灣設立的台日合資企業，到中國投資成立新的合資企業。

台日合資事業較有代表性的可列舉以下的案例。台灣的統一企業在中國與日本企業合資成立許多企業，涉及食品、包裝材料、物流、零售等多種行業。合資方的日本企業既有過去在台灣的合作夥伴，也有到大陸後的新夥伴。日本的朝日啤酒和伊藤忠商事，與台灣的方便麵廠商康師傅（現已成為中國最大的食品廠商）之間，在飲料、食品加工、外食、零售等領域展開各種共同事業；在精密機械領域，台灣的照相機廠商亞洲光學，在

中國與多家日本照相機廠商建立多家合資企業，在光學相機和數位相機領域開展策略聯盟；在汽車行業，台灣的零組件廠商六和機械在中國與日本企業成立了10多家合資企業，為豐田等日本整車廠商生產供應汽車零組件。

第三，在採購、供應鏈方面的合作關係。

台灣企業已經在中國形成產業集聚和零組件的供應鏈，投資中國的日本企業也可充分利用。日本企業在中國的當地生產，可以從在中國的台商企業採購原材料和零組件。對日本企業而言，台灣企業在中國形成大規模、高效率的產業集聚和零組件的供應鏈，且台灣企業生產的零組件和產品，在技術和品質方面優於中國的本地企業，價格則低於外資企業，再加上台商企業在交易習慣、交貨期等方面較能滿足日本企業的要求。

與此同時，日本企業為擴大在中國國內的銷售，也積極向在中國的台商企業供應原材料和零組件。日本企業為提高在中國的當地生產的效率，方便從台灣企業採購零組件，在中國投資的在地選擇上接近台灣企業的集聚地，特別是IT相關產業集聚地的情況有所增加。考慮到日本企業的這種動向，在台灣IT企業集聚的地區，出現許多以日本企業為對象的開發區。比如，江蘇省的蘇州市和昆山市、吳江市等，都設有日本企業專用的開發區。在廣東的東莞市，台灣IT企業比較集中的各鎮，都出現了不少面向日本企業的開發區。

此類日本企業利用台灣企業在中國國內的生產能力的情況，主要集中於IT領域，以代工的形式（OEM或ODM）採購電腦和周邊設備較多。例如，日本品牌在日本銷售桌上型電腦和大部分的筆記型電腦，幾乎全都由台灣企業代工，並在中國生產。最近，日本企業從台灣企業代工採購液晶電視也在增加。至於液晶面板則對台灣企業下單，採購在台灣的工廠生產的產品。半導體晶片方面，日本企業委託台灣的半導體代工廠商生產，在台灣的工廠生產較多，部分在大陸的台灣企業的工廠生產。

日本企業為從台灣企業採購零組件和產品，也向台灣企業提供技術和生產管理訣竅，幫助台灣企業擴大生產能力、提高技術水準與良率。特別是在半導體、液晶面板等高科技領域，許多日本企業與台灣企業締結了提供技術，採購用該技術生產的產品的合作關係。近年來，日本經濟長期低迷，很多日本企業由於經營業績惡化，不得不整頓組織，關廠裁人、削減設備投資規模。但半導體和液晶等高科技產業不僅需要巨額投資，而且需要不間斷地連續投資。日本企業對投資有心無力，一旦停止投資就無法跟上技術的發展，錯失發展的時機，無力保持技術上的領先地位。因此，向台灣企業提供技術，從台灣企業採購產品，就成為日本企業的合理選擇，這樣不僅可以確保日本企業生產所需的零組件供應，也可維持對客戶的供應無虞。

第四，日本企業的中國事業，發揮台灣人經營幹部和技術人員等人才的作用。

日本企業派遣台灣子公司的台籍幹部赴中國的子公司工作的情況比較多。特別是在中國開展新事業或新產品時，台灣子公司生產、銷售過同類產品的話，將台灣子公司的技術人員和經營幹部派去中國工廠工作，在生產和銷售方面指導培訓當地員工。台日企業在中國設立合資企業時，台灣企業作為合資方也會派遣經營幹部。在中國的日商企業中，台灣人經營幹部和技術人員，對中國的社會結構、經濟體制、市場特性和交易習慣、勞務管理等理解較深，特別是在日本人派駐人員難以勝任的市場營銷、與地方政府機構的協調、勞務管理等方面有優勢。在台日合資企業中，日本派駐人員也可向台灣人幹部學習這些知識。不過，一般來說，日本企業有在海外子公司中重要職位只任用日本人的傾向，在中國的子公司也同樣。在中國的日本企業子公司中，對台灣人幹部的任用多僅限於部門負責人、業務支援部門經理，擔任企業負責人的案例很少。相比之下，歐美企業的中國子公司中，提拔台灣人幹部擔任總經理的不在少數。

第五，日本企業將台灣市場作為進入中國市場前的學習、積累經驗的「測試市場」。

台灣與日本在消費習慣、商品偏好方面比較接近，在日本走紅的商品和銷售方式，在台灣也能被接受走紅的事例較多。同樣，在台灣賣得好的商品、在台灣能被接受的商業模式，拿到同文同種、生活習慣相同的中國市場去，獲得成功的可能性較大。因此，不少日本企業先到台灣試水溫，積累經驗，獲得成功後，再轉去中國市場銷售，繼而當地生產。還有日本企業為了讓在中國銷售的商品更能符合中國消費者的習慣和愛好，把商品開發放在台灣製造，或將在日本開發的商品送到台灣做設計修改。

二、台日企業策略聯盟享有的利益

台日企業策略聯盟，讓台灣企業和日本企業可以發揮各自優勢，彌補各自的弱勢。

就在中國開展事業而言，日本企業可享受的利益較多，其中包括：

第一，日本企業可利用台灣企業在中國構築的生產和銷售網絡。通過合資等方式的合作關係，日本企業可借助台灣企業的力量，擴大在中國國內市場的銷售。

第二，日本企業通過代工等形式，從台灣企業採購低成本高品質的IT產品和零組件，可降低成本、提高競爭力。同時，也減輕設備投資的負擔，有利於集中經營資源提高效率，享受多方面的利益。

第三，日本企業可利用台灣企業，在中國大陸構築的政府關係、人脈與人才，日本企業不擅長的與政府的協調、勞務管理等，則可交給合作夥伴台灣企業去處理。

第四，日本企業在其中國的子公司中任用台灣企業的經營管理人才和技術人才，可有效彌補在市場營銷以及對商業習慣的理解不足之處。

第五，將台灣市場作為測試市場，先在台灣開展業務，為將來到中國

大陸，乃至拓展到亞洲其他地區積累經驗。也就是說，在台灣獲得成功後再登陸中國市場。

　　日本企業之所以能從台日策略聯盟中得益，是因為日本企業在經營模式、企業文化等方面與台灣企業的距離較近。日本企業已經在台灣經營數十年，與台灣企業打了幾十年的交道，台日企業能相互了解，已經形成事業合作的基礎。再加上台灣企業和日本企業在經營方面各有不同的優勢和弱點，合作即可發揮優勢克服弱點，共同得益。具體來說，台灣企業與日本企業的經營特點相比較的話，台灣企業在投資靈活性、人事管理制度、市場對應能力等方面較強，而日本企業則在技術能力和品牌形象等方面具有優勢。在高科技產業領域，台灣企業和日本企業有著互補性優勢。合作的話，台灣企業能將日本企業開發的技術迅速商品化，並能高品質低成本大量生產，還能發揮日本企業的品牌效應，以及充分利用台灣企業在中國的生產能力，雙方的優勢都得以發揮。

　　另一方面，台灣企業也能從台日企業策略聯盟獲得以下各種利益。第一，獲取技術。不僅是合資，即使是供應零組件的合作關係，日本企業也會向台灣企業轉移技術，傳授生產管理、質量控制的訣竅。日本企業向台灣企業代工採購的情況下，從日本派技術人員協助台灣企業提高品質和穩定合格率的案例也很多。台灣的IT產業，特別是電腦、半導體和液晶等領域的發展，與台灣企業通過和日本企業結成各種型態的策略聯盟獲取技術密切相關。

　　第二，向日本企業供應產品和零組件或代工，對台灣企業來說擴大生產規模的意義也很大。特別是IT產品代工生產，只有把量做大才能盈利。

　　第三，在中國與日本企業興辦合資企業，對台灣企業而言也是一種保障。兩岸關係近兩年來得到很大改善，此前，經濟交流進展迅速但政治關係依然緊張，台灣企業在中國發展總存有一絲風險。因此，拉攏日本企業從事合資，也是一種自我保障的保險措施。

參、策略聯盟的環境變化

如上所述，台日企業策略聯盟至今為止已得到很大發展。但近年，中國、台灣和日本的企業經營環境發生很大變化，將對台日企業策略聯盟發生實質的影響。

一、中國經營環境的變化

2008年發生的世界金融危機，給中國經濟帶來一定的打擊，由於及時採取積極的財政政策和適度寬鬆的金融政策，實行擴大內需的刺激政策，中國經濟在世界上最早擺脫金融危機，恢復經濟增長。進入2010年後，中國經濟已經從金融危機中完全恢復，甚至出現景氣過熱的擔憂。中國擴大內需帶動世界經濟的恢復，台灣經濟和日本經濟也加深對中國經濟的依存程度。

近年來中國經濟的高增長及金融危機中實行的刺激政策，使得中國經濟出現結構性的變化，將會給今後的台日企業策略聯盟帶來一些影響。

第一，中國從幾年前開始促進經濟增長方式的轉變。具體來說，從依賴外需向內需主導，從依賴投資向消費主導轉變。金融危機後實施的景氣刺激政策就是以擴大內需為目的，已經取得了很大的效果。今後，在中國開展台日企業策略聯盟也須順應中國經濟的這種變化，不再專注出口市場，應重視內需市場，特別是消費市場。

第二，針對出口產業實行的促進升級換代，與促進內銷的政策調整。中國從幾年前開始，為促進低附加價值的勞動密集型出口產業升級換代，促使產品出口轉為內銷，實施調降增值稅的出口退稅率，提高最低工資，實施新勞動合同法，人民幣升值，限制加工貿易等一系列的政策措施。2008年後，由於金融危機的影響，外需低迷，作為刺激政策的一部分，暫停實行上述的限制出口的措施，恢復獎勵出口的政策。2010年後，隨著國

內經濟的恢復，促進出口產業的升級和內銷的政策將會重新實施。

第三，勞動力的需求變化。過去，中國常為過剩勞動力煩惱，對外資來說，低工資的勞動力供應充足是中國的優勢之一。至今為止，來自內陸地區農村的民工支撐著沿海地區的外資企業，特別是勞動密集型產業。但是，近年來，沿海地區出現民工供應不足（民工荒）的問題，這也是導致工資上升、福利改善、成本上升的原因之一。2008年底前後，因金融危機不景氣等影響，曾一度出現過民工大量失業的問題。2009年下半年後，伴隨著景氣恢復，民工不足的情況再度發生，不僅在沿海地區，內陸地區也出現招不到工的情況。中國經濟的發展是否已經達到從勞動力過剩，到勞動力不足的「路易士拐點」尚有分歧，但勞動密集產業的發展已經遇到瓶頸，則不容置疑。

第四，內陸地區的發展。過去，相較於沿海地區的高速發展，內陸地區的發展相對滯後，地區差距的擴大成為制約經濟均衡發展的一大問題。但是，隨著近年來中央政府加大對內陸地區的集中投入，內陸地區的經濟發展開始加速，與沿海地區的經濟差距開始向縮小的方向變化。金融危機後的不景氣中，沿海地區的經濟受到很大打擊，而內陸地區經濟以內需為主，外資和出口的比重較小，受危機的影響也相對較小。2007年後，內陸地區的經濟增長一直高於沿海地區。由此，內陸地區的收入水準大幅度上升，市場規模擴大，對外資的吸引力也明顯增強。

上述的中國經濟的各種變化，將給台日企業策略聯盟帶來各種影響，可歸納為面向內需，特別是面向消費者的事業應有大發展的空間，出口產業、勞動密集型產業則相對困難，而內陸地區的潛力很大，可以成為新的發展空間。

二、台灣企業和日本企業的競爭優勢的變化

近年來，日本經濟一直停滯不前，日本企業的競爭力也隨之向相對弱化的方向變換。相比之下，台灣企業的競爭力有強化的趨勢。台日企業在中國的布局和存在的規模都有同樣的傾向。

根據中國的外資統計（商務部），至2009年，日本對大陸直接投資項目累計為四點二萬個，實際投資額為693.2億美元，各佔中國引進外資總體的6.2％和7％。而來自台灣的投資額累計為八萬個項目，494.5億美元，所佔比重為11.7％和5％。[1] 另據台灣方面的統計（經濟部投資審查委員會），1991至2009年期間，台灣對大陸的直接投資累計達三點八萬個項目，827億美元。但這些統計都未包括經由英屬維京群島、開曼群島等避稅地的投資。中國商務部發表的2009年台灣對大陸實際投資額為18.8億美元，如果包括經由避稅地的投資的話，投資額則達65.6億美元。[2] 由此推測，台灣企業對大陸投資的實際規模可能達到1500至2000億美元。從投資的項目和投資額來看，台灣企業在中國的規模和存在感，遠大於日本企業。另外，台灣投資的每個項目的平均投資額小於日本的投資，中小企業的投資較多是其特徵之一。

再從中國國內的市場份額看，日本企業在高科技領域、原材料、汽車等產業有優勢，台灣企業在服裝、食品等消費品領域和機械等產業有優勢。在出口方面，台灣企業則有壓倒性的優勢。中國商務部發表的2008年出口企業一百強中，台灣企業有二十三家上榜，且排名大都在前。這二十三家台灣企業的出口額合計佔一百強總量的39.7％。其中，台灣電子產品專業代工大廠（EMS）鴻海精密旗下有四家企業入榜，名列第一、

---

[1] 日本對中國投資為1980至2009年累計、台灣對中國投資為1988至2009年累計。資料來源：中國商務部。

[2] 中國商務部，2010年1月15日。

十四、十七、三十四位，四家企業的出口額合計為374.5億美元，佔一百強合計的12.2%，而且一家公司就佔中國出口總額的2.6%。相比之下，入圍出口企業一百強的日本企業是第七十二、八十七和九十九位，這三家公司的出口額合計只佔了一百強的1.4%。[3]

在發展迅速、引人注目的台灣IT產業領域，筆記型電腦的出貨量在世界所佔比重超過九成，液晶面板僅次於韓國，居世界第二位，半導體晶片代工規模是世界最大，都超過日本。當然，台灣IT產業的發展過程中，日本企業通過代工採購向台灣企業轉移技術做出重大貢獻。但近年來台灣企業對通過代工，從日本企業獲取技術的意願已大不如前。其原因主要在於台灣企業與日本在技術上的差距已大幅縮小，通過為日本企業代工獲得新技術的可能性已大為縮小，甚至有「經過多年的代工，日本企業已被台灣企業掏空了技術，日本企業已經沒有能繼續吸引台灣企業的新東西了」這種看法。[4]

第二，日本市場的規模擴大速度緩慢，一部分產品的市場規模已經開始萎縮。對追求生產規模和出貨量的台灣代工企業而言，對日本市場的興趣和重視程度遠不如歐美市場，甚至中國大陸市場。以筆記型電腦為例，2009年全世界的出貨量約為一點五億台，其中日本市場的規模只有七百五十萬台，僅佔5%。與此相比，2009年台灣專業代工大廠仁寶電腦的筆記型電腦出貨量達三千七百九十萬台，廣達電腦為三千五百九十萬台，緯創資通也多達二千六百萬台。與如此巨大的出貨量和生產能力相比，日本市場的規模小因而缺乏魅力。手機和液晶電視的情況亦相同。

不過，台灣企業和日本企業今後事業發展的交集仍然很多，透過策略聯盟仍能享受很多利益。例如，台灣企業比較擅長大量生產低成本、低價

---

[3] 中國商務部，2009年11月25日，「2008年出口額最大的200家企業名單」，<http://zhs.mofcom.gov.cn/aarticle/Nocategory/200911/20091106635605.html>。

[4] 筆者在上海對台灣企業家的採訪（2010年3月）。

格的產品，近年來開始向較為高端的方向發展。而日本企業至今為止集中於高質量、高性能的高端產品的生產銷售，近年來為擴大在新興國家市場的份額，爭取中間層顧客開拓中端市場，開始開發省略部分功能的低價格商品，並盡快投入市場。在空間布局方面，台灣企業已經在中國的內陸地區著力市場開拓和設廠生產，而日本企業還主要集中在沿海地區，對內陸地區的布局還停留在計畫階段。這些新的動向，說明在大陸市場，台灣企業和日本企業正從過去各自擅長的領域走向趨同的方向，如果加強合作，雙方的優勢和弱勢可以互補。

肆、企業策略聯盟的新需求和新機會

一、策略聯盟的方向

根據上述的分析，考慮今後的台日企業策略聯盟，我們可以了解在何種領域應該加強，什麼領域則應該避開。

第一，考慮到中國經濟的結構轉換，在中國推進台日企業策略聯盟，面向內需的事業比出口更有發展的空間。特別是大量使用勞動力、低附加價值的出口產業應盡可能避開。

第二，從產業角度考慮，在製造業領域，應促進台灣企業和日本企業各自的供應鏈的相互利用和融合，代工採購也有擴大的空間。在服務業領域，日本的優勢在於提供高質量的服務，台灣企業的優勢則是在中國社會有著廣泛的本土性，可以推進優勢互補的合作事業。

第三，台灣和日本的大企業，基本上已在中國建立了各自的生產和銷售網絡。而日本的中小企業對中國市場意願很高，不僅台灣的中小企業，台灣的大企業也可以成為其合作的對象。

第四，從區域來看，內陸地區比沿海地區成本低，市場潛力大，應該

成為台日企業策略聯盟的新疆域。

二、製造業的新合作機會

製造業本是台日企業策略聯盟的重點領域，今後也頗有發展潛力。

第一，相互參與、利用、融合，並擴大對方的供應鏈。日本企業在中國一般只與日本企業交易，形成以日本企業為主的供應鏈。而台灣企業也同樣構築了以台灣企業為主的供應鏈。出現這種情況，主要是因為日本企業之間以及台灣企業之間，在產品開發、品質管理、交貨期及結算等方面習慣相近。最近，日本企業為降低成本，而積極推進在當地採購原材料和零組件。從中國企業採購確實是低成本，但品質難以控制。因此，從品質優良，又有成本優勢，且經營型態比較接近的台灣企業採購，就成為合理的選擇，而且是開拓中端市場必不可少的選擇。台灣企業也從擴大銷售、提高品質考慮，積極向日本企業提供各種零組件。至今為止，台灣企業向日本企業供應原材料和零組件、素材較多，日本企業向台灣企業供應的較少。實際上，台灣企業對從日本企業採購高品質的原材料和零組件也是大有興趣的。日本的零組件廠商要有放下身段，甘做台灣企業的搭配供應商，為台灣企業配套的覺悟。所以，今後台灣企業和日本企業都應參與，善用對方的供應鏈，實現互利雙贏。

第二，日本企業從台灣企業代工採購，是其維持競爭力的重要手段，今後還應更加擴大。近年來日本企業積極調整經營策略和發展方向。為了將經營資源集中到更有發展前途的新能源、環保等戰略性領域和行業，就必須大膽地捨棄一部分傳統業務領域，為新事業騰出經營資源。過去，這樣的調整主要是透過出售工廠，或將生產線轉移到海外子公司等方法實現。考慮到維持既有的市場，與穩定出貨，保持質量並降低成本，向台灣企業訂貨，代工採購則是最合理的選擇。至今為止，在電腦、遊戲機、液晶電視、液晶面板、半導體等IT領域，日本企業通過向台灣企業訂貨採購

獲利頗豐，今後還應繼續擴大規模，並積極地向IT之外的各領域擴展。另一方面，台灣企業也從為日本企業代工IT產品，獲得技術和擴大生產規模等利益，當然對擴大其他領域的代工訂單持積極態度。的確，如前所述，台灣企業對在IT領域繼續為日本企業代工，已經不如以前那麼有魅力，但只要有技術和規模的話，台灣企業還是願意接受日本企業的代工訂單。即使IT行業已被「掏空」，其他行業還是有寶可掏的。

第三，日本企業可充分利用台灣企業的銷售網絡。日本企業在中國展開事業最大的困難在於國內銷售。中國國土遼闊，市場的地域性強，即使是日本的大企業，也只能努力維持一線城市和二線城市的銷售網，[5] 對三線、四線城市則心有餘而力不足。而台灣企業積極在三線、四線城市布局，努力構築遍及大陸的銷售網。日本企業可通過合資、銷售代理等形式，與台灣企業結成策略聯盟關係，充分利用台灣企業的銷售網絡。

三、中小企業可唱主角

至今為止的台日企業策略聯盟基本上都是大企業之間的合作，中小企業則相對較少。但今後，中小企業完全可以成為策略聯盟的主角。

日本的大企業基本上都已在中國布局，一定程度上構築生產體制和銷售網，憑一家企業單獨的力量也能在中國繼續發展，如能與台灣企業結成策略聯盟，則成功的可能性更大。而日本的中小企業面對日本國內的需求減少、市場萎縮和競爭激化，因而對到中國發展、拓展中國事業的意願更高，也更迫切。但是，日本的中小企業即使有好的技術、好的產品，還是缺乏精通中國市場的人才和開拓中國市場的能力。換言之，與日本的大企

---

5 對此沒有嚴格的定義，一般來說「一線城市」指北京市、上海市、廣州市、深圳市等超大型城市；「二線城市」指沿海地區的省會和經濟發展程度高、購買力強的大城市；「三線城市」指內陸地區的省會和大部分的中等規模城市（地級市）；「四線城市」為縣級城市。

業相比，日本的中小企業為發展其中國事業，更應借助台灣企業的力量，從策略聯盟中得到的利益也比大企業更多。而且，要與台灣企業結成策略聯盟，日本的中小企業有著比大企業更為有利的部分優勢。日本的中小企業大都是創業、所有者經營的企業，經營決策速度快，經營方式有柔軟性，與台灣企業比較接近。同時，台灣的中小企業也期待獲得技術，擴大生產銷售，比大企業更加渴望與日本企業的策略聯盟。台灣的中小企業完全可以為日本的中小企業到中國發展發揮，指南引路的作用。

　　不過，有關中小企業的台日企業策略聯盟，最為困難是缺乏足夠的資訊，不知如何去發現適合自己的合作夥伴。在這方面可以借助台日雙方的貿易、投資的促進機構，如台灣對外貿易發展協會（TAITRA）和日本貿易振興機構（JETRO），還有分支部遍及全國各地的台商協會、日本商工會（日本人商工會議所）等各種網絡。

四、開拓中端市場之策略

　　日本企業依託雄厚的技術能力，擅長於生產銷售高品質、高性能的高級品，當然銷售價格也是高的，在中國等新興國家市場要擴大市場份額就比較困難。最近，很多日本企業為瞄準中間層顧客，開始著力開拓中端市場。

　　要開發中端市場，獲得中間層顧客，就必須開發省略部分功能，壓低售價，面向大眾的中級產品或普及型產品。如前所述，日本企業要開發中端市場，就應該借助台灣企業的力量，締結各種型態的策略聯盟。台灣企業長於低成本的大量生產，不單純追求高品質，而是將品質水準控制在市場能接受的範圍內，努力降低成本，這已經成為台灣企業的一種理念。日本企業需要改變對高品質、高性能過分執著，重視品質性能超過重視成本價格的習慣，放下身段，通過策略聯盟，學習貫徹台灣企業這種合理的理念，並由台灣企業傳授低成本生產的訣竅。與台灣企業一起共同設計中級

產品或普及型產品，向台灣企業採購低成本的原材料和零組件，低價格產品的銷售，利用台灣企業的銷售網等，都是日本企業開拓中端市場的有效手段。

　　日本企業要開發中端市場，獲得中間層顧客，即使不開發新的中級和普及型產品，在銷售方面下工夫，向中間層顧客推薦既有的產品，也可在一定程度上實現擴大銷售的目的。因為，隨著中國經濟的發展，收入水準提升，中間層顧客對日本企業生產的高端產品的需要也隨之增加。如上所述，日本企業的銷售網絡只限於一線城市和二線城市，而三線及四線城市有著未得到滿足的巨大需求。通過策略聯盟，利用台灣企業的銷售網絡，就可以擴大既有產品的銷路。

伍、台日企業的課題

　　為使台日策略聯盟能順利發展，日本企業和台灣企業都需要在經營方面與對方合拍和配合，且必須面對以下的幾個課題。

　　從日本企業角度考慮，首先，加快經營決策的速度。台灣企業中創業者、經營者所有的企業較多，經營者的權限較大，可以即斷即決。而日本企業的經營決策較費時間，當地子公司無法決定，需要仰賴日本總公司決定的事項較多。為此，日本企業應對在中國的子公司放權，形成能配合台灣企業即斷即決的體制。

　　其次，增強經營者的責任意識十分重要。台灣企業中由所有者經營的企業較多，責任和權限比較明確，報酬水準也與之配套，因而經營者的責任感較強。而日本企業一般來說責任權限不明，也與報酬不成比例，派駐當地的日本人經營幹部的積極主動性、責任感不強烈，也沒有體制上的保證。這個問題比較複雜，與日本企業的組織結構有關，不易解決。日本企業可考慮針對與台灣企業的策略聯盟，而制定一些靈活的、僅限於在中國

適用的制度措施。

　　再者，日本企業對台灣企業的經營方式，在中國開拓市場的手法要有寬容的理解。中國市場有與日本很不一樣的經商習慣、營銷手法等。日本企業無法理解，更無從模仿，但又偏偏是開拓中國市場必不可少的。而台灣企業對此不僅熟知且運用自如，這也是台灣企業在中國成功的原因之一。日本企業即使自己無法模仿，也應對台灣企業作法持理解和支持的態度。

　　這些課題和問題是一般的日本大企業所面臨的。日本的中小企業因為所有者經營的較多，且組織體制及經營手法與台灣企業較為接近，對台灣企業的作法較能理解，與台灣企業的配合也較方便。這也是上述的中小企業能成為台日企業策略聯盟的主角之理由之一。

　　同樣，在策略聯盟中，台灣企業也有如何與日本企業配合的課題。

　　首先，台灣企業的組織和經營方式與日本企業有很大不同，在台灣時這種差異無傷大雅，但在中國，事實已經證明，台灣企業的作法更能適應中國市場。因此，要耐心地幫助日本企業了解中國市場，幫助其做適應中國市場的調整。對於經營決策緩慢的問題，先要了解日本企業的組織構造和決定過程，給予理解，必要時還要幫助日本企業的中國子公司與日本的母公司溝通。總之，對合作夥伴的日本企業要有耐心，給予理解，再幫助其轉變。

　　另一個問題是對日本企業的優勢弱勢要有正確的認識。日本企業的優勢在技術，還有對事業的計畫和做事認真的態度，而弱勢就在於經營速度和成本控制。在IT行業，台灣企業通過代工已經從日本企業拿到各種技術。有些台灣企業認為日本企業已被掏空，已經沒有繼續吸引台灣企業的技術空間。其實不然，日本企業在降低成本等各方面，甚至在研發方面，也需要借助台灣企業的幫助，在這過程中，台灣企業就能發現很多新的機會。

參考書目

井上隆一郎、天野倫文、九門崇編，アジア国際分業における台日企業アライアンス：ケーススタディによる検証（東京：交流協會，2008）。

井上隆一郎編，台日企業アライアンス──アジア経済連携の底流を支える（東京：交流協會，2007）。

朱炎，台湾企業に学ぶものが中国を制す（東京：東洋經濟新報社，2005）。

──，台商在中國（台北：財訊出版社，2006）。

日本貿易振興機構，台日ビジネスアライアンス研究会報告書（東京：日本貿易振興機構，2010）。

兩岸新局與台日合作趨勢

伊藤信悟

（瑞穗總合研究所株式會社調查本部亞洲調查部上席主任研究員）

摘要

馬英九政府執政後，推動兩岸經濟關係「正常化」、簽訂ECFA（經濟合作架構協議）與促進兩岸產業合作「搭橋專案」等為支柱的對大陸經貿政策。兩岸官方支持兩岸產業合作，在政治對立的兩岸關係史上，是劃時代的大事，韓國媒體稱之為"Chiwan"，對其影響力深懷戒懼。

無庸贅言，此種新的兩岸產業合作進展，對日本產業構成某種威脅。但是，日本企業從兩岸產業合作進展獲益的程度，也較他國企業多。因為許多日本企業，將自身鑲嵌在由日本經台灣至大陸所連結成的網絡間分工。

在台灣與大陸重視、並且要推動策略聯盟的產業領域，也有不少是日本企業擁有技術之領域。不過，今後日本企業為享受"Chiwan"進展所產生的利益，必須要透過「集中與選擇」、強化蒐集台灣企業與產業動向資訊之能力，以及強化異文化溝通能力等建構策略聯盟能力，特別是正常化建構日本、台灣與大陸間的三贏關係。

關鍵詞：台日合作、兩岸經貿關係、國際分工、搭橋專案、ECFA

壹、前言

　　日本企業與台灣企業，在台日間生產要素互補，以及因歷史因素所產生的語言障礙小等背景下，建構戰後長期的合作關係。例如，日本企業委託台灣企業生產販售、在台設立合資企業等。當然，由於台灣企業迎頭趕上，以致在有些領域中，台灣企業發展成為日本企業之競爭對手。但是，另一方面，台日策略聯盟並不只限於台灣內部，也擴大到中國等第三國與區域。台日企業間的關係，即在如此交織著複雜色彩的競爭與協調狀況下展開。

　　在此狀況下，以馬英九政府於2008年5月執政為契機，台灣政府的對大陸經貿政策迎接新局面。馬英九政府成立後，政府當局基於積極適應中國經濟互惠，是台灣經濟活化所不可或缺之認知，迅速地將新的兩岸經貿開放政策付諸實行。在此背景下，韓國主要報紙《朝鮮日報》將兩岸企業與產業合作稱之為 "Chiwan"（China＋Taiwan），把此現象與台灣企業在大陸市場擴大聯想在一起，而提出警告。[1] 那麼， "Chiwan" 的進展將對日本企業、台日策略聯盟造成何種影響呢？

　　本文將整理近期馬政府對企業與產業間的合作促進措施，在馬政府兩岸經貿政策重新定位後，提示該等措施之具體內容與目前的進展情形，探討由此浮現出今後兩岸企業與產業合作方向。其次，兩岸企業的產業擴大與深化合作，將對日本企業造成何種影響與可能性進行檢視。透過此一分析將顯示出， "Chiwan" 的進展雖然會對一部分日本企業造成影響，但與其他國家企業相比，日本企業是處於容易將 "Chiwan" 的進展轉變為商機之有利位置。此外，將根據大陸、台灣雙方之產業政策，對今後台日

---

[1] 송의달，「맹추격하는 차이완（Chiwan）」，조선일보（서울），2009年5月29日，＜http://www.chosun.com/site/data/html_dir/2009/05/29/2009052901795.html＞。

策略聯盟較被看好的領域進行考察，同時也將分析今後台日策略聯盟之課題。

貳、兩岸企業產業合作

一、馬政府兩岸經貿政策三支柱

2008年5月20日，揭櫫將與中國大陸改善關係承諾的馬英九政府執政，兩岸經貿關係進入新的局面。歷任台灣政府對於與政治對立的中國經濟關係緊密化，向來態度消極。但是，馬政府認知到，積極適應中國之經濟互惠，是台灣經濟活化所不可或缺，遂接續提出新的兩岸經貿政策。馬政府兩岸經貿政策支柱，可以彙整為以下三項：(1)兩岸經貿關係「正常化」；(2)海峽兩岸「經濟合作架構協議」（Economic Cooperation Framework Agreement，簡稱ECFA）之締結；(3)兩岸企業與產業合作促進措施。大陸胡錦濤政府也對馬政府所提出該等政策做出回應。具體概要如下：

(一)兩岸經貿關係「正常化」

所謂兩岸經貿關係「正常化」，是指放寬台灣歷任政府以政治對立等理由，所維持對大陸經濟交流之限制。在通商政策上，盡可能將大陸與外國或區域同等處理。例如，緩和(1)限制大陸人民赴台灣觀光；(2)限制兩岸直航；(3)限制台灣企業赴大陸投資；(4)限制陸資來台投資等，即是典型開放案例。

(二)ECFA之締結

所謂ECFA，是指相當於日本所稱的經濟合作協議（Economic

Partnership Agreement）之兩岸共識文件。就相互適用優惠措施而言，ECFA是比「正常化」還要進一步的關係強化措施。以下各項是ECFA的內容：(1) 開放商品與服務貿易；(2) 原產地規定；(3)貿易救濟措施；(4)關於智慧財產權保護、投資、經濟合作協議。至於實施方法，將採「早期收穫方式」。

(三)兩岸企業與產業合作促進措施

兩岸經貿關係「正常化」與ECFA一樣，可說是透過「制度」環境之調整，以促進對大陸經濟交流之措施。該等措施所帶來貿易投資管制之緩和，甚至於貿易投資上之優惠適用，將有助兩岸企業策略聯盟之擴大與深化，創造出有利的環境。不過，其效果僅止於「間接」。[2] 為此，馬政府較「直接地」支持台灣企業與大陸企業之交流，讓他們組成更多的策略聯盟。

因此，下一節，將介紹具有代表性的兩岸企業與產業合作促進措施之內容。因為，將企業與產業合作促進措施作為分析焦點，將較容易以更具體型態考察今後兩岸企業與產業合作之方向。

二、「搭橋專案」

(一) 概要：雙方政府支援企業與產業合作

「搭橋專案」乃是馬政府兩岸企業與產業合作促進措施核心。所謂「搭橋專案」，是指在雙方政府支援下，舉辦「產業合作交流會議」，希望在三年內製造出許多台灣企業與大陸企業合作之案例。此一計畫是台灣經濟部於2008年8月所提出。而大陸方面所做出的回應，在該年12月開始

---

[2] 從其他國家的案例來看，在經濟合作條文內不載入詳細內容的比較多。

舉辦「產業合作交流會議」。兩岸政府攜手合作推動產業合作，是政治對立的戰後兩岸關係史上的劃時代創舉。

　　「產業合作交流會議」基本運作方針，是由台灣經濟部搭橋專案辦公室，與中國國務院台灣事務辦公室協商後選定，在兩岸間具有互補關係，可以建構雙贏關係的業別後，委由兩岸雙方業界團體運作（「政府搭橋，民間上橋」）。該會議也能夠尋找下列各項合作之可能性，亦即(1)共同研究開發；(2)共同生產；(3)製造販售分工；(4)合資經營、共同出資；(5)在第三地展開合作；(6)資金調度等金融面之合作；(7)物流面之合作；(8)有關通商問題等法規、產業標準面之合作。為實現目標，在關於有必要「發動公權力」領域方面，也作為產業合作交流會議之議題，將根據會議結果，建構雙方政府機關可以迅速對應之體制。從出席會議人員來看，兩岸雙方政府有關人員，也是以團長或主席之名義出席會議。

・「搭橋專案」的成果

　　以2008年12月中藥產業為開端，到2009年底為止，在台灣共舉辦十一業別的「產業合作交流會議」（表一），合計有522家兩岸企業參加。已經出現130家組成策略聯盟、約50家在兩岸間締結合作意向書。[3] 由於合作意向書內容並非全部公開，只知道其中一部分的概要，[4] 而其共識事項中有以下特別值得一提的特徵。

3　江丙坤，「兩岸關係與台灣經濟──回顧98展望99」，兩岸經貿月刊，第218期（2010年2月），頁6~11。

4　關於合作共識書一覽、共識事項概要，參閱：伊藤信悟，「『チャイワン』は日本企業の脅威か？～台灣の中國活用型成長戰略」，みずほリポート（東京：みずほ總合研究所，2010），頁15~18、50~55。

表一　以「搭橋專案」名義舉辦「產業合作交流會議」之規畫

舉辦日期	業別	舉辦地點	舉辦日期	業別	舉辦地點
2008年12月	中草藥	台灣	2010年6月	綠能產業（LED照明）	大陸
2009年3月	太陽光電	台灣	2010年7月	可再生能源產業（太陽、風電）	大陸
2009年4月	車載資通訊	台灣	2010年8月	食品	大陸
2009年6月	通訊	台灣	2010年8月	紡織、纖維	台灣
2009年6月	LED照明	台灣	2010年9月	數位內容（包括電子書、動畫、遊戲）	台灣
2009年7月	資訊服務	台灣	2010年9月	物流	大陸
2009年8月	風力發電	台灣	2010年9月	資訊服務	大陸
2009年10月	流通服務	台灣	2010年9月	批發、零售（連鎖）	大陸
2009年11月	車輛產業	台灣	2010年9月	電子商務	大陸
2009年12月	精密機械	台灣	2010年10月	精密機械	大陸
2009年12月	食品	台灣	2010年10月	電子業清潔生產暨廢電子產品資源化	台灣
2010年5月	生技與醫材	台灣	2010年11月	中草藥	台灣
2010年6月	通訊	大陸	2010年11月	車輛產業（含電動車）	大陸

註：迄2010年8月31日止資料。

資料來源：根據台灣經濟部技術處官網製作，<http://doit.moea.gov.tw/policy/99_specialproject.asp>，2010年8月31日閱覽。

　　第一，以互補優勢形式的供應鏈之有機結合為目的之策略聯盟多數包含其中。(1)中藥、健康保健食品原料之供給、製造、販賣合作；(2)太陽能電池（cell）段及模組（module）段製程之結合；(3)與電動汽車鋰電池製造商合作等，即是典型的案例。車載資通訊、通訊、LED照明、風力發電、精密機械等，也是基於同樣的想法推動交流。

　　此外，不僅止於構想階段，具體供應鏈的統合案例也已經出現。(1)大陸第二位之單矽片太陽能電池用晶片製造商陽光能源（Solargiga Energy）對台灣太陽能電池模組製造商景懋光電（Kinmac Solar）之投

資，以及因此而實現垂直統合；[5] (2)中國移動通信（China Mobile）向鴻海精密工業（Hon Hai Precision Industry）採購電子書；[6] (3)中國移動通信與宏達國際電子（HTC: High Tech Computer）合作，以對應大陸獨自的3G規格"TD－SCDMA"，以及裝配於中國移動通信獨自的介面"OMS"（opening mobile system）之智慧型手機"Ophone"共同開發等。[7]

第二，政府參與為前提，或暗示將參與之共識內容多數包含在內。

此等事實顯示，簽署合作意向書主體，隨處可見官方智庫或國有企業、地方政府。台灣方面，經濟部所管轄之工業技術研究院、資訊工業策進會等，即是簽署主體。而大陸方面，以下機關即是合作意向書的合作主體：(1)中國中醫科學院、國家發展改革委員會能源研究所、電子信息產業發展研究院、中國汽車技術研究中心、中國機械科學研究總院等政府研究機關；(2)開發中國自有的國際標準3G規格TD-SCDMA之國有企業——大唐電信科技產業集團；(3)南京市對外貿易經濟合作局等地方政府。

其次，在政策推動上，有許多政府支援與承諾不可或缺的計畫被寫入。例如，(1)台灣產業界積極參與吉林省長春市等都市之無線寬頻網路建設案；(2)兩岸電信公司之國際漫遊、接續費用、業務開發面等之協議，創設防止電子詐欺機制，鋪設海底直通光纖纜線；(3)在台灣鋪設大陸國家標準第三代手機用TD-SCDMA測驗網路；(4)兩岸企業共同參與中國政府達成「十城萬盞」計畫（都市街燈改裝LED）之實驗；(5)由南京市政府為首發起的資訊服務產業之兩岸策略聯盟推動計畫；(6)大陸企業

---

[5] 「中国ソーラーギガ、景懋光電を買收へ」，Y's Media "Y's News"（台北），2009年6月3日。

[6] 「中国移動、鴻海に電子ブックリーダー發注」，Y's Media「Y's News」（台北），2009年8月24日。

[7] 「中国移動とHTC、『Ophone』開發で提携」，Y's Media「Y's News」（台北），2009年8月21日。

與台灣企業共同開發以江蘇省昆山市電子化政府為主體的應用系統之計畫
等。

・「搭橋專案」更形活躍

2010年是「搭橋專案」實施之第二年，預定在更多的業別召開「產業合作交流會議」。迄2010年8月31日止之資料顯示，估計在2010年要召開十五場次會議，包括生技與醫材、電子業清潔生產暨廢電子產品資源化。包括電子書等數位內容、紡織纖維等業別（參見表一）。其次，不只是在台灣，會議也會在大陸召開。

由於預期有雄厚的官方支援，以及財經界重量級人物會出席，「搭橋專案」在台灣與大陸雙方財經界之知名度頗高，兩岸間大型的策略聯盟有可能從「產業合作交流會議」誕生。

(二) 推動在產業標準、基準面之合作

・對應中國大陸制定獨自規格之動作

馬政府極為重視在產業標準、基準認證領域與大陸合作之促進。其背景因素有以下兩點：(1)於2001年12月加盟世界貿易組織後，大陸即被要求遵守TBT協定（關於貿易技術性障礙協定）；(2)由於採用國際標準衍生出特許使用費之負擔，讓大陸DVD產業受到毀滅性的打擊，以致大陸方面積極制定獨自的規格，推動其國際標準化。特別是在交付2006年3月「國家標準化管理委員會關於印發「標準化十一五發展規畫」的通知」一系列文件後，即加速大陸制定獨自的規格及其國際標準化作業。

台灣如果能配合此一趨勢，與大陸建構產業標準面之合作關係，大陸市場之開拓將變得更容易。而大陸制定的規格，如果能成為國際標準並普及全世界，也有利於開拓國際市場。如果再把台灣企業擁有的專利加入其產業標準或相關領域，也可期待專利授權金等收入。由於具有此等意圖，

以台灣IT相關之大型企業集團為中心的民間團體「華聚產業共同標準推動基金會」，在進入本世紀以來，即開始意識到兩岸產業標準共通化之趨勢。2005年，召開大陸信息產業部（現改為工業信息部）轄下「中國電子工業標準化技術協會」、「中國通信標準化協會」與資訊領域標準有關之論壇，一直到2009年末為止，合計有過六次協商。具體而言，針對以下項目：(1)AVS、(2)無線通信（TD-SCDMA等）、(3)液晶顯示器、(4)移動存儲、(5)LED照明、(6)綠色能源（太陽能電池、電動車用鋰電池等）、(7)IPTV等七個領域進行討論兩岸產業標準合作之可能性。此等領域，是大陸方面已經成功達成國際標準化，或者是為求國際標準化而加速開發的領域。

　　不僅止於民間交流，還要朝向官方合作架構之建構。不過，考慮到「華聚產業共同標準推動基金會」是民間團體，在標準之正當化（以官方標準予以認定）、迅速投入大量資金與人才以開發技術等方面，該基金會能扮演的角色亦有其限度。為此，馬政府受財經界之請，不僅只是「民間層次」的交流，同時展開建構「官方」合作架構，以形成兩岸共同的「國家標準」架構之模式。

　　2009年12月舉行的江陳會，雙方簽署「海峽兩岸標準計量檢驗認證合作協議」，今後在(1)標準、(2)計量、(3)檢驗、(4)驗證認證（認證認可）、(5)消費品安全等五個領域，將可建構合作體制。此外，即使是「搭橋專案」，幾乎在所有的業別推動產業標準的合作也受到重視。

　　此等措施付諸實施，以下兩項即可能被組合，開闢出為創造兩岸共同標準及其國際標準化之道路：(1)大陸擁有之巨大市場以及在國際經濟組織之影響力；(2)台灣擁有之應用研究、製品開發能力，以及與先進國家交易關係所形成對國際市場之知識與技術。

(三) 大陸企業擴大對台灣企業採購

最近，象徵兩岸企業與產業合作之行動還有一項，即大陸企業呼應台灣對大陸出口振興方案，擴大對台灣企業採購一事。

馬政府為脫離世界金融危機所衍生的出口急速下滑狀況，於2008年12月發表出口振興方案「新鄭和計畫」，對大陸出口振興方案的「逐陸專案」（2009至2010兩年計畫），即是其中的重要支柱之一。

中共胡錦濤政權也表現出支持馬政府的對大陸出口振興方案。溫家寶總理以及國務院台灣事務辦公室主任王毅分別於2009年4月、5月，做出將擴大對台灣製品採購等以協助台灣之發言。其後不久，以向台灣企業進行採購為目的的大陸企業訪問團，即絡繹不絕地赴台灣訪問。2009年，即使只限定於中華民國對外貿易發展協會所邀請的大型採購團來看，即包括大陸商務部轄下海峽兩岸經貿交流協會之採購團（5、7、8月合計三次），以及大陸彩色電視製造大廠九家參加之「中國電子視像行業協會」液晶面板採購團（6月），四川省、廣州市、江蘇省（以上均為11月）、河南省（12月）採購團赴台灣訪問（表二）。

表二　以採購台灣製品為目的之大陸企業訪台團

訪台時期	目的	採購項目、參加企業
2009年5～6月	「三下鄉商機」大陸企業訪台採購團（商務部轄下之海峽兩岸經貿交流協會採購團〔第一次〕）	採購電子零件、個人電腦、手機、家電用品周邊零件。
2009年6月	液晶面板採購團（中國電子視像行業協會）	採購液晶電視用面板。
2009年7月	海峽兩岸經貿交流協會採購團〔第二次〕	大型百貨店、連鎖店、流通業等參加。
2009年8月	海峽兩岸經貿交流協會採購團〔第三次〕	大型機械、化學、汽車零件製造商等參加。

2009年11月	四川省採購團	採購化學品、機械、農產品等。
	廣州市採購團	廣州市大型企業等參加。
	江蘇省採購團	大型超市、家電、高科技製造商等參加。
2009年12月	河南省採購團	農產品生產販售中心、零售業、石化、紡織製造商等參加。
2010年4月	陝西電子商會採購團	大型電子及通訊零組件企業等參加。
	上海市採購團	大型百貨公司、超市等主要採購百貨業相關產品、農產品及電子零組件等。
	湖北省採購團	採購農產食品、民生用品、製藥機械、面板與LED等電子零組件等。
2010年5月	福建省採購團	採購農產食品、民生用品、機械零配件、紡織原料、化學原料、各類面板與LED等相關電子零組件等。
	山東省採購團	採購農產食品、日用百貨、五金鋼鐵、化工原料、纖維面料等。
	四川省採購團	採購農產食品、民生用品、家電面板及機械設備等外，有多家營建公司來訪。
2010年7月	吉林省採購團	採購農產食品、百貨用品、民生用品、各類工藝品及家電等。
	廣西壯族自治區採購團	採購汽車零配件、節能燈散件、食品、電子產品、五金及生活用品等。
	液晶面板採購團（中國電子視像行業協會）	採購液晶電視用面板及LED。
2010年8月	大連市採購團	採購農產食品、食品包裝設備、電子資訊產品、汽車零配件、紡織品、各類工藝品及家具等。
	廣東省採購團	採購資訊產品及電子元件、家電、面板、LCD、汽車零配件、食品、塑膠及五金產品等。
2010年9月	陝西省採購團	採購農產食品、機械設備、紡織設備、化學原料之外，亦將採購LED等相關電子零組件等。

資料來源：根據「大陸內需市場採購資訊網」製成，＜http://mainlandchina.taiwantrade.com.tw/model/chinagroup/list.aspx＞，2010年9月3日閱覽。

　　根據中華民國對外貿易發展協會之統計，中國企業採購契約總額超過150億美元。[8] 2010年1月13日召開的國務院台灣事務辦公室記者會，發言人所發表的資料顯示，2009年一整年，中國企業向台灣企業採購電子、IT、機械、石化、紡織、加工食品、農產品等，共約140億美元。[9]

　　大陸企業採購團從2010年以後也陸陸續續訪問台灣（表二）。根據外貿協會王志剛董事長表示，到2010年底為止，若是大陸團承諾的金額沒有減少的話，預估全年大陸團的採購金額可達200億美元。[10]

　　除了接受大陸的採購團之外，進一步增加派遣台灣參訪團、在大陸舉辦大型的台灣商品展示會，以及擴大大陸企業來台採購規模，是2010年台灣對大陸出口振興方案之目標。[11]在1月20日，已經有9家中國的彩色電視製造廠與3家台灣液晶面板製造商，在北京簽署於2010年採購總計53億美元液晶面板的協議。[12]在此等成果助長下，以採購台灣的中間財、資本財等為目的之兩岸交流，今後頻繁實施的可能性將大增。

[8] 中央廣播電台，「兩岸經貿熱絡擴大內需陸資來台引爆商機」，2010年2月15日，＜http://news.rti.org.tw/index_newsContent.aspx?nid=232829＞，2010年2月26日閱覽。

[9] 中國國務院台灣事務辦公室，「國台辦新聞發布會」，2010年1月13日，＜http://www.gwytb.gov.cn/xwfbh/xwfbh0.asp?xwfbh_m_id=124＞，2010年2月26日閱覽。

[10] 「大陸今年將對台採購200億美元」，工商時報，2010年7月9日，＜http://money.chinatimes.com/news/news-content.aspx?id=20100709000068&cid=1208＞，2010年7月10日閱覽。

[11] 台灣經濟部國際貿易局，「98年及99年新鄭和計畫架構圖」，2010年2月3日，＜http://cweb.trade.gov.tw/kmi.asp?xdurl=kmif.asp&cat=CAT329＞，2010年2月26日閱覽。

[12] 中華民國對外貿易發展協會，「焦點消息：王志剛董事長北京見證53億美元面板採購協議簽署」，2010年1月20日，＜http://www.taitra.com.tw/about_08_ch_detail.aspx?&aid=107＞，2010年1月29日閱覽。

參、 "Chiwan" 進展對日本企業之影響

一、不同於大陸、台灣企業之關係，所受影響有異

如前述，馬政府成立後，在兩岸雙方政府支援下，以建構策略聯盟為目的的交流頻繁地實施，而其效果也已呈現。兩岸企業與產業合作更進一步發展時，將對日本企業造成何種影響？其影響將會受到大陸、台灣企業之競合與協調關係所左右。

(一) 台日競合案例（圖一①）

容易受到兩岸企業與產業合作強化負面影響的是，日本企業與台灣企業在中國市場競合的案例（圖一①）。大陸企業與台灣企業的製造販售合作、制定兩岸共同標準有進展時，日本企業在大陸市場的競爭條件有趨於不利之虞。

(二) 日中競合案例（圖一②）

日本企業與大陸企業處於競合關係，雙方都自台灣企業採購自身的製品或者是其零件時（圖一②），必須考量到兩個風險：其一，大陸企業透過活用台灣企業的技術力，而強化競爭力。其二，台灣企業重視大陸企業作為銷售對象之角色，日本企業要從台灣企業適時地採購品質好、價格便宜的製品或零件，將變得困難。進入2000年代以來，有一種說法是，台灣的筆記型電腦代工商，比日本企業優先處理世界市場佔有率優勝者美國企業之訂單。[13] 當日本企業之市場佔有率較高，代工商因可期待從日本企業

---

[13] 如：Momoko Kawakami, "Inter-firm Dynamics of Notebook PC Value Chains and the Rise of Taiwanese Original Design Manufacturing Firms," in Momoko Kawakami and Timothy J. Sturgeon eds., *The Dynamics of Local Learning in Global Value Chains: Experiences from East Asia.* Palgrave Macmillan (forthcoming).

獲得先進技術時，台灣企業採取這種行動的可能性低。但是，當此條件喪失，大陸企業以主要角色開始活躍時，這種憂慮恐有成真之虞。兩岸間供應鏈之統合，此等憂慮將有可能持續增強。

（三）日本、台灣、大陸之垂直分工案例（圖一③）

另一方面，在日本企業、台灣企業、大陸企業處於上下游間分工之情形（圖一③），兩岸的企業與產業合作進展，也會讓日本企業受惠。例如，大陸企業積極從台灣企業採購半導體或液晶面板時，向台灣企業提供半導體或液晶面板製造裝置與原材料之日本企業之出貨量，也有可能隨之增加。這是典型的案例。

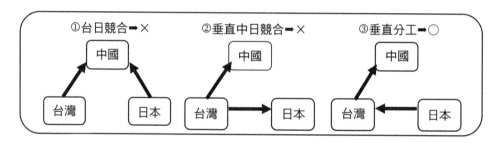

圖一　台日中之競合、互補關係不同，受 "Chiwan" 影響也有差異

資料來源：作者繪製。

二、從日本、台灣、韓國之對大陸出口結構比較 "Chiwan" 威脅度

日本企業與台灣企業之間有何種程度之競合關係？由於依據企業國籍掌握商流數據取得困難的關係，[14] 難以對此疑問提供充分的答案。因此，只能做部分的分析。以下針對日本與台灣、韓國與台灣出口中國大陸商品

---

[14] 例如，在馬來西亞日本企業銷售到中國大陸本地販賣代理商之金額，大陸台商、大陸日商對大陸本土企業的銷售額等。

項目之比較，探討在大陸市場的競合度（前述圖一①）。[15]

　　首先，觀察日本、台灣、韓國出口大陸前二十名項目（2009年HS8位數分類），都是由積體電路（處理機及控制器）、液晶面板、積體電路（記憶體）以及積體電路（其他）佔前四名，彼此間的類似性高（表三）。

　　不過，此等前四名出口項目佔台灣與韓國對大陸出口總額之比率，分別為45.4%、33.2%，比率非常高。相對於此，日本只有11.5%。其次，韓國方面與日本相比，與台灣重複的項目多，韓國有十項，日本只有六項。由此可知，與日本相比較，韓國與台灣對大陸出口結構較為相似。

　　計算台灣與日本、台灣與韓國對大陸出口項目結構之相關係數，也可以得出相同的結論。即使以皮爾森（Pearson）積率相關係數，或者是以史皮爾曼（Spearman）等級相關係數來計算，台日間的相關係數，絕不能說低，但是台韓之間的相關係數卻很高（表四）。[16]雖然存在著只依賴貿易數據進行分析之制約，但台日間的競合度比台韓間還弱。

　　其次，再來看上下游間分工的程度。以2007年亞洲國際產業關聯表之延長表為基礎加以試算，在中國大陸一單位的最終需求增加，誘發台灣的生產為0.030單位（表五）。進一步加大此種生產誘發效果，可謂是馬政府兩岸經貿政策最大的目標。如果這些政策措施提高大陸對台灣生產誘發效果時，最容易受惠的是日本。因為台灣的一單位最終需求帶來日本之生

---

[15] 對大陸出口物品，並非最終全部在大陸被消費掉，也不是全部都在大陸本地企業販售。不過，由於統計上之限制，此等問題不得不割愛，只限於探討日本、台灣、韓國之間在大陸市場的競爭。

[16] 韓國與台灣之皮爾森積差相關係數特別高的原因，參閱表三可知，因為雙方具有對大陸出口前四名項目佔有率非常大之共通點（日本前四名項目之種類雖相同，但是在對大陸出口總額之比率，遠比台灣或韓國小）。在史皮爾曼等級相關係數方面，因為失去有關佔有率大小的資料，只能考慮到順位的差異，其數值比皮爾森積差相關係數小。

產誘發效果為0.086單位，與其他國家相比是最大的。

　　日本之所以較容易受惠，導因於日本佔有台灣資本財、中間財進口之比率大。日本在2008年佔台灣資本財進口額，達到34.4%（韓國為3.7%）。在中間財方面，日本的比率，在加工品有22.7%，零件有25.7%之高比率（韓國分別是6.4%、11.8%）。[17] 具體而言，高價的IC、液晶面板、半導體製造裝置、半導體原料之晶圓、液晶面板原料之玻璃、鐵或非合金鋼之半成品、石化基礎製品等，頻繁地由日本供應台灣（表六）。因此，大陸企業增加對台灣企業之採購量，也間接讓日本企業受惠。

---

[17] 參閱：獨立行政法人經濟產業研究所，"RIETI-TID2009"。

表三　日本、台灣、韓國出口大陸之主要商品項目（2009年HS8位數分類）

（單位：億美元、%）

名次	台灣				韓國				日本			
	HS8位碼	貨品名稱	金額	比重	HS8位碼	貨品名稱	金額	比重	HS8位碼	貨品名稱	金額	比重
1	85423100	積體電路(處理器及控制器)	155.3	18.1	90138030	液晶面板	134.4	13.2	85423100	積體電路(處理器及控制器)	57.0	4.4
2	90138030	液晶面板	115.6	13.5	85423200	積體電路(記憶體)	82.5	8.1	90138030	液晶面板	35.1	2.7
3	85423900	積體電路(其他)	61.1	7.1	85423100	積體電路(處理器及控制器)	82.1	8.0	85423900	積體電路(其他)	29.3	2.2
4	85423200	積體電路(記憶體)	57.4	6.7	85423900	積體電路(其他)	40.7	4.0	85423200	積體電路(記憶體)	28.7	2.2
5	29173611	PTA	15.5	1.8	85177030	行動電話之零件(天線除外)	24.6	2.4	87084091	小輔車用自動變速箱	24.2	1.9
6	84733090	電腦等(HS8471) 機器之零件及附件	14.5	1.7	84733090	電腦等(第8471節)的機器之零件及附件	21.9	2.1	84439990	印刷機、複印機及傳真機等之其他的零件及附件	18.4	1.4
7	39033090	其他的ABS	14.5	1.7	29173611	PTA	17.4	1.7	85078020	鋰離子電池	17.1	1.3
8	85340010	4層以上的印刷電路	11.8	1.4	27101911	航空煤油	16.8	1.6	72044900	其他的鐵、屬廢料及碎屑、重熔用廢鋼鐵鑄錠	16.5	1.3
9	90139090	液晶裝置等(HS9013)之零件及附件	10.4	1.2	85078020	鋰離子電池	15.0	1.5	74031111	高純度陰極銅	13.7	1.0
10	85340090	5層以下的印刷電路	9.7	1.1	39021000	聚丙烯	12.4	1.2	85369000	其他的電路開關、保護電路或連接電路用之電氣用具(1kV以上)	13.0	1.0
11	90012000	偏光性材料所製之片光板	8.9	1.0	84081000	船推進用引擎	12.3	1.2	84295212	上部機構可做360度旋轉之挖掘機	12.0	0.9
12	29053100	乙二醇	7.2	0.8	85171210	行動電話	11.8	1.2	85322410	多層陶瓷介質電容器	10.8	0.8
13	85419000	牛頓體裝置(HS8541)之零件	7.0	0.8	27101922	燃料油(No.5~7)	11.6	1.1	38249099	合劑：化學或相關工業之未列名化學品及化學製品	10.8	0.8
14	85423300	積體電路放大器	6.9	0.8	29025000	苯乙烯	11.3	1.1	29024300	對一二甲苯	10.5	0.8
15	39081019	尼龍11・12、聚醯胺6・9	6.4	0.7	85340090	5層以下的印刷電路	9.8	1.0	90139090	液晶裝置等(HS9013)之零件及附件	10.2	0.8
16	39021000	聚丙烯	6.4	0.7	39012000	聚乙烯(比重≧0.94)	9.6	0.9	29025000	苯乙烯	9.5	0.7
17	85414010	LED	5.5	0.6	39033090	其他的ABS	9.3	0.9	87089999	機動車輛所用之其他的零件及附件	8.5	0.7
18	85235110	固態非揮發性儲存裝置	5.2	0.6	90019090	其他的光學元件	8.5	0.8	90019090	其他的光學元件	8.5	0.7
19	85414020	太陽能電池	5.1	0.6	29024300	對一二甲苯	8.5	0.8	85177030	行動電話之零件(天線除外)	8.3	0.6
20	90019090	其他的光學元件	4.8	0.6	29173619	其他的PTA	8.3	0.8	84099199	火花點火內燃活塞引擎之零件	8.0	0.6
	總額		857.2	100.0	總額		1021.8	100.0	總額		1307.6	100.0

註：塗色部分是表示台韓雙方或台日雙方前二十名商品項目。以中國進口統計為基礎之數值。

資料來源：根據台灣經濟研究院「各國商品進出口統計資料庫」製成。

表四　日本、台灣、韓國對大陸出口結構相似度（2009年）

①史皮爾曼等級相關係數

	日本	韓國	台灣
日本	1.000	0.729	0.670
韓國	0.729	1.000	0.695
台灣	0.670	0.695	1.000

②皮爾森積差相關係數

	日本	韓國	台灣
日本	1.000	0.754	0.778
韓國	0.754	1.000	0.899
台灣	0.778	0.899	1.000

註：根據HS8位數分類之中國對日本、台灣、韓國進口統計計算結果。
資料來源：根據台灣經濟研究院「各國商品進出口統計資料庫」製成。

表五　產業相關係數表

	印尼	馬來西亞	菲律賓	新加坡	泰國	中國大陸	台灣	韓國	日本	美國
印尼	1.668	0.022	0.013	0.019	0.016	0.009	0.015	0.015	0.007	0.001
馬來西亞	0.008	1.601	0.017	0.081	0.026	0.008	0.018	0.010	0.004	0.002
菲律賓	0.000	0.012	1.349	0.003	0.004	0.002	0.008	0.002	0.001	0.001
新加坡	0.005	0.073	0.023	1.346	0.019	0.006	0.013	0.005	0.001	0.001
泰國	0.005	0.034	0.013	0.022	1.541	0.006	0.010	0.004	0.003	0.001
中國大陸	0.028	0.073	0.035	0.086	0.078	2.161	0.056	0.059	0.021	0.013
台灣	0.005	0.035	0.018	0.017	0.019	0.030	1.633	0.009	0.004	0.003
韓國	0.011	0.032	0.032	0.024	0.021	0.036	0.033	1.777	0.006	0.004
日本	0.019	0.101	0.061	0.091	0.081	0.042	0.086	0.045	1.747	0.008
美國	0.014	0.082	0.049	0.065	0.041	0.023	0.053	0.043	0.014	1.701

註：以日本貿易振興機構亞洲經濟研究所，「2000年亞洲國際產業關聯表」為基礎，製成2007年之延長表。其製作方法，參照：高川泉、岡田敏裕，「國際產業聯關表からみたアジア太平洋經濟の相互依存關係──投入係數の予測に基づく分析－」，日本銀行ワーキングペーパーシリーズ，No. 04-J-6（2004年3月）；Tomoko Mori and Hitoshi Sasaki, "Interdependence of Production and Income in Asia-Pacific Economies: An International Input-Output Approach," *Bank of Japan Working Paper Series*, No. 07-E-26 (Nov. 2007). 本表顯示在各國發生一單位最終需求時，將可在哪個國家誘發多少單位之生產。
資料來源：各國區域統計，根據IMF, "Direction of Trade Statistics, Datastream, CEIC, Institute of Developing Economies," *Asian International Input-Output Table* 2000, Vol. 2 (Tokyo: Institute of Developing Economies, Japan External Trade Organization, 2006).

表六　日本、韓國對台灣出口結構與東北亞垂直分工構造圖（2008年）

（單位：%）

名次	日本⇒台灣			韓國⇒台灣		
	HS6位碼	貨品名稱	比重	HS6位碼	貨品名稱	比重
1	854229	其他單石積體電路	5.2	854221	單石數位積體電路	22.5
2	854221	單石數位積體電路	5.1	854229	其他單石積體電路	7.5
3	847989	其他的具有特殊功能之機器及機械用具(供濕蝕刻、顯影、去除光阻物或清洗半導體晶圓、平面顯示器之器具等)	4.5	854260	混合積體電路	5.6
4	381800	電子工業用晶圓	3.1	270730	二甲苯	3.2
5	720712	鐵或非合金鋼之半製品	2.5	290220	苯	2.4
6	901042	逐步及重複校準器	1.9	900120	偏光性材料所製之片及板	2.2
7	382490	其他的化學製品	1.7	271019	其他的石油及提自瀝青礦物之油類(原油除外)及其產品	2.0
8	700510	浮式平板玻璃及磨光平板玻璃(不含金屬線)	1.7	852520	數位無線電話機	2.0
9	290243	對-二甲苯	1.6	290243	對-二甲苯	1.6
10	841989	其他的機器(工廠及實驗室設備等)	1.6	847330	電腦等機器之零件及附件	1.4

（單位：%）

名次	台灣⇒中國大陸		
	HS6位碼	貨品名稱	比重
1	901380	液晶裝置	16.6
2	854231	積體電路(處理器及控制器)	16.2
3	854232	積體電路(記憶體)	6.0
4	854239	積體電路(其他)	5.4
5	853400	印刷電路	2.6
6	271019	重油及其產品	2.4
7	390330	ABS	1.5
8	847330	電腦等機器之零件及附件	1.5
9	291736	對苯二甲酸及其鹽類	1.5
10	290531	乙二醇	1.4
11	901390	液晶裝置之零件	1.3
12	854140	光敏半導體裝置(太陽能電池等)	1.2
13	852990	顯示器模組等通訊機器之零件	0.7
14	900120	偏光性材料所製之片及板	0.7
15	390810	聚醯胺 -6、-11、-12、-6,6、-6,9、-6,10或-6,12	0.7

（單位：%）

名次	中國大陸⇒日本			中國大陸⇒韓國		
	HS6位碼	貨品名稱	比重	HS6位碼	貨品名稱	比重
1	847130	筆記型電腦	3.4	720851	熱軋之鐵或非合金鋼扁軋製品，寬度600公釐及以上，未經被覆、鍍面、塗面者(厚度超過10公釐者)	6.6
2	851770	電話機‧LAN/WAN之零件	1.5	854232	積體電路(記憶體)	3.5
3	847150	自動資料處理機及其附屬單元	1.5	270112	煙煤	2.4
4	847330	電腦等機器之零件及附件	1.5	853120	液晶或發光二極體顯示之指示面板	2.2
5	852990	顯示器模組等通訊機器之零件	1.5	847330	電腦等機器之零件及附件	2.1
6	611030	人造纖維製套頭衫、無領開襟上衣、外套式背心及類似品	1.4	854231	積體電路(處理器及控制器)	1.9
7	420292	其他類似容器(外層為塑膠布者、紡織材料者)	1.1	851770	電話機、LAN/WAN之零件	1.6
8	851762	交換器及路由器等	1.1	847130	筆記型電腦	1.6
9	950490	其他的遊戲品	1.0	720838	熱軋之鐵或非合金鋼扁軋製品，寬度600公釐及以上，未經被覆、鍍面、塗面者(厚度3公釐及以上，但小於4.75公釐者)	1.4
10	854430	點火線組及其他車輛、飛機或船用線組	1.0	901380	液晶裝置	1.4

說明：佔有各該貿易流量總額商品項目之比率，均根據進口統計資料製成。

資料來源：根據台灣經濟研究院「各國商品進出口統計資料庫」；日本財務省「財務省貿易統計」，＜http://www.customs.go.jp/toukei/info/tsdl.htm＞，2010年3月4日閱覽；台灣經濟部國際貿易局「中華民國進出口貿易統計」，＜http://cus93.trade.gov.tw/FSCI/＞，2010年3月5日閱覽。

肆、今後之台日策略聯盟：追求三贏

從以上分析可知，"Chiwan"之進展，確實可能會成為與台灣企業或大陸企業具有競合關係的日本企業的威脅。但是，對參與由日本經台灣連結大陸垂直分工的日本企業而言，處於容易受惠於"Chiwan"正面影響的有利地位，與其他國家相比，此種企業也多。今後日本企業能否繼續確保此一地位，將會受到考驗。

而受到考驗的領域，正是前述「搭橋專案」兩岸合作對象產業。此外，兩岸雙方重點培育業別也是被看好的領域。第十一屆全國人民代表大會第三次會議之政府活動報告中，溫家寶總理發表將大力發展(1)新素材；(2)新材料；(3)節能環保；(4)生物醫藥；(5)資訊網路；(6)高檔製造業之方針。推動新能源、汽車、電子通信、廣播、網際網路之結合（三網融合）、無所不在網際網路（Ubiquitous Network）之開發與整備，也被寫入該報告之中。[18] 此外，胡錦濤政權將高齡化問題視為「關係國計民生和國家長治久安的重大問題」，採取從戰略的高度認真研究高齡化問題之方針。[19] 屬於其中一環的銀髮族產業養成，即被視為重要課題。

另一方面，馬政府也從2009年4月起，提出並實施以下「六大新興產業」之養成計畫：(1)生物科技；(2)觀光旅遊業；(3)醫療照護；(4)綠色能源；(5)「文化創意產業」（電視、電影、流行音樂、數位內容、設計、工藝等產業）；(6)精緻農業。[20] 再加上，馬政府重視此等產業之共同基礎IT應用技術之開發。

---

[18] 「十一屆全國人大三次會議開幕會」，新華網，2010年3月5日，＜http://www.xinhuanet.com/2010lh/100305a/wz.htm＞，2010年3月10日閱覽。

[19] 「回良玉出席國家應對人口老齡化戰略研究部署會議」，中華人民共和國中央人民政府網，2009年10月25日，＜http://www.gov.cn/ldhd/2009-10/25/content_1448459.htm＞，2010年3月10日閱覽。

[20] 詳細參閱：「台灣投資ポータルサイト」，＜http://investtaiwan.nat.gov.tw/matter/show_jpn.jsp?ID=426&MID=4＞，2010年3月10日閱覽；台灣行政院，「六大新興產業主題網」，＜http://www.ey.gov.tw/mp?mp=97＞，2010年3月10日閱覽。

　　此等產業領域，是日本企業擁有技術，或者是重點研究開發之領域，成為今後以中國大陸市場為考量的台日策略聯盟之熱點可能性高。此外，簽署ECFA或者是兩岸經濟關係之正常化，有助於提高台灣作為對大陸出口、投資據點，或者是台灣企業作為在大陸經商夥伴之魅力，此亦是台日策略聯盟之誘因。

　　不過，日本企業為透過台日策略聯盟以開拓中國市場，存在以下幾項課題。

　　前述今後被看好的產業，包括許多代表IT領域的網絡型產業、代表綠色能源領域的系統型、基礎設施型產業在內。此外，大陸市場規模持續擴大，競爭也變得激烈。在此趨勢下，中國商務也真正進入策略聯盟的時代。單獨一家公司累積經營所必要的資源，並且評估風險後再進入大陸之經營模式的有效性日漸低落。強化核心競爭能力，以此競爭能力之魅力為槓桿，與優秀夥伴建構策略聯盟，迅速地進出大陸市場，要比過去來得需要。為使其變得可能，不只要「集中與選擇」，還有必要強化資訊蒐集能力、異文化溝通能力。日本企業有必要提高這些能力。

　　其次，在此等網絡型、系統型、基礎設施型產業領域之策略聯盟，不僅只是台日之組合，日本、台灣與大陸三者之策略聯盟需求會增加。此外，關於產業標準之國際標準化，應該會提高日本、台灣、大陸三者策略聯盟之必要性。但是，只要觀察過去之實效，雖然台日合資在中國大陸設置子公司的案例多得不勝枚舉，其中日本、台灣與大陸三者在大陸合資的案例卻是有限（表七）。另外，日本企業經由台灣子公司赴大陸投資的案例也很多，不過，包括由大陸當地企業出資的案例卻仍屬少數。

表七　日本企業「台灣活用型赴大陸投資」的件數（按出資型態別）

出資型態	～1999年	2000年～	合計
台日合資模式	75	195	270
包含大陸本土企業出資	15	19	34
由台灣子公司赴大陸投資模式	52	90	142
包含大陸本土企業出資	9	7	16
複合模式		3	3
合計	127	288	415

備註：以上為2009年6月底之資料。以開始營運時間計算。但營運年不明時採用設立年。含撤
　　　離、歇業、合併。

資料來源：依據東洋經濟新報社《海外進出企業總覽》各年版；中華徵信所《台灣地區集團
　　　　　企業研究》各年版；台灣經濟部投資審議委員會《上市、上櫃企業赴中國大陸投
　　　　　資事業名錄》；日本、台灣發行之報紙、雜誌、各公司網站、作者訪談等由瑞穗
　　　　　總合研究所彙整。

　　　不管企業之國籍，當有二個以上出資者時，其決策會增添困難是不爭
之事實。不過，如同前述，中國商務從此將進一步地走向迎接策略聯盟的
時代。摸索台日策略聯盟，外加中國大陸當地企業之三贏，今後將會更有
必要。為此，日本企業強化異文化溝通能力就變得更有必要。

　　　其次，今後被看好的系統型產業領域之中，要在大陸市場真正地站穩
腳步，需要耗費時日。例如，讓照護產業進入到起飛階段的前提為高所得
水準、完備的社會保障制度，但是大陸尚未具備這些條件。在其時期到來
前，日本企業與台灣企業有必要預先建構具有混合魅力的系統，並與大陸
企業共同將此系統移植到大陸。

　　　最後，如同前述，透過從日本經由台灣進入大陸之垂直分工關係，
日本企業可以受惠於 "Chiwan" 之進展，台日FTA（自由貿易協定）之締
結肯定會更容易受到此正面的影響。ECFA簽訂後，台灣與其他國家洽簽
FTA議題，將會受到注目。

參考書目

一、中日韓文部分

「中國ソーラーギガ、景懋光電を買収へ」，Y's Media "Y's News"（台北），2009年6月3日。

「中國移動、鴻海に電子ブックリーダー発注」，Y's Media "Y's News"（台北），2009年8月24日。

「中國移動とHTC、『Ophone』開発で提携」，Y's Media "Y's News"（台北），2009年8月21日。

江丙坤，「兩岸關係與台灣經濟──回顧98展望99」，**兩岸經貿月刊**，第218期（2010年2月），頁6~11。

高川泉、岡田敏裕，「國際產業連關表からみたアジア太平洋經濟の相互依存關係──投入係數の予測に基づく分析」，日本銀行ワーキングペーパーシリーズ，No. 04-J-6（2004年3月）。

송의달，「맹추격하는 차이완（Chiwan）」，조선일보（서울），2009年5月29日，＜http://www.chosun.com/site/data/html_dir/2009/05/29/2009052901795.html＞。

伊藤信悟，「『チャイワン』は日本企業の脅威か？～台灣の中國活用型成長戰略」，**みずほリポート**（東京：みずほ総合研究所，2010），頁15~18、50~55。

日本財務省，「財務省貿易統計」，＜http://www.customs.go.jp/toukei/info/tsdl.htm＞，2010年3月4日閲覽。

中國國務院台灣事務辦公室，「國台辦新聞發布會」，2010年1月13日，＜http://www.gwytb.gov.cn/xwfbh/xwfbh0.asp？xwfbh_m_id=124＞，2010年2月26日閲覽。

中央廣播電台，「兩岸經貿熱絡擴大內需陸資來台引爆商機」，2010年2月15日，＜http://news.rti.org.tw/index_newsContent.aspx？nid=232829＞，2010年2月26日閲覽。

中華民國對外貿易發展協會，「焦點消息：王志剛董事長北京見證53億美元面板採購協議簽

署」，2010年1月20日，＜http://www.taitra.com.tw/about_08_ch_detail.aspx？&aid=107＞，
2010年1月29日閱覽。

台灣經濟部國際貿易局，「中華民國進出口貿易統計」，＜http://cus93.trade.gov.tw/FSCI/＞，
2010年3月5日閱覽。

──，「98年及99年新鄭和計畫架構圖」，2010年2月3日，＜http://cweb.trade.gov.tw/kmi.
asp？xdurl=kmif.asp&cat=CAT329＞，2010年2月26日閱覽。

二、英文部分

IMF, "Direction of Trade Statistics, Datastream, CEIC, Institute of Developing Economies," *Asian International Input-Output Table 2000*, Vol. 2 (Tokoyo:Institute of Developing Economies, Japan External Trade Organization, 2006).

Kawakami, Momoko, "Inter-firm Dynamics of Notebook PC Value Chains and the Rise of Taiwanese Original Design Manufacturing Firms," in Momoko Kawakami and Timothy J. Sturgeon eds., *The Dynamics of Local Learning in Global Value Chains: Experiences from East Asia.* Palgrave Macmillan (forthcoming).

Mori, Tomoko and Hitoshi Sasaki, "Interdependence of Production and Income in Asia-Pacific Economies: An International Input-Output Approach," *Bank of Japan Working Paper Series*, No. 07-E-26 (Nov. 2007).

台日策略聯盟的發展與展望

眞家陽一

（日本貿易振興機構海外調查部中國北亞細亞課課長）

壹、前言

受到美國金融危機影響，2009年世界經濟出現了二戰結束以來的首次負成長。但是，根據國際貨幣基金（IMF）在2010年7月的預測，2010年世界實質GDP成長率恢復到4.6%。牽引世界經濟景氣復甦的，是以中國、台灣為中心的亞洲地區。即使在世界經濟景氣低迷的2009年，該地區的成長率也僅止於輕微滑落，在危機過後，其存在感更是一枝獨秀。台灣在2009年的實質GDP成長率，雖然受到金融危機影響，寫下-1.9%的歷史新低，但是從第三季的谷底迅速翻升，在第四季創下9.1%成長的紀錄。

多年來，日本與台灣始終維持著緊密的貿易與投資關係。再加上，2008年5月，馬英九政府成立後，台灣與中國關係快速緊密化，雙方在2010年6月簽署形同兩岸FTA（自由貿易協定）的「經濟合作架構協議」（ECFA）。在兩岸關係緊密化發展背景下，選擇台灣企業作為日本企業經營中國之夥伴，再度成為被注目的有效手段。

台日企業在經營上，原本即是各有優缺點，如果能夠建構充分的互補關係，雙方可以相互受益之處不少。例如，日本企業擁有技術與品牌優勢，但台灣企業擁有快速決策的經營能力、精通與中國交往之人才，則是強項。但是，並非所有的日本企業都擁有技術與品牌優勢，同樣地，也並

非所有的台灣企業都能成為好夥伴。在實務的經營操作上，有必要慎重檢討、選擇合作對象。

本文要在日本、中國、台灣間之貿易與直接投資互相緊密化形成過程中，驗證台日策略聯盟在經營中國之重要性與必要性。其次，對於近年來台灣企業增加對日投資之趨勢，也一併探討。

貳、三個典型的台日策略聯盟模式

到目前為止，台日企業以相互補強各自優缺點來推動策略聯盟。以下可以舉出三個典型的台日策略聯盟模式。

第一、善用台商在中國的生產與通路網絡。隨著匯率或生產成本的上升，迄今有許多日本與台灣企業將生產基地轉移到中國。此際，日本企業與台灣企業以合資的方式投資中國的案例也有不少。透過合資企業，日本企業不僅只是生產，也能夠擴大在中國國內市場之銷售。由於台灣與中國擁有共同的文化與語言，對於中國市場了解深入，善用台灣企業將具有降低日本企業在中國投資的風險。

尤其是，中國從「世界工廠」發展成為「世界市場」當中，善用台灣企業的銷售網絡，近年來其重要性增加。日本企業在中國國內銷售的課題之一，就是開拓銷售網絡。假如自行在中國市場開拓銷售網絡，將耗費許多時間與成本。也因為有此背景，有不少日本企業與擁有強力銷售網絡的台灣企業合資經營，或以代理銷售等方式實施策略聯盟，以節省時間與成本。

第二、善用台灣企業作為零件提供者的供應機能。進入中國的日本企業，善用台灣企業在中國所形成的產業集聚與供應鏈，向台商採購在中國當地生產所需零件與原料的案例也很多。其背後原因在於，台灣企業所生產的零件，比中國當地企業生產的零件品質高，價格也比日資企業便宜，

在出貨期限方面也容易滿足日本企業的需求。日本企業向台灣企業採購成本低、品質又好的零件，可以降低生產成本，自然可以提升國際競爭力。

第三、善用台灣市場作為前進中國市場的實驗。台灣與中國在文化、生活習慣與消費喜好方面相近，在台灣銷售良好的商品，在中國受歡迎的也不少。因此，也有些日本企業會先在台灣市場銷售，累積經營技巧後，再把在台灣成功的經營模式擴大到中國市場。或者是也有些企業把適合中國消費者偏好、要銷往中國市場的商品，在台灣進行研發。

參、誘因降低的台日策略聯盟

另一方面，也有人指出，由於企業經營環境的變化，對日本企業而言，與台灣企業締結策略聯盟的誘因降低。

第一、日本企業本身已經累積在中國的經營經驗與技巧。被稱為日本第二次對中國投資熱潮期的1990年代前半段，由於資訊不足，日本企業的企業經營仍在摸索當中，但是在後續的事業經營當中，日本企業取得在中國經營企業的各種經驗、技巧、人脈和資訊。截至2008年底，進入中國的日本企業已達25,796家（以登記為主），主要的日本企業幾乎已經全部進入中國。在此情況下，也有人認為，與台灣企業締結策略聯盟的必要性已降低。

第二、選擇與中國當地企業作為夥伴的案例也增加。由於決策的自由度和放寬出資比例的限制等因素，近年來日本企業投資中國的模式，雖然選擇獨資的企業有增加的趨勢，但是近期也出現選擇與中國當地具影響力企業締結策略聯盟，以圖建構雙贏的企業，日中企業間的策略聯盟也正在發展中。

日本企業的意圖，在於善用中國企業擁有的銷售網絡強項。日本貿易振興會（JETRO）在針對亞洲地區的日本企業，實施「在亞洲日系企業的

經營實況調查」中，對於「中國企業在哪一方面有競爭力」之提問。製造業、非製造業兩者都將「價格」擺第一位，而第二位則是「投資地具影響力企業之網絡與人脈」，由此可見渠等重視中國企業網絡的情況。

第三、在開拓中國市場上，台灣企業崛起成為日本企業的競爭對手。隨著日本經濟發展之停滯不前，日本企業之國際競爭力出現相對降低之勢。另一方面，台灣企業的國際競爭力急速提升，特別是近年來飛躍成長的IT產業。除了筆記型電腦的出貨量佔全球九成以上之外，液晶面板是僅次於韓國之第二位，半導體工廠是全球最大，以上各項都超越日本。與日本技術差距縮小之台灣企業，與其說是日本企業的合作夥伴，毋寧說是強力的競爭對手。

肆、台日策略聯盟在新領域增加的可能性

不過，對於日本企業而言，在中國企業經營深化過程，在新的領域與台灣企業締結策略聯盟的可能性也有增加。

第一、兩岸關係急速緊密化。例如，相當於兩岸FTA的ECFA，在2010年6月簽署。在ECFA當中，有關消除貿易（商品與服務）投資的障礙，或是擴大產業合作事項，兩岸今後要議論的項目與日程都有明文規定，調降早期收穫清單所列各項商品關稅，預計將從2011年1月起開始實施。有關優先調降關稅的早期收穫清單項目，雙方同意中方五百三十九項、台方二百六十七項。

以實施ECFA為契機，對日本企業而言，與取得進入中國市場優先權之台灣企業締結策略聯盟之誘因提高。韓國企業將最近兩岸關係緊密化發展稱為 "CHIWAN"，有將其視為威脅之傾向。另一方面，由於台日企業在中國市場相互競爭的程度，比台韓企業低，以及日本企業在台灣的資本財、中間財進口所佔比率高，因此日本企業具有台灣企業增加對中國出口

時，日本企業對台灣出口也會相對增加的優勢。日本企業應該以戰略的眼光，檢討與台灣企業建構適切的策略聯盟關係，深化互補體制，分享ECFA所帶來的益處。

第二、日本企業邁向第四次對中投資熱潮，擴大開拓中國市場之新領域。擴大投資新領域中，在產業別方面，從往年的製造業擴大到服務業等非製造業；在地區別方面，從沿海地區擴大到內陸地區；在所得階層別方面，從高消費市場擴大到大眾消費市場等，與開拓中國市場具有豐富經驗的台灣企業締結策略聯盟，再度成為有效的手段。

根據中方統計，2009年日本對中投資，比去年增加12.4%，為41億497萬美元；國家與地區別方面，日本僅次於港澳、英屬維京群島，位居第三名。對中投資在2006年和2007年連續兩年減少後，2008年增加1.8%，2009年則增加兩位數，迎來新的投資熱潮。目前的投資熱潮之特徵為，將中國視為「市場」，積極地開拓中國市場的企業比以往多。

實際上，日本貿易振興會在2009年11月實施的「關於日本企業展開海外事業問卷調查」（有效回答數九百三十五份；有效回答率30.1%）裡，回答在海外「有意擴大事業規模」的五百二十四份當中，有關擴大販售機能的國家與地區方面，回答「中國」的企業比率為55.3%，獨佔鰲頭（台灣居第八位）。

在產業別方面，加上製造業、批發／零售業、金融業、服務業等非製造業的投資，在最近有明顯增加。再者，由於急速經濟成長與人口增加等因素，中國環境問題惡化，具有全球第一品牌的節能與環保技術背景，摸索進入中國市場的日本企業，也有增加的傾向。

與製造業相比，日本服務業在海外起步較晚，在中國經營之經驗與技巧也少，與台灣企業締結策略聯盟的益處良多。台灣市場除了具有與中國共通偏好外，接受日本服務業的程度也高。過去以累積在台灣市場的經驗與技巧，並且加以改良後進入中國市場之製造業的經營模式，也可以擴大

到服務業，作為善用策略聯盟之有效策略。

實際上，最近從日本到台灣的直接投資當中，服務業有增加的趨勢。從產業別來看，2009年日本對台投資件數，製造業比去年略微增加，共有五十八件，非製造業從二百四十四件減少為二百零八件。但是，成為對台投資中心之傾向未變。從產業別來看，非製造業投資的二百零八件當中，批發／零售業最多，為一百零六件。金融保險業雖然只有敬陪末座之八件，但是大型投資案件多。在2009年，即有太陽生命保險取得宏泰人壽保險股份，以及WATABE WEDDING（渡部婚嫁）進入台灣市場之案例。

從地區別來看，最近最令人關注的是內陸地區。在全球金融危機當中，出口依賴度高的沿海地區，始終扮演著牽引中國經濟發展之上海、浙江省、廣東省，其2009年實質GDP成長率都只有個位數。另一方面，發展相對遲緩的內陸地區，都維持兩位數成長。其原因在於，內陸地區出口依賴度相對較低，且中央為刺激內陸地區景氣，重點投入4兆人民幣（約50兆日圓）以強化基礎建設。再加上「西部大開發計畫」、「東北振興計畫」、「中部崛起計畫」等中國地區發展戰略，也已經出現成果所致。

中國政府致力於縮小地區差距、引進外資，展現積極發展內陸地區之態勢。因此，內陸地區也快速地持續追趕沿海地區。日本將佔總人口55%之7億2000萬人、擁有龐大市場潛力的內陸地區，視為中國待開發的處女地，因此檢視在內陸地區展開經營事業，極具意義。有些台灣企業已經擁有在中國全境之銷售網絡，對日本企業而言，善用此等台灣企業之販售網絡，將成為開拓內陸市場之有力手段。

其次，最近許多日本企業在檢討開拓中國市場時，將大眾階層的「中產階級」鎖定為目標。但是，為鎖定此等對象目標，有必要開發省略一部分功能與樣式的低價格商品。在開發大眾化商品方面，與擅長低成本又大量生產的台灣企業締結策略聯盟，也是一種選擇。

第三，在海外經營企業經驗比較少的日本中小企業，善用台灣企業作

為中國經營的夥伴。日本市場已成熟，呈現飽和狀態。再加上人口高齡化現象的進展，無法期待將來市場能夠擴大。在此狀況下，今後日本企業為求生存，開拓海外市場成為迫切課題，不僅只是大企業，連同中小企業也必須摸索開拓海外市場，以求生存之道。

日本企業開拓市場地點，最受期待的有力目標為中國。日本大企業幾乎都已經進入中國，具有獨力展開事業的可能性。另一方面，中小企業即使擁有高水準的技術與服務，但面臨著在中國市場經營的經驗與人才等經營資源相對不足的問題。此等中小企業在中國展開事業，台灣企業將可以扮演良好的領航員角色。特別是，大多數的日本中小企業經營者本身即是企業主，決策速度快之特徵與台灣企業相仿。因此，日本中小企業與台灣企業締結策略聯盟，是比大企業較為有利。

伍、邁向台日間雙向投資的時代

今後被關注的焦點，就是台灣企業對日投資的動向。截至目前為止，台日投資關係都是以日本企業對台灣投資為主，即是所謂的「單方向」關係，台灣企業對日投資極少。但是，在台灣企業提升國際競爭力之背景下，此等流向開始出現變化，金額雖小，但是台灣企業對日投資處於增加的趨勢。之所以如此，是因為台灣企業認為日本市場逐漸成為可寄予希望的市場之一。其次，台灣企業希望透過合併與收購（M&A），獲得日本擁有優勢的技術與技巧，在包括新興國家在內的全球事業開展中加以活用。此等動向顯示，台日間的投資交流，已經從過去的「單方向」邁向「雙方向」的時代。

從日本對內直接投資統計來看，台灣對日投資，2008年比2007年大幅增加80.9%，為6575萬美元，2009年則受到金融危機影響而減少13.1%，只有5712萬美元。但是，由於比整體減少的幅度小，佔亞洲對日投資的比

例為5.2%，比2007年高出3.3%。2009年有大型企業集團統一企業集團旗下的統一超商，以及2010年大型量測機器製造商致茂電子進入日本市場等，對日投資呈現活絡的現象，其動向今後將受到注目。

陸、日本企業開拓中國市場之課題

　　探討在開拓中國市場時，日本企業將面臨何種課題？中國市場雖然急速擴大，但是新投入者前仆後繼，競爭極為嚴苛，日本企業要取勝，並非易事。日本企業開拓中國市場，面臨以下五項課題：(1)研發（R&D）適合市場的商品；(2)與中國企業締結策略聯盟（合作）；(3)徵用當地人才；(4)智慧財產權保護；(5)考慮到地區、世代、所得差別等市場需求。

　　從日本企業最近的投資案件分析，趨向強化研發功能的案例增加。因為，在競爭激烈的中國市場，開發符合當地式樣的商品，或者是掌握消費者需求，是日本企業擴大在中國內部銷售必須要做的功課。不僅新商品的研發，對於解決問題之對應，當地研發部門之功能擴大，同時其必要性也增加。

　　其次，日本企業對外投資型態，由於決策自由度以及出資比率管制放寬，選擇獨資（100%外資）的企業雖然有增加的趨勢，但是在近期選擇與有影響力的中國企業或台灣企業締結策略聯盟，以謀求獲取雙贏的選擇也不在少數。因為，考慮到要自行建構開拓中國市場關鍵之銷售網絡，要花費相當的時間與成本，如何與中國企業或台灣企業締結策略聯盟即變得重要。

　　此一動向，在包括節能與環保領域也有增加傾向。例如，日本企業雖然擁有世界最先進節能與環保技術，但是其技術要直接引進中國並不容易。因為，對中國企業而言，除了技術之價格高之外，其標準與規格也不符合中國的式樣。因此，重要的是，推動與中國企業或台灣企業締結策

略聯盟。以下是成功的日本企業之所謂的「成功方程式」：(1)與中國或台灣之有關係網絡企業設立合資企業，透過在當地生產，以降低成本與價格，並生產中國式樣的商品；(2)產製商品的販售，可以善用中國或台灣夥伴之銷售網絡；(3)合資企業共享共同開發之智慧財產，防止技術外流。

　　不過，也有不少人指出策略聯盟的困難度，例如與合作夥伴的協調或信賴關係之建構等。基於此，評估締結策略聯盟之優缺點，也是極為重要的。

　　此外，在中國市場開拓當中，雇用當地人才之重要性增加。在中國之事業，若只是負責生產，只要派遣優秀的技術人才去即可對應。但是，如果要全力開拓在語言、法律制度、商業習慣有所差異之中國市場，並做好售後服務的話，光靠日本派遣人員是不夠的，如何善用並培育能力佳的中國人或台灣人銷售經理，擔任商品開發或市場調查的中國人或台灣人職員，將是重要課題。

　　其次，智慧財產權保護也是重要課題。根據日本貿易振興會的「關於日本企業展開海外事業問卷調查」，對於在中國經商之風險／問題的提問，15.7%回答「基礎設施未完善」，5.4%回答「相關產業未集聚發展」，有減少的傾向，似乎獲得實質的改善。但是，有57.4%指出「智慧財產權保護有問題」，53.1%指出「法律制度未完善，在運用上有問題」，該兩項被認為是制度面的結構性問題。

　　中國的國土面積大約是日本的二十五倍，人口則是日本的十倍以上，其每個區域的經濟水平差距甚大，消費水準也不同。因此，在開拓市場時，注意到區域別、世代別、所得別等差異之特性，實施專精的市場調查，乃是成功的秘訣。

　　在區域別方面，正確地掌握各個區域不同消費者的特徵，乃是不可或缺。在世代別方面，1980年代以後出生、被稱為「80後」的年輕世代抬

頭，讓消費者的嗜好、生活型態發生變化，注意及此乃極為重要之事。在所得別方面，如何掌握中低價格層是個課題。將高附加價值的商品賣給富裕層，乃是日本企業的基本策略，但是僅以富裕層為對象，營業額成長有其極限。因此，今後要擴大營業額，大眾消費層的開發是必要考量。為此，日本企業有必要投入的商品，不是以其擅長的多功能與高級式樣的商品，而是大眾消費層所要的功能單純、中低價格的商品。

柒、因應投資環境變化建構生產／銷售體制

開拓中國市場，有必要因應投資環境的變化，建構最合適的生產／銷售體制。以下將從中國外資政策、勞務問題，以及風險管理三個觀點，檢討此一課題。

在中國經商必須注意到的是，政府外資政策之轉變。國務院於2010年4月公布「國務院關於進一步做好利用外資工作的若干意見」（以下簡稱「意見」），提出以下為提升利用外資的質與水準，應該針對外資在科技與產業升級、區域的協調發展等方面提升引進效果之五項方針：(1)優化利用外資結構；(2)引導外資向中西部地區轉移和增加投資；(3)促進利用外資方式多樣化；(4)深化外商投資管理體制改革；(5)營造良好的投資環境。

其中，特別受到矚目的是，強調善用外資以改善中國產業結構。在產業別方面，「意見」獎勵對於高端製造業、高科技技術產業、現代服務業、新能源／節能／環保產業之投資。另一方面，對於「兩高一資」（高耗能、高污染、資源消費型產業），以及低階之過剩產能擴張計畫將嚴格予以限制，在產業別上篩選外資之意向強烈。

其次，「意見」顯示，應該致力於技術轉移，協助中國企業與外資企業之研發合作，符合條件的外資企業申請國家科學技術開發計畫，或者是

能力更新建設計畫，將予以支持。而且，在區域別方面，在中西部投資勞力密集產業之獎勵，對於西部地區符合條件的本國與外國資本企業所得之優惠措施將繼續，以及強化對東部地區外資企業移轉西部地區之技術用資金分配等。此外，「意見」也提出致力於吸引外資投入中西部地區之方針。

其他方面，關於投資型態，「意見」也表明，不光只是綠色地帶（greenfield）型，也運用購併（M&A），獎勵外資以入股或收購等方式參與中國企業之變革。

廣東省政府為響應「意見」，於2010年5月發表「關於加速經濟發展轉換之若干意見」，明確提出促進善用廉價勞工企業、低附加價值企業之移轉，企業附加價值提升與轉換服務產業化之方針。

此外，在中國經營事業，今後必須要特別留意的就是勞務問題。由於中國強化保護勞工權益之法律，勞資爭議有增加之趨勢。此外，工資也上漲，各都市自2010年起，法定最低工資上漲幅度都超過兩成。

進行法律體制完善的原因，在於持續快速經濟成長導致所得差距擴大之問題。中國政府的目的，在於透過強化勞工權益保護與增加所得，以縮小所得差距，並擴大內需。自2008年起，法律制度更加強化，規範勞動契約之「勞動合同法」於該年1月公布施行。該法規定，連續任職十年或者是第三次更新雇用契約時，企業即有義務將其視為終身雇用契約，在制定與修改工作規則時，必須與工會進行協議。而規範勞資爭議仲裁之「勞動紛爭調停仲裁法」，在5月間公布施行。所謂仲裁，就是指透過當事者間協議，仍無法解決時之處理辦法。在勞動爭議方面，認為權益受到侵害之勞工，在退職後，以仲裁的方式保護自身權益的案例很多。由於仲裁不收取費用，勞工提出申請變得容易。

在如此環境變化當中，勞工權利意識高漲，要求改善雇用保障或者是改善待遇的措施，持續加快地進行。實際上，在2009年夏季以後，珠江三

角洲地區罷工頻傳，即使是日本企業也傳出對薪資與福利不滿而罷工，以致不得不停工或大幅提高工資的案例。

再加上，在沿海地區民工勞力不足問題也相當嚴重。根據國家統計局於2010年3月所公布「2009年農民工監測調查報告」，2009年從農村到外地工作者比2008年增加3.5%，為1億4533萬人。其中，東部沿海地區減少8.9%，特別是珠江三角洲地區大幅減少22.5%。另一方面，中部與西部地區則分別增加33.2%、35.8%。

民工從沿海轉向內陸地區的原因，在於政府實施大規模刺激景氣措施而增加就業機會，以及工資之上漲。根據調查報告指出，民工每人月薪，東部地區增加5.2%為1,422元，中部地區增加5.9%為1,350元，西部地區增加8.3%為1,378元，沿海地區與內陸地區工資差距逐步縮小。

在中國投資環境方面，以低成本即可確保豐富勞動力之相對優勢持續下降。日本企業應該充分考量到勞動成本的上漲、勞工權益保護等投資環境變化，修改雇用制度等，摸索重新建構在中國之產銷體制。

再其次，風險管理也日益重要。日本與中國經濟關係密切，日本企業對中國企業承諾提高，同時意味著中國的動向，對日本企業經營的連動程度比以往提高。由此觀點來看，在中國經營事業之風險管理的重要性升高。如何管理商業風險，並把中國的經濟成長轉化為擴大公司業績之策略，在中國產銷體制之建構將日益重要。

日本企業在中國開拓市場，現在是呈現機會與風險並存的現象，而其關鍵在於「品質與安全」以及「市場與技術的交換」。中國製商品的品質與食品安全，在世界各地受到質疑，即使在中國人之間，也提高對品質與安全之關心。在此背景下，過去對日本商品「品質雖好，但價格太高」之評價，或者是中國人自身的意識，在所有領域都在持續地變化中。願意花錢購買價格比一般市場行情高，但品質良好又安全的商品或服務之消費群，確實在增加。在社會情勢變化當中，日本企業提供「品質與安全」成

為開展事業之優勢，可說是個新的機會。

另一方面，在中國加入市場之際，出現要求提示技術之現象，對應「市場與技術的交換」之新風險，是今後的一項大課題。例如，中國政府於2009年7月1日起，施行「新能源汽車生產企業及產品准入管理規則」。該規則規定，提供核心關鍵技術是參與中國新能源汽車生產之條件。

關於日本企業擅長的油電兩用汽車，在中國市場的銷售尚未有顯著成長，雖然在市場開拓時，並未受到即刻提示技術之壓力，但是「市場與技術的交換」是中國的基本策略。將市場開放給外資企業的目的，在於取得技術，市場開放只不過是培育本國企業的手段。今後，不僅只是汽車，在所有領域被要求技術交換的可能性不小。例如，中國政府自2009年5月起引進「強制認證制度」，以十三項資訊安全製品為對象，課以在中國市場銷售時必須提示技術之義務，迄今此事還令人記憶猶新。在歐美日各國政府，以該制度有導致企業智慧財產權流失之虞，強烈地要求撤銷後，該制度雖然延期一年實施，其適用對象也僅限於政府機關採購，但該制度並未撤銷。

中國政府要求提示技術情報，基於本國製造商之立場所採取的政策，今後也會出現的可能性高。具有共同利害關係的歐美日各國政府與企業界，在現階段只能攜手合作共同因應。但不可否認的，有可能出現某些以加入市場為優先之企業，決定同意以市場換技術之策略。思考如何因應此一問題，迴避與中國政府之間的摩擦，是今後的重大課題。

在中國經營事業，預先充分認知風險、檢討對策，乃極為重要之事。再加上，也有必要事先準備，一旦發生危機時如何因應之對策。

在開拓中國市場時，日本企業謀求更進一步地強化風險管理。具體而言，有以下三點：

第一、強化資訊蒐集與分析能力。媒體報導都只是二手情報，甚至也有可能經過加工渲染的。因此，不被媒體報導所迷惑，盡可能蒐集第一手

情報與分析，藉此早一步察覺中國情勢之變化，研擬應有的對應策施。

　　第二、強化內外的人際關係。反日抗議行動出現之際，受到影響最大的是公司員工。實際上，在2005年反日示威發生時，也有企業出現罷工的案例。因此，平時在公司即必須維持與員工良好的溝通關係，建構穩定的勞資關係。另一方面，在公司外部，與當地社會與地方政府建構良好的關係，以獲得作為中國社會之一員的信賴關係。

　　第三、強化媒體對策。由於反日情感，日資企業容易成為媒體攻擊的目標。因此，建構與媒體良好關係之同時，也要強調自身對當地社會之貢獻。

　　除此之外，與熟悉中國經營之台灣企業締結策略聯盟，能夠成為有效的風險對策之一。與開拓中國市場具有豐富經驗之台灣企業締結策略聯盟，被認為能夠降低投資與事業經營之風險。實際上，台灣企業也在增加經營與投資能力，其扮演風險管理的夥伴角色也日益突出。

　　日資企業在海外之事業經營，考慮包括國家風險在內的綜合投資環境與風險保險後，如何建構最合適的國際分工體制，已成為極重要的課題。放眼全球戰略，如何判斷外資政策已經面臨轉變的中國投資環境，在自身公司事業經營當中，如何定位將日益重要。

捌、結語

　　美國金融危機成為日本企業再度認知到中國市場重要性的契機。值此之際，日本企業的中國經營，在產業別方面，從製造業轉向非製造業，在地區別方面，從沿海地區轉向內陸地區，變化相當大。但是，中國當地企業與全球各地的跨國企業相繼進入中國市場，競爭環境極為嚴苛。日本企業為了獲勝，建構以低成本生產與販售迎合市場需求商品之體制，即成為不可或缺的要件。日本企業完善此等體制、提升競爭力，並且與台灣企業

締結策略聯盟，強化互補的合作，將是一種有力的手段。

　　其次，對日本而言，台灣除了是作為中國經營的聯盟對象之外，今後也有必要透過台灣大企業對日投資，以促進日本經濟活化。在全球化進展過程中，日本要經濟持續成長、擴大就業機會，就必須促進海外對日投資，以及追求新的技術或者是革新的經營技巧等，透過「雙方向」的投資交流，讓台日策略聯盟更加進展，或可期待此將有助於雙方經濟成長。

論 壇 08

跨域投資與合作：
台日商策略聯盟理論與實務

主　　編	徐斯勤、陳德昇
發 行 人	張書銘
出　　版	**INK** 印刻文學生活雜誌出版有限公司
	23586新北市中和區中正路800號13樓之3
	電話：(02)2228-1626
	傳真：(02)2228-1598
	e-mail：ink.book@msa.hinet.net
	網址：http://www.sudu.cc
法律顧問	漢廷法律事務所 劉大正律師
總 經 銷	成陽出版股份有限公司
	電話：(03)271-7085（代表號）
	傳真：(03)355-6521
郵撥帳號	1900069-1 成陽出版股份有限公司
製版印刷	海王印刷事業股份有限公司
	電話：(02)8228-1290
出版日期	2011年5月
定　　價	290元

ISBN　978-986-6135-24-8

國家圖書館出版品預行編目（CIP）資料

跨域投資與合作：台日商策略聯盟理論與實務／
徐斯勤, 陳德昇主編. -- 新北市：INK印刻文
學, 2011.03
　　288面；17×23公分. --（論壇；8）

ISBN 978-986-6135-24-8（平裝）

1. 跨國投資　2. 策略聯盟　3. 大陸政策　4. 文集

563.52807　　　　　　　　　　　100005239